Le notaire africain dans l'exercice de ses fonctions

Entre traditions et modernité

Collection « Études africaines »

dirigée par Denis Pryen et son équipe

Forte de plus de mille titres publiés à ce jour, la collection « Études africaines » fait peau neuve. Elle présentera toujours les essais généraux qui ont fait son succès, mais se déclinera désormais également par séries thématiques : droit, économie, politique, sociologie, etc.

Dernières parutions

Jean-Louis ATANGANA AMOUGOU (dir.), *La Constitution de la République du Cameroun. Commentaire article par article,* 2025.

Paulin MUNGONGO MAYAMA, *Conflits homme-faune sauvage en Afrique, Typologie, animaux emblématiques, acteurs impliqués et stratégies d'atténuation de l'impact*, 2025.

Jean Francis GABANA, *La carte nationale d'identité et l'identification des citoyens. Cameroun : une pratique administrative mal en point (1960-2024)*, 2024.

Gabriel FOUMENA BELINGA, *Équilibre régional et nation multiculturelle au Cameroun. Contribution à la régulation équitable des différences,* 2024.

Lionel Pierre GUÉSSÉLÉ ISSÉMÉ (dir.), *Covid 19 et droit public en Afrique. L'influence du virus sur l'application des normes*, 2024.

Sylvain SHOMBA KINYAMBA, *La tropicalisation de la ville et de l'université de Kinshasa. Le décryptage des réponses populaires*, 2024.

Benoît TINE, *Les drogues au Sénégal. Fléau social et défis contemporains*, 2024.

Stéven Modeste YOMBI (dir.), *Nouveaux horizons du constitutionnalisme en Afrique noire francophone*, 2024.

Auguste ILOKI, Valencia ENGAMBA ILOKI, Raïssa Kartelle ILOKI, *La justice au Congo : bilan statutaire soixantenaire. L'autorité judiciaire. Le service public de la justice. Le pouvoir judiciaire,* 2024.

Charles ZAGOH, *Le franc CFA : une monnaie en débat,* 2024.

Prosper Kokou Gadegbeku

Le notaire africain dans l'exercice de ses fonctions

Entre traditions et modernité

Préface de
Cyril Nourissat

L'Harmattan

« Quelle que soit la chose que vous pouvez faire ou
que vous rêvez de faire, faites-la.
L'audace a du génie, de la puissance et de la magie.
Commencez dès maintenant. »

JOHAN WOLFGANG VON GOETHE

« Pour survivre, chacun doit s'ingénier
à chercher des fissures dans l'infortune
pour parvenir à s'évader quelque peu. »

LAO SHE

5-7, rue de l'École-Polytechnique – 75005 Paris
www.editions-harmattan.fr
ISBN : 978-2-336-48328-3
EAN : 9782336483283

Remerciements

J'adresse ici mes sincères et profonds remerciements à :

- Françoise Auque, professeur émérite de droit privé à l'université de Lille II (France).

- Frédérique Dreifuss-Netter agrégée des facultés de droit, professeur de droit privé à l'université René Descartes Paris V (France), Conseillère honoraire à la Cour de Cassation.

- Feu Atsu Kofi Améga, ancien président de la cour constitutionnelle au Togo.

- Jacqueline Bataille, ancienne chargée de mission à la direction des hydrocarbures, ministère de l'industrie à Paris en France.

- Feu André Lelart, ancien directeur des affaires juridiques de BP France.

- Françoise Kadjaka, notaire, présidente honoraire de la chambre nationale des notaires du Togo.

- Mohamed Tchassona-Traoré, notaire, président honoraire de la chambre nationale des notaires du Togo.

- Cyril NOURISSAT, agrégé des facultés de droit ; Professeur à l'Université Jean Moulin – Lyon 3, Directeur du DU Droit notarial international.

- Michel Grimaldi, agrégé des facultés de droit ; professeur à l'université de Panthéon Assas Paris II.

AVANT-PROPOS

Sans prétendre defleurer le thème « **le notaire africain dans l'exercice de ses fonctions : traditions et modernité** », le présent ouvrage vise plus modestement à mettre en évidence le chemin à parcourir par le notaire africain et plus particulièrement togolais, pour atteindre la modernité, car pendant de longues années, le notaire africain a officié depuis la colonisation dans un contexte sans loi précise, avant de connaître des bribes de lois, et c'est ainsi que cela s'est passé dans tous les pays francophones d'Afrique membres de l'union internationale du notariat latin.
Cependant, cet ouvrage a été écrit juste pour porter à la connaissance des notaires et du public, le contenu de la réflexion qui a amené le jury planétaire de l'UNIL à choisir les travaux du Togo, comme la meilleure contribution scientifique du congrès de paris 2016. Cette œuvre a été regroupée dans le chapitre premier de cet ouvrage, tandis que celle regroupée dans le chapitre trois de l'ouvrage, a également été retenue par le jury du concours, comme faisant partie des quatre meilleures contributions scientifiques du congrès international des notaires de Lima au Pérou de 2013.

Aussi, beaucoup de personnes cherchent à lire les œuvres qui ont été ainsi primées, alors, il devenait impérieux, d'en faire un ouvrage, afin de livrer aux lecteurs, les fruits de nos recherches. Raison pour laquelle cet ouvrage a été écrit.

Cependant, il serait insuffisant de ne faire état que de ces deux œuvres primées au niveau mondial. C'est pour cela que trois autres titres y ont été adjoints pour éclairer les praticiens eux-mêmes, et toutes les personnes désireuses de s'informer sur le parcours du notaire africain, dans l'exercice de ses fonctions, des traditions à la modernité.

En tenant compte bien évidemment des changements économiques et sociaux auxquels il est confronté, et aussi aux exigences qui s'imposent à lui, en tant qu'homme et en tant que professionnel, il se doit d'œuvrer pour atteindre la modernité et ainsi recourir aux nouveaux outils de son temps.

Cependant, comme nous le savons tous, tout change, tout évolue, et la science juridique n'échappe pas à ce grand mouvement universel du progrès.

Raison pour laquelle les différentes problématiques qui y ont été étudiées vont permettre au notaire africain d'apprendre à s'adapter dans un environnement plus approprié pour ses prestations, et d'apprendre à ouvrir les voies utiles et sécurisées pour la pratique notariale en Afrique aujourd'hui et demain.

Prosper Kokou GADEGBEKU

PRÉFACE

L'ouvrage, que nous avons l'honneur de préfacer, est de ceux qui sont appelés à rencontrer un lectorat avide de mieux comprendre le notariat et comment celui-ci, aussi bien sur ses terres d'apparition que sur d'autres continents, réussit à se développer « *entre traditions et modernité* », ainsi que l'indique le sous-titre donné par son auteur, Maître Prosper Kokou GADEGBEKU, notaire à Lomé.

Comment ne pas relever immédiatement que les thèmes abordés, les questions posées mais aussi les propositions formulées à propos du notaire africain transcendent les aires géographiques, attestant d'une véritable pratique notariale transnationale dont le cadre d'expression institutionnel privilégié est l'Union Internationale du Notariat (UINL) regroupant à ce jour plus de 90 pays membres sur quatre continents.

L'auteur, formé dans nos meilleures universités françaises et reconnu par ses pairs (premier africain à avoir gagné le prestigieux prix André DUCRET), s'est donc attaché à une étude substantielle de plus de 200 pages qui aborde les sujets essentiels et caractéristiques du notariat latin que sont la confiance, la sécurité juridique, le patrimoine de la famille et l'immobilier, le tout au prisme de cet outil indépassable qu'est l'acte authentique. Et de dérouler sa pensée aussi bien à l'aune de la pratique nationale (le Togo) que continentale (l'Afrique). Cette dernière précision explique et justifie des développements particuliers consacrés aux enjeux majeurs que sont le foncier ou encore les investissements.

Cette préface, nécessairement limitée dans son volume, ne saurait rendre justice à la diversité et à la richesse des analyses menées, des perspectives dessinées ; des perspectives dont certaines sont synthétisées *in fine* par une série de cinq propositions constituant une véritable « feuille de route » pour le notariat africain.

De manière délibérée, on insistera sur trois thèmes qui retiennent particulièrement l'attention car ils démontrent que le notaire est un acteur décisif du développement du continent africain, mais aussi pourquoi et comment « *un nouveau type de notaire doit naître en Afrique orienté de plus en plus vers le monde économique* » (p 165).

En premier lieu, le foncier car « *il n'est de secret pour personne que le notaire est et restera au cœur des questions d'ordre foncier* » (p 100). Il sera renvoyé aux très riches lignes consacrées à ce sujet et notamment au titrement, en particulier à la lumière des évolutions législatives qui ont marqué récemment le Togo avec l'adoption de son nouveau Code foncier et domanial le 14 juin 2018. Et on invitera le lecteur curieux à découvrir l'existence d'une infraction particulière, le stellionat, que l'article 703 de ce Code définit comme le délit consistant à vendre ou hypothéquer à une personne au moyen d'affirmations mensongères ou de réticences, un bien qu'on avait déjà vendu ou hypothéqué à une autre personne ; article qui dispose également en son alinéa 2 que « *les officiers ministériels ayant sciemment participé à la rédaction des actes entachés de stellionat sont poursuivis comme complices* ». Le lien avec le notaire, homme ou femme de responsabilité, est ainsi opéré.

En deuxième lieu, à l'instar de ce qui peut être relevé dans de nombreux pays européens (mais pas en France), le notaire est appelé à jouer un rôle premier aussi bien en matière de constitution des sociétés commerciales que tout au long de leur vie. De nombreux paragraphes sont consacrés à cette dimension de la pratique qui, soulignons-le, peut déjà s'autoriser des textes communautaires, c'est-à-dire ceux forgés dans le cadre de l'OHADA. Rappelons, ici, que l'Acte uniforme sur les sociétés commerciales et les groupements d'intérêt économique prévoit en son article 10 que « *sauf dispositions nationales contraires, les statuts sont établis par acte notarié ou par tout acte offrant des garanties d'authenticité dans l'État du siège de la société déposé avec reconnaissance d'écritures et de signatures par toutes les parties au rang des minutes d'un notaire* ». Les enjeux sont d'évidence. L'un d'eux mérite d'être évoqué : permettre au notaire rédacteur des statuts de contribuer ainsi efficacement – en tant que profession assujettie – à la lutte contre le blanchiment de capitaux et le financement du terrorisme en exerçant son obligation de vigilance et, le cas échéant, en réalisant une déclaration de soupçon car, comme le relève l'auteur, les sociétés « *comptent parmi les canaux les plus importants des opérations de blanchiment* » (p 187). Or, nul n'ignore que l'efficience de cette lutte assainit le climat des affaires et contribue dès lors à l'attractivité économique des pays en termes d'investissement.

En troisième et dernier lieu, l'auteur appelle de ses vœux l'adoption d'instruments internationaux susceptibles de permettre la reconnaissance et l'exécution des actes authentiques entre les différents États africains. Et de s'appuyer, sur ce point, sur la construction des intégrations régionales au premier rang desquelles l'UEMOA ou la CEMAC. Inspiré par les réalisations au sein de l'Union européenne (on pense, par exemple, au trop peu connu titre exécutoire européen permettant une exécution forcée transfrontière automatique des actes authentiques), marqué par l'allégement des formalités que suppose tout accueil d'un acte public étranger sur son territoire pour lui faire produire des effets (on pense à la forme simplifiée de légalisation que constitue l'apostille prévue par la

Convention de La Haye du 5 octobre 1961 ou, mieux, à la dispense qu'organisent de nombreuses conventions bilatérales conclues entre la France et divers pays d'Afrique sub-saharienne, par exemple la Convention franco-togolaise du 23 mars 1976), Maître Prosper Kokou GADEGBEKU invite à « *concrétiser* » (c'est son expression) la libre circulation des actes notariés dans les pays en Afrique.

D'autres sujets auraient pu aussi retenir l'attention, tels que la dématérialisation des actes ou encore la formation et l'organisation du notariat. On laissera le lecteur les découvrir. Mais, ce bref aperçu permettra à chacun de comprendre que le succès éditorial devrait être au rendez-vous et que l'ouvrage trouvera son public bien au-delà de la seule Afrique. C'est que, une nouvelle fois, il est manifeste que le constat de la diversité des notariats n'obère nullement de l'unité fondatrice de la profession autour de cette institution centrale et précieuse dont elle a la charge : l'authenticité !

Cyril Nourissat
Agrégé des Facultés de droit
Professeur à l'Université Jean Moulin – Lyon 3
Directeur du DU Droit notarial international

ABREVIATIONS

Act	Actualité
AUDCG	Acte Uniforme relatif au Droit Commercial Général
ACL	Autorité de Certification Locale
AJDI	Actualité Juridique Droit Immobilier
Bull.	Bulletin des arrêts de la Cour de cassation
Bull. Joly	Bulletin Joly (mensuel d'information des sociétés)
BCEAO	Banque Centrale des États de l'Afrique de l'Ouest
BAD	Banque Africaine de Développement
BM	Banque Mondiale
CA	Cour d'Appel
Cass.	Cour de Cassation
Cass. ass. plén.	Cour de Cassation, Assemblée Plénière
Cass. 1re civ.	Cour de Cassation, première chambre civile
Cass. 2è civ.	Cour de Cassation, deuxième chambre civile
Cass. 3è civ.	Cour de Cassation, troisième chambre civile
CEDH	Cour Européenne des Droits de l'Homme
Ch. civ	Chambre civile
Chron.	Chronique, aussi partie « Chronique » (dans divers recueils et revues)
Comm.	Commentaire
CAAf	Commission des Affaires Africaines
CSNF	Conseil Supérieur du Notariat Français
TP	Togo-Presse
RTSJ	Revue Togolaise des Sciences Juridiques
CTPF	Code Togolais des Personnes et de la Famille
D.	Dalloz (recueil)
DC	Dalloz Critique, Recueil critique de Jurisprudence et de législation (années 1941 à 1944)
DH	Dalloz Hebdomadaire, Recueil Hebdomadaire de Jurisprudence (années antérieures à 1941)
DP	Dalloz Périodique, Recueil Périodique et Critique Mensuel (années antérieures à 1941)
Doctr.	Doctrine, aussi partie « Doctrine » (dans divers recueils et revues)
Déb.	Débats
Defrénois	Répertoire du Notariat Defrénois
(dir.)	Sous la direction de -
Dr. Adm.	Droit Administratif
Dr. et Patrimoine	Droit et Patrimoine (depuis janv. 1993, remplace le Journal des notaires et des avocats)
Dr. Fam.	Droit de la famille
Éd.	Édition

Esp.	Espèce
Fasc.	Fascicule
Gaz. Pal.	Gazette du Palais
Gaz. Pal. Table	Gazette du Palais, Tables
IR	Partie « Information Rapides » (dans le Recueil Dalloz)
J.-Cl. Civil. Notarial	Juris-Classeur (Civil, Notarial…)
JCP	Juris-Classeur Périodique (La semaine juridique)
JCP E	Juris-Classeur périodique (édition entreprise)
JCP N	Juris-Classeur périodique (édition notariale et immobilière)
JCPG	Juris-Classeur périodique (édition générale)
JO	Journal officiel
JOAN	Journal officiel (débats parlementaires à l'Assemblée nationale, réponse ministérielle à question orales)
JO Sénat	Journal officiel (débats parlementaires au Sénat, réponse ministérielle à question orales)
Journ. not	Journal des notaires et des avocats (depuis l 977, inclut le Répertoire Commaille. Depuis janv. 1993 est devenu Droit et patrimoine)
Jur.	partie « jurisprudence » (dans divers recueils et revues)
Juris-Data	Juris-Data (banque de données juridiques)
LGDJ	Librairie Générale de Droit et de Jurisprudence
Lxb	Lexbase
Mon. Jud.	Moniteur Judiciaire de l'arrondissement de. Lyon (de 1837 à 1955, inclut Le Tout Lyon depuis 1895)
Not.	Notamment
n°(s)	numéro(s)
Obs.	Observation(s)
OHADA	Organisation pour l'Harmonisation en Afrique du Droit des Affaires
p.	page(s)
Pan.	partie "Panorama" (dans divers recueils et revues)
Petites Affiches	Petites Affiches (Les)
PUF	Presses Universitaires de France
PUR	Presses Universitaires de Rennes
Prat.	Partie « pratique » (dans JCP N)
RCCM	Registre du Commerce et du Crédit Mobilier
RD Imm.	Revue de Droit Immobilier
Rep. Commaille	Répertoire Commaille (depuis 1977 est inclus dans le Journ. Not. devenu depuis janv. 1993 Dr. et patrimoine)
Rép. Gén. Not.	Répertoire Général du Notariat
Rép. Min.	Réponse ministérielle

Resp. civ. et Assur.	Responsabilité Civile et Assurance
Rev.	Revue
Rev. et augm.	Revu(e) et augmenté(e)
Rev. Loyers	Revue des loyers
Rev. des proc. coll	revue des procédures collectives
RGAT	Revue Générale des Assurances Terrestres
RGDA	Revue Trimestrielle de Droit Commercial
RID Comp	Revue Internationale de Droit Comparé
RJDA	Revue de Jurisprudence de Droit des Affaires
s.	et suivant(e)(s)
S.	recueil Sirey
S. J./G	Semaine Juridique éd. Générale
Somm.	Sommaire, aussi partie « Sommaire » (dans divers recueils et revues)
supra	ci-dessus
T. Civil	Tribunal Civil
TGI	Tribunal de Grande Instance
UEMOA	Union Économique et Monétaire Ouest-Africaine
UINL	Union Internationale du Notariat Latin
V.	Voir

Sommaire

Introduction Générale ... 13
Chapitre I : Le notaire tiers de confiance des citoyens, des entreprises et de l'État ... 18
I. La conception classique du notariat ... 20
II. La conception renouvelée du notariat ... 23
Sous-Chapitre I : Le notaire intervient dans le monde des affaires privées en tant que tiers de confiance ... 24
Section I : Le rôle des notaires au regard de l'impératif de confiance dans le marché des affaires ... 25
Section II : Le renforcement du rôle du notaire contribue à l'efficacité de ses interventions sur le marché des affaires ... 37
Sous-Chapitre II : Le notaire intervient auprès de l'État en tant que tiers de confiance ... 65
Section I : Le notaire, nouveau partenaire des collectivités publiques ou décentralisées 65
Section II : Le notaire : partenaire de l'institution judiciaire ... 75
Sous-Chapitre III : Le notaire assure des missions inhabituelles d'intérêt public et prive en tant que tiers de confiance ... 78
Section I : La mission publique du notaire ... 78
Section II : La mission privée du notaire ... 79
Sous-Chapitre IV : Le notariat se forme aux nouvelles technologies pour mieux assurer sa mission de tiers de confiance ... 82
Section I : Le Notaire et l'utilisation de l'outil informatique ... 82
Section II : Le cadre juridique de l'échange de documents notariés informatisés : étapes juridiques ... 88
Section III : L'adaptation de la loi sur le notariat aux réalités nouvelles ... 88
Section IV : L'adaptation du droit de la preuve ... 89
Chapitre II : Sécurité juridique et régulation du marché de l'immobilier ... 90
Section I : L'acte notarié assure la sécurité juridique des contrats immobiliers ... 92
Section II : L'acte notarié garant de la valeur économique au service de la sécurité des investissements ... 94
Section III : Le notaire, détenteur d'informations et investigateur sur le marché immobilier ... 98
Section IV : Le rôle et la responsabilité du notaire dans le nouveau code foncier togolais .. 100
Chapitre III : Le notariat et les nouvelles relations sociales en droit de la famille et des successions ... 105
Section I : La législation en vigueur au Togo ... 106
Section II : Les attentes et les perspectives politiques pour le Togo ... 114
Chapitre IV : L'acte notarié, instrument de garantie dans les actes d'investissement ... 126
Section I : L'acte notarié, instrument de garantie entre les parties ... 127
Section II : L'acte notarié, instrument de fiabilité des registres publics ... 131

Section III : La force exécutoire et la force probante de l'acte notarié 134
Section IV : La valeur économique de l'acte notarié 136
Section V : Le notaire participe par son acte à l'amélioration du climat des affaires 138
Chapitre V : Pratique notariale en Afrique et perspectives 144
Section I : Le cadre de la pratique notariale en Afrique 145
Section II : Les données d'une meilleure pratique notariale 163
Section III : L'éloignement du cadre normatif de la pratique notariale en Afrique 172
Conclusion Générale 189
Proposition 193
Index Alphabétique 196
Table des matières 199

Introduction générale

Vladimir Jankélévitch affirmait déjà que « tout ce qui est terrestre est appelé à mourir[1] », cette affirmation est une vérité d'évidence[2], et le terrestre avant de mourir, se doit tout au long de son existence de s'assumer pleinement, s'il ne veut pas disparaître avant l'heure[3].

C'est pour cela que face aux défis multiples auxquels la profession notariale est confrontée, cette dernière pour assurer sa survie et sa pérennité, se doit de s'adapter aux évolutions que connaisse le monde moderne[4]. Aussi, un auteur abondait dans le même sens, en affirmant qu'en période de crise ou de difficultés, le seul salut qui peut faire avancer la pratique est le savoir[5]. Ainsi, par ce recours systématique aux nouveaux outils et solutions, le notaire est amené à connaître les évolutions ou des changements qui l'accompagnent[6], et auxquels il se doit de s'adapter, s'il ne veut pas disparaître[7].

Cependant, l'aspiration à la sécurité est en effet devenue un mythe de notre civilisation, les individus sont désormais à la recherche du service infaillible[8]. Ainsi, ils se tournent vers le notaire, un dispensateur d'authenticité, qui elle-même est source de sécurité juridique[9].

Car ce détenteur d'authenticité est aujourd'hui confronté au défi de la mutation de sa pratique traditionnelle vers la modernité. Homme de prépondérance dont les connaissances et compétences se doivent sans cesse d'être renouvelées, pour qu'il soit en mesure de suivre l'évolution du monde. Il est tout aussi doté de fonctions qui le différencient considérablement des autres professions juridiques[10].

Ainsi, porter notre attention sur « le notaire dans l'exercice de ses fonctions : entre traditions et modernité », nous amène à mettre en exergue une idée toute simple : l'influence du temps sur la profession notariale, et nous inscrivant dans cette logique, l'expression peut être autrement déclinée en des termes suivants : « le notariat africain à l'épreuve du temps » ou même « le notaire et le temps ».

Comme on peut le constater c'est le temps dans la vie de la profession notariale, qui nous intéresse dans le cadre de cette étude. Cela s'explique aisément : le temps, concept abstrait mais réel a raison de tout.

1 Marie Laure cocquelet, Transmission universelle de patrimoine en droit des sociétés, thèse en droit, université de Paris X Nanterre, 1994, p.1

2 Idem

3 Ibidem

4 Jeanne de POULPIQUET : " Responsabilité des notaires " ; édition Dalloz 2015 ; P 89

5 Louis Vogel, " l'université une chance pour la France " édition puf 2010, p. 23.

6 Jeanne de POULPIQUET : " Responsabilité des notaires " ; édition Dalloz 2015 préc ; P 115

7 Idem

8 Cecile Biguenet Maurel, " le devoir de conseil des notaires ", thèse de doctorat de l'université de Toulouse ; édition defrénois 2006 ; p. 2

9 Idem

10 Ibidem

Car il s'impose à tout, rien ne lui résiste et il résiste à tout, en ce sens que tout s'incline devant lui, soit par l'adaptation, soit par la disparition.

Des traditions à la modernité dans l'exercice de la profession notariale que nous mettons en évidence ici, ne sont rien d'autre que les changements économiques et sociaux qui sont la conséquence directe du passage du temps et les exigences qu'il impose aux hommes, et aux professionnels afin qu'ils vivent avec leur temps[11].

Tout change, tout bouge, tout évolue, et la science juridique n'échappe pas au mouvement universel du progrès[12]. L'approfondissement des acquis et surtout des découvertes entretiennent une mutation permanente, faisant du droit une science sociale aux antipodes de la rigidité dont il est maintes fois abusivement taxé[13].

La profession notariale participe ainsi en son intégralité à ce vaste souffle de réformes, voire de révolutions inspirées par des pensées de modernité.

Ainsi, l'une des manifestations les plus spectaculaires de cette évolution que cherche à optimaliser le droit notarial est l'appréhension de la profession sous une conception nouvelle, laquelle ne peut être appréciée à sa juste mesure sans que soit indexée sa conception classique ou traditionnelle[14].

Ainsi, les États africains comme la plupart des autres pays, sont soumis aux bourrasques des bouleversements socio-économiques, qui traversent le monde dans sa diversité politique, culturelle, économique et sociale[15]. En effet le monde étant devenu un village planétaire, une crise affectant un point du globe induit des effets au niveau de toutes les autres aires géographiques[16].

Ce phénomène d'interdépendance des différentes économies de ce monde a commencé en Europe par la révolution industrielle devenue ainsi le ferment de l'essor industriel, social et économique de ce continent[17].

Elle va entraîner des changements socio-économiques profonds dans les sociétés européennes qui s'en trouvèrent marquées à jamais[18] : les biens et services ne sont plus produits à la main, mais plutôt à la machine à un rythme effréné, appelé standardisation des moyens de productions ; les usines firent leur apparition avec de nouvelles classes sociales.

---

11 Prosper Gadegegbeku : "L'Amélioration du climat des affaires : quel rôle pour le notariat ? " Togo-Presse N° 11359 du 24 Août 2022.

12 Paul Roubier, "Théorie générale de droit civil", Sirey 2ème édition, 1951 p. 125

13 Corinne Delmas ; "Les notaires en France : des officiers de l'authentique entre héritage et modernité", Presses Universitaires de Rennes, éd. 2020 P. 55

14 Roland de Valkeneer, précis du notariat, éd Bruylant 2002, p. 118

15 Thomas Pikety ; "Le capital au XXIè siècle", éd. Points Histoires 2020 P. 41

16 Jacques Attali, "Survivre aux crises", édition Fayard 2009 P 56 ;

17 Idem

18 Kako Nubukpo, "L'Urgence africaine Changeons le modèle de croissance !", éd. Odile Jacob 2019 P. 86

Ce développement industriel va s'accentuer et aller de pair avec celui des moyens de communication, du transport et des échanges économiques notamment avec les régions les plus éloignées du monde[19].

La crise financière de 1929, les deux guerres mondiales, la crise pétrolière de 1973 et la crise financière des subprimes de 2007-2008 aux USA[20], ainsi que plus proche de nous la guerre russo-ukrainienne qui a débuté en 2022 et qui a engendré la crise énergétique et agro-alimentaire à travers le monde[21], achèveront de nous convaincre de l'interdépendance des différentes économies du monde[22].

Le monde est ainsi devenu un marché global, unique avec des économies totalement enchevêtrées et liées ; il s'ensuit qu'aucun pays, aucun secteur professionnel, n'est économiquement isolé, tout se tient et tout est lié : c'est la mondialisation des échanges économiques[23].

Le continent africain ne fait pas exception à ce tableau décri antérieurement ; en effet, l'Afrique bien qu'ayant une part extrêmement faible dans les échanges économiques mondiaux, n'en demeure pas moins une actrice affectée par cette globalisation de l'économie mondiale[24].

Celle-ci va se traduire en Afrique, par la mise en place de rigoureux programmes d'ajustements structurels, imposés par les institutions financières internationales. Ces programmes avec leurs logiques implacables de gestion rigoureuse de l'économie, et de rationalisation des administrations africaines, étaient la condition sine qua non d'un afflux massif de l'investissement étranger vers les économies africaines[25].

Ils étaient censés en être le gage du développement à tout le moins. Cet apport de l'investissement étranger en Afrique, va avoir un effet macroéconomique positif sur la plupart des économies des pays du continent, qui affichent à rebours de la plupart de celles des États occidentaux, un taux de croissance à deux chiffres[26].

Cette embellie macroéconomique va s'accompagner de l'apparition de nouveaux métiers, de nouveaux secteurs professionnels, de nouveaux concepts : il s'agit des nouvelles technologies de l'information et de la communication. L'internet et la téléphonie mobile sont ainsi devenus les nouveaux moyens de communication et vont se démocratiser à l'échelle de toute l'Afrique[27].

---

19 Idem

20 Ibidem

21 Prosper Gadegegbeku : "L'Amélioration du climat des affaires : quel rôle pour le notariat ? " Togo-Presse N° 11359 du 24 Août 2022.

22 Kako Nubukpo, préc. P.124

23 Jacques Attali, préc. P. 62

24 Kako Nubukpo, préc. P. 98

25 Idem

26 Ibidem

27 Kako Nubukpo, préc. P.135

Il en est de même du commerce électronique qui entre dans les mœurs commerciales et finit même par s'imposer comme un outil incontournable dans le monde des affaires[28].

Cependant, ces programmes d'ajustements ainsi que la globalisation du monde, vont induire de nombreuses mutations socio-économiques, qui ébranleront les fondements, les repères et les paradigmes de la société africaine : fermeture des usines, licenciements massifs, accroissement du chômage, accroissement de l'individualisme, éclatement des cellules familiales, accroissement du divorce, accroissement du nombre de familles monoparentales ou de familles recomposées, développement du concubinage etc[29].

Ces phénomènes sociaux posent le problème de la complexification de nos sociétés. Ils induisent en outre une judiciarisation des relations sociales, avec un appareil judiciaire africain peu performant à résoudre les contentieux[30].

Cette complexification des sociétés africaines d'une part, la globalisation des échanges économiques d'autre part, ont entraîné le développement de nouvelles activités illicites (notamment le blanchiment de l'argent sale, la fraude au crédit, le recours aux titres fonciers d'autrui suivi du dol, comme moyen pour obtenir le crédit) ; aussi toutes ces activités doivent ainsi attirer l'attention et la vigilance du notariat africain[31].

Face à ces nouveaux phénomènes et comportements sociaux d'une part, à l'apparition de nouveaux métiers d'autre part, les questions fondamentales ci-après s'imposent pour la profession notariale africaine.

Quel devrait être son positionnement face à ces nouvelles mutations ? La profession ne devrait-elle pas s'adapter et être au diapason de ces mutations nouvelles qui parcourent et traversent le continent[32] ?

La préservation de l'utilité sociale du Notariat en Afrique ainsi que sa pérennité[33], face notamment au lobby anglo-saxon de la banque mondiale, ne commandent-elles pas une adaptation du métier à ces nouveaux phénomènes socio-économiques qui se sont fait jour [34].

Le notaire africain ne devrait-il pas se moderniser et être un « homme de son temps ? » Ne devrait-il pas sous peine d'être sclérosé, mettre de nouveaux outils et solutions juridiques à la disposition de sa clientèle et répondre ainsi aux aspirations nouvelles et modernes de celle-ci [35]?

---

28 Idem

29 Rapport du congrès des notaires d'Afrique de l'Île Maurice : Port Louis 2011.

30 Kako Nubukpo, "L'Urgence africaine Changeons le modèle de croissance !", éd. Odile Jacob 2019 préc., p. 108

31 Idem.

32 Prosper Gadegegbeku : "L'Amélioration du climat des affaires : quel rôle pour le notariat ? " Togo Presse N° 11359 du 24 Août 2022 Préc.

33 Rapport du congrès des notaires d'Afrique de l'Île Maurice : Port Louis 2011.

34 Idem

35 Jeanne de POULPIQUET : " Responsabilité des notaires " ; édition Dalloz 2015 ; P 222

À ces interrogations, la présente étude : « le notaire africain dans l'exercice de ses fonctions : entre traditions et modernité », tente d'apporter des réponses susceptibles d'éclairer la lanterne des uns et des autres sur l'utilité du notaire dans notre société et l'avenir même de cette profession sur un continent qui suit aussi la marche de l'histoire.

Cette étude s'articule autour de cinq chapitres. Le premier, « le notaire, tiers de confiance » définit le notaire et précise ses multiples fonctions à l'aune des mutations considérables, tant sociétales que démographiques et économiques intervenues dans le monde. Le second chapitre « le notaire et la sécurité du marché immobilier » met en exergue le rôle incontournable du notaire, cet officier public dans la sécurisation du domaine du foncier, la régulation du secteur de l'immobilier, indispensables aux investissements. Le troisième chapitre « le notariat et les nouvelles relations sociales en droit de la famille et des successions ». Le quatrième chapitre « l'acte notarié instrument de garantie dans les actes d'investissement », cependant investir n'est-il pas prendre des risques, alors que le risque est un principe organisateur de nos sociétés et c'est en apprenant à le maitriser qu'on arrive ainsi à sécuriser les investissements, et qu'on apprend à contribuer au développement d'un pays. Le cinquième et dernier chapitre « pratique notariale en Afrique et perspectives ».

Pendant longtemps la profession notariale s'est organisée autour de la loi du 25 ventôse an XI et même[36], après l'indépendance jusqu'à nos jours elle est toujours présente dans toutes nos pratiques[37] et législations[38], c'est pour cela que le paradigme de la pratique notariale en Afrique, doit être fondé théoriquement sur la loi, le règlement, la jurisprudence, et la doctrine[39].

Ainsi dans une société en difficulté ou en crise, le seul salut qui peut faire avancer la pratique est le savoir, comme l'a si bien affirmé dans son ouvrage, le professeur Louis Vogel, l'université une chance pour la France[40].

---

36 Idem

37 Ibidem

38 Prosper Gadegbeku « la législation notariale au Togo de la colonisation à notre ère » ; guide du participant du XVIème université du notariat d'Afrique de Lomé au Togo, 11-14 juillet 2023, p. 14

39 Idem

40 Louis Vogel, " l'université une chance pour la France " édition puf 2010, p. 23.

Chapitre I

LE NOTAIRE TIERS DE CONFIANCE DES CITOYENS DES ENTREPRISES ET DE L'ÉTAT

Le professeur Jean Marc Mousseron définit le « tiers participant » comme celui dont la participation au contrat est requise ou est retenue, mais qui n'y est pas partie[41]. Ainsi, ce participant[42] devient un tiers[43] de confiance[44], dès lors que les contractants ont une croyance en sa bonne foi, sa sincérité et sa fidélité, ou en ses capacités, sa compétence et sa qualification professionnelle, comme l'affirmait le Doyen Gérard Cornu[45].

Ainsi, sans détour le notaire est ce tiers de confiance[46], officier public établi pour recevoir tous les actes et contrats auxquels les parties doivent ou veulent faire donner le caractère authentique attaché aux actes de l'autorité publique, et pour en assurer la date, en conserver le dépôt, en délivrer des grosses et expéditions.

Cependant, l'ordonnance du 2 novembre 1945 souligne en vrai le particularisme de cette fonction notariale et son étendue[47], en mettant en relief la mission d'authentificateur du notaire, c'est un officier public chargé de rédiger les contrats, de les authentifier, de les conserver, d'en assurer la publicité[48].

Mais cette définition a oublié de souligner un aspect fondamental de cette profession qu'est le devoir de conseil, puisque le notaire a aussi pour fonction de conseiller ses clients, afin de conférer aux actes qu'il reçoit par sa seule intervention une protection renforcée. La fonction notariale a ainsi un double aspect « authentification et conseil[49] »,

Son statut de représentant de l'État dans les contrats privés lui impose d'être impartial et neutre au cours de sa mission. Il assure ainsi une protection renforcée aux actes de ses clients. De ce statut, apparaissent le particularisme et la singularité de sa fonction[50] qui accroissent ainsi la confiance des clients à son égard. Ces manifestations montrent que le notaire est un rédacteur d'actes particuliers[51] pas comme les autres.

---

41 Jean Marc Mousseron : " Technique contractuelle ", éd. Francis Lefebvre 1988 P. 151, n° 329.

42 Idem

43 Vocabulaire Juridique éd. PUF 2009. Le Doyen Gérard Cornu précise que, ce tiers est toute personne étrangère à une situation juridique ; en matière contractuelle, c'est une personne n'ayant été ni partie ni représentée à un contrat qui n'est pas touchée par son effet obligatoire.

44 Marie-Anne Frison-Roche, " La conception renouvelée du notariat par la perspective de régulation économique ", Rev. Droit et Économie, P 1. 2010.

45 Gérard Cornu : Vocabulaire Juridique préc, éd puf 2009.

46 Roland de Valkeneer " Précis du notariat ", éd. Bruylant 2002 P. 23

47 Jean Luc Aubert : " La responsabilité des notaires", éd. Défrénois 2008 P. 67

48 Idem

49 Ibidem

50 Roland de Valkeneer, préc. P. 127

51 Idem

Sa véritable particularité, singularité le différencie des autres rédacteurs[52], tels que les avocats, les experts comptables[53], et lui confirme ainsi une identité particulière[54]. C'est un signe d'identité notariale que ces autres professionnels du droit cherchent à s'en approprier, et qu'ils convoitent [55], c'est-à-dire le droit d'accomplir les mêmes actes que le notaire et accéder aux mêmes niveaux d'activités notamment : l'authentification de droit commun[56].

Cependant, il n'est plus à démontrer que son concurrent le plus proche, l'avocat qui agit de façon partisane et défend contrairement à lui son client, tandis que lui défend l'intérêt de l'acte[57]. L'exercice de cette mission de service public est la raison d'être de son intervention, et lui assure une confiance assez avancée auprès de ses clients, en sa qualité de délégataire de la puissance publique, un agent normatif de l'État[58].

Par cette délégation de pouvoir, il confère aux actes le caractère d'authenticité propre à assurer la sécurité des parties[59]. Cependant, ce pouvoir qu'il détient, ainsi que la nature même de la responsabilité qui lui incombe en tant que professionnel du droit[60] font de lui un acteur essentiel en matière de sécurité juridique[61], voire un tiers de confiance[62] qui attire de tout côté.

Ce tiers qui attire ainsi et qui assure une fonction de service d'intérêt général dont il est investi, est astreint à son tour à beaucoup de devoirs. Puisque tout change, et tout bouge, ce dernier peut toutefois connaître la défaillance, qui peut consister dans les faits pour lui, de créer par son attitude, un risque pour que le client n'obtienne pas ce à quoi il a droit et de se dérober ainsi à ses obligations. D'où nait sa responsabilité qui présente en effet un particularisme, qui est la conséquence normale et nécessaire de la spécificité fonctionnelle et structurelle de la profession de notaire. En ce sens qu'il est institué par la loi en tant que garant de la sécurité juridique[63].

Tout évolue et la science juridique n'échappe pas au mouvement universel du progrès. L'approfondissement des réglementations concernant le notaire[64], et surtout les découvertes entretiennent une mutation économique permanente, faisant du droit une science sociale éprise de

---

52 Roland de Valkeneer, préc.

53 Corinne Delmas : " Les notaires en France, des officiers de l'authentique entre héritage et modernité ", éd Presses Universitaires de Rennes 2020, P. 133

54 Idem

55 Ibidem

56 Roland de Valkeneer, préc. P. 108

57 Idem

58 Ibidem

59 Jean-Luc Aubert, préc. P. 122

60 Idem

61 Ibidem

62 Marie-Anne Frison-Roche, préc. P. 82

63 Jean Luc Aubert, préc P. 82

64 Corinne Delmas, préc. P. 115

flexibilité[65]. La profession notariale participe ainsi en son intégralité à ce vaste souffle de réformes voire de révolutions inspirées par de nobles pensées[66], permettant de faire du notaire un tiers de confiance de ses clients et de l'État. Car il œuvre sous l'égide de la loi avec impartialité et neutralité[67]. Ainsi la situation de domaine réservé dans lequel s'exerce sa profession, l'amène à prendre en compte la sévérité liée à son statut et le particularisme qui en découle, qui le poussent à quitter la situation classique qui est la sienne pour en retrouver un état nouveau.

Aussi les manifestations les plus spectaculaires de cette évolution, que cherche à optimaliser le droit notarial, est l'appréhension de la profession notariale sous une conception nouvelle (II), laquelle ne peut être appréciée à sa juste mesure qu'à travers la conception classique du notariat (I).

I- La conception classique du notariat

Il ne fait aucun doute d'affirmer que le notariat participe et ce, de façon générale à la prévention des conflits ainsi qu'à la sécurisation des actes de par son histoire. Il accomplit ses missions légales et privées. Ainsi, sa fonction habituelle d'authentificateur est bien connue, il est aussi garant de la sécurité juridique et œuvre en ces situations en qualité de tiers de confiance.

Le notaire est l'homme du contrat que l'on vient requérir pour rédiger des actes susceptibles d'empêcher les « différends de naître[68] » ; présentant au corps législatif le projet de la loi du 25 ventôse an XI ; le conseiller Real précise que le notaire exerce sa fonction de façon indépendante dans l'intérêt des personnes qui s'adressent à lui[69]. Sa profession le situe cependant dans un secteur où règne la concurrence. En dehors des actes qui sont traditionnellement de sa fonction et de ceux dont le monopole lui est attribué, il a de ce fait de plus en plus tendance, nécessité économique oblige, à étendre sa sphère d'activité[70]. On s'est par conséquent demandé si le notariat n'était pas une profession libérale. Par de nombreux aspects, il s'en rapproche.

En réalité, la fonction de notaire possède une ambivalence[71] comme nous le précisions plus haut : c'est une fonction de service public qui s'exerce de façon libérale. La patrimonialité de l'office et l'évolution des mentalités contemporaines contribuent à souligner ce dernier aspect. De même, bien qu'ils possèdent des réglementations communes[72]. Les notaires sont officiers publics ministériels.

---

65 Idem

66 Jeanne de Poulpiquet : " Responsabilité des notaires ", éd. Dalloz 2003 Page 118 et suivant

67 Idem

68 Voir le discours du Conseiller d'État Real cité par Jean Yaigre et Jean-François Pillebout « Droit professionnel notarial » éd. Litec 2000 p11

69 Rolland de Valkeneer : " Précis du notariat ", éd. Bruylant 2002 P 45.

70 Rapport français au congrès de Marrakech 2010.

71 Idem

72 Jeanne de Poulpiquet, préc. P,56

Le notaire, officier public parce qu'il est le délégataire de la puissance publique, a comme particularité d'être détenteur d'un sceau. L'article 20 du décret n° 71-941 du 26 novembre 1971 dispose que « chaque notaire est tenu d'avoir un sceau particulier portant ses noms, qualité et établissement, et d'après un modèle uniforme, l'effigie de la République française ». Les copies exécutoires, les expéditions, les actes délivrés en brevet, les certificats de vie, les certificats de contrats de mariage doivent être revêtus de l'empreinte du sceau[73].

La qualité d'officier public du notaire se manifeste également par son pouvoir de conférer aux actes la force exécutoire. Cette formule exécutoire donne ordre au nom de la république togolaise et du peuple togolais[74], « à tous huissiers de justice de mettre les présentes à exécution, aux procureurs généraux et aux procureurs de la république près les tribunaux de grande instance d'y tenir la main, à tous commandants et officiers de la force publique de prêter main-forte lorsqu'ils en seront légalement requis[75] ». Ces manifestations montrent très clairement que le notaire a le même pouvoir que le juge, et accroissent une fois encore la confiance de ses clients et de l'État en lui.

Cette formule exécutoire permet ainsi, dès lors aux créanciers d'une obligation portant sur une somme d'argent certaine liquide et exigible, d'exercer directement leurs droits en recourant aux voies d'exécution, sans être obligés d'obtenir un jugement de condamnation de leur débiteur. La formule exécutoire est donc un privilège, pour l'acte notarié. Elle conforte ainsi le rôle d'authentificateur de droit commun du notaire, et démontre que ce dernier officie au côté de ses clients en qualité de tiers de confiance[76].

Le notaire délégataire d'une partie de la puissance publique de l'État est enfin et surtout l'authentificateur de droit commun qui confère aux actes qu'il reçoit, en vertu de son statut, une force probatoire d'une particulière efficacité. Il est « un témoin privilégié » dont l'attestation a aux yeux de la loi une valeur exceptionnelle[77]. L'acte authentique, en vertu de l'article 1319 du code civil, « fait pleine foi de la convention qu'il renferme » : il fait foi jusqu'à inscription de faux[78]. Pour les faits que l'officier public y a énoncés comme les ayant accomplis lui-même ou comme s'étant passés en sa présence[79] ; en l'espèce : paiement à la vue du notaire[80]. Il fait foi de sa date, à l'égard des tiers, avant même d'être soumis à l'enregistrement[81].

Le rôle traditionnel et actuel du notaire est d'être un dispensateur d'authenticité, rédacteur par fonction d'actes, doté d'une force probante et

---

73 Article 20 du décret N° 71-941 du 26 novembre 1971

74 Idem

75 Jeanne de Poulpiquet, préc. P. 33

76 Roland de Valkeneer préc. p. 54

77 Voir Jean Luc Aubert : " La responsabilité civile des notaires ", 5è éd. Défrénois p. 18 no 30.

78 Article 1319 du Code Civil ;

79 Voir Cass Civ. 1ère, 26 mai 1964, D 1964 ; JCP 1964. II, 13758. Note Rives Lange.

80 Voir Civ, 1ére 4 mars 1981, Bull civ I no 79.

81 Civ. 2è, 9 mai 1974, n° 160.

exécutoire exceptionnelle, actes dont il assure aussi la conservation et éventuellement la publication[82].

Il ne peut dès lors se contenter d'exercer une fonction technique de rédacteur des conventions des parties[83]. Mettre les contrats en la forme juridique ne suffit pas. Sa qualité d'officier public lui impose de compléter la sécurité juridique qu'il confère aux actes qu'il reçoit, en conseillant les parties[84], c'est-à-dire en les informant sur la portée et les conséquences de tous ordres des engagements qu'elles ont souscrits[85]. Deux mots peuvent résumer sa fonction : « authentification » et « conseil ». Ses attributions découlent ainsi de cette double mission de tiers de confiance[86] .

L'aspiration à la sécurité juridique est devenue en effet le mythe de notre civilisation, les individus sont désormais à la recherche du service infaillible[87]. Aussi se tourne-t-il vers le notaire, authentificateur de droit commun des actes dont l'incontestabilité, la pérennité, et l'efficacité, ne sont plus à démontrer[88].

Incontestabilité, pérennité et efficacité des situations individuelles. La sécurité juridique peut s'entendre en effet à la sécurité des droits subjectifs (propriété, usufruit, servitude, créance). Et plus largement de la sécurité des situations juridiques individuelles : état des personnes, position contractuelle, etc. La sécurité des prérogatives des sujets est en effet directement tributaire de la sécurité des règles de droit, dont ces prérogatives dépendent[89]. Un créancier ne saurait se dire être sûr de ses droits, s'il était à la merci d'une loi, ou d'un décret rétroactif, les remettant en cause, ou d'une réglementation si complexe, qu'elle ne lui permette pas d'en assurer la mise en œuvre[90].

C'est dire ici que c'est la sécurité des droits subjectifs qui est en cause, la sécurité des clients du notaire[91], car même en présence de règles de droit parfaitement intelligibles, stables et accessibles, la question demeure entière de la sécurité des situations individuelles[92]. Les particuliers doivent en effet pouvoir compter sur des droits solides, fondés sur des titres sûrs garantis par l'acte authentique notarié, dont ils puissent se prévaloir dans la durée[93]. La sécurité juridique se présente alors sous cet aspect comme un ensemble de qualités, attendues des droits subjectifs et des actes qui en assurent la circulation[94], que l'on peut ici encore résumer

---

82 Jean Luc Aubert, préc. P. 86

83 Roland de Valkeneer, préc. P. 44.

84 " L'avenir du notariat " sous la Direction du professeur Moustapha Mekki éd. LexisNexis 2016 Préc. p. 142

85 Idem

86 Ibidem

87 Cécile Biguenet-Maurel, thèse de doctorat en droit préc. préface de Jeanne de Poulpiquet P.119

88 Idem.

89 Nicolas Rontchevsky : « l'effet des obligations », Éditions Economica 1998 P.123

90 Nicolas Rontchevsky préc. P 126

91 Ibidem P 89

92 Roland de Valkeneer préc. P. 56

93 Idem.

94 Cécile Biguenet Maurel thèse préc P 123

dans un triptyque : pérennité, incontestabilité et efficacité du rapport juridique créé[95].

Pour satisfaire cet objectif, l'ordre juridique peut agir sur deux plans différents. Une première réponse passe par la réglementation substantielle des droits et des actes juridiques[96]. On songe alors entre autre : la limitation des cas d'annulation des actes juridiques aux règles protectrices de la force obligatoire du contrat, au principe de sanction en nature des obligations non monétaires, à la prescription extinctive, à la théorie de l'apparence,[97] etc. qui sont autant de règles du droit des obligations destinées à susciter la confiance des opérateurs dans les situations juridiques individuelles[98].

Une autre réponse se situe sur un terrain plus formel que substantiel dans la réglementation non plus, mais de l'accord de volonté (le negotium, document qui le constate (l'instrumentum) : on l'aura compris sur ce plan particulier que l'acte authentique peut apporter sa pierre à l'édifice de la sécurité juridique[99].

II- La conception renouvelée du notariat

Cette vision de la conception renouvelée du notariat a été mise en évidence par madame le Professeur Marie-Anne Frison-Roche, elle amène l'officier public en sa qualité de tiers de confiance, et en tant que régulateur du marché économique à s'adapter à ses nouvelles fonctions de notaire, et aux nouvelles réalités économiques, techniques et sociales[100]. Il devient ainsi régulateur du marché des affaires, car sa seule présence suscite tous azimuts la confiance des opérateurs, en effet en tant qu'expert du droit, les notaires se prévalent des compétences spécifiques, auxquelles correspondent ainsi les formations propres qu'ils ont suivies. Cependant, c'est en cela, que ces derniers participent au mouvement général de l'importance du droit, dans le bon fonctionnement des marchés, axé sur les droits de propriété, la circulation des biens par l'entremise des contrats.

Ainsi, à travers ce renouveau fonctionnel, ces derniers jouent-ils alors un rôle auprès de l'État ? La question peut surprendre, d'autant plus que le notaire est un dépositaire de la charge de ce dernier, il remplit ainsi sa mission d'intérêt général, qui consiste en l'authentification des actes juridique pour garantir la sécurité juridique des transactions.

Cependant, les choses évoluant dans le sens du fonctionnement de l'État, l'on constate que ce dernier a recours de plus en plus aux services des notaires à travers deux entités juridiques : les collectivités locales et l'institution judiciaire ; le notaire se doit en effet de continuer ses activités traditionnelles[101], et au-delà de ça[102], il doit ainsi faire face aux nouvelles

95 Marie-Anne Frison-Roche préc.

96 Nicolas Ronthevsky, thèse précitée P. 112

97 Idem P. 95.

98 Ibidem.

99 Jean Marc Mousseron préc. P. 110.

100 Marie-Anne Frison-Roche préc.

101 Jeanne de Poulpiquet préc. P 216.

102 Idem

réalités sociales qui s'imposent à lui[103]. La pratique notariale se voit alors contrainte de rechercher les solutions aux situations nouvelles auxquelles elle n'était pas préparée[104].

Ainsi l'importance du thème impose une démarche sous plusieurs angles. Le notaire étant un homme de terrain, il intéresse à la fois le monde des affaires, le monde social, voire l'État dont il est le dépositaire de la charge. Il est l'homme de l'authentification, garant de la sécurité juridique dans les relations entre les hommes et les biens parmi lesquels l'immobilier occupe une place prépondérante. Son instrument de travail est l'acte authentique et qu'il a l'obligation d'adapter aux réalités technologiques du moment.

Ce rôle pluriel du notaire implique l'orientation de l'étude de ce thème sous plusieurs sous-thèmes : sous-chapitre 1 : Le notaire intervient dans le monde des affaires privées en tant que tiers de confiance ; sous-chapitre 2 : Le rôle du notaire auprès de l'État en tant que tiers de confiance ; sous-chapitre 3 : Le notaire assure des missions inhabituelles d'intérêt public et prive en tant que tiers de confiance; sous-chapitre 4: Le notariat se forme aux nouvelles technologies pour mieux assurer sa mission de tiers de confiance.

Sous-Chapitre I

Le notaire intervient dans le monde des affaires privées en tant que tiers de confiance

Les analyses qui ont été faites ici ont pour principal but de définir le notaire comme le tiers de confiance pour le monde du privé ; garant en effet de la sécurité juridique par les actes qu'il reçoit et les conseils qu'il donne, il est le juge de l'amiable[105]. Il est tenu d'observer en outre un devoir de neutralité et d'impartialité, et c'est en ce sens qu'il attire de tout côté en sa qualité de tiers de confiance[106].

Il n'est pas un contractant ordinaire, la fonction dont il est investi et qu'il exerce par la délégation de l'autorité publique exclut dans la plupart des cas, tout recours à une responsabilité contractuelle[107]. Il rédige et reçoit les actes juridiques en son nom et en raison de sa fonction d'authentificateur de droit commun, et non parce qu'il en est chargé par les contractants. Il n'agit pas pour son compte, mais au nom de l'État. C'est à ce titre qu'il devient un tiers de confiance[108], qui agit au nom de l'État et devient lui-même l'État. Il suscite ainsi lui-même un sentiment de sécurité, et cette sécurité est la sécurité juridique[109].

103 Marie-Anne Frison-Roche préc.

104 Idem

105 Cécile Biguenet-Maurel ; « Le devoir de conseil des notaires » ; thèse préc. P 112.

106 Marie-Anne Frison-Roche préc.

107 Jean Luc Aubert ; « La responsabilité pénale des notaires » préc. P 98

108 Marie-Anne Frison-Roche préc.

109 Jeanne de Poulpiquet préc. P 98

Aussi la confiance qui se dégage du notaire à l'égard du tiers, est une confiance fonctionnelle et qui provient en effet de la fonction d'officier public et qui est celle de tous les notaires[110].

Ainsi, le notaire dégage un sentiment de sécurité qui accroît en lui la confiance. Les clients sont aussi sans crainte d'être trompés ou floués. Et cela se montre quantitativement ou qualitativement[111], que les aspects statutaires de sa fonction d'officier comptent beaucoup plus et l'emportent sur les considérations contractuelles ; qui ne sont que résiduelles et simplistes[112].

Aussi, les tribunaux tout comme les tiers ont aussi tendance à ne se focaliser que sur la mission de service public du notaire qui est d'ailleurs omniprésente pour le juger[113]. Cependant elle constitue la raison d'être de l'intervention du notaire, et la justification des droits et devoirs professionnels qui lui incombent[114]. Il est à constater alors en tant que tiers de confiance, que son importance est accrue dans les affaires privées auprès des parties et de l'État[115].

Les activités des notaires s'inscrivent ainsi dans le cadre de ses prestations, et qui se traduisent par le recours à ce dernier pour la réception de divers contrats[116] et qui sont fournies aux usagers du droit, ont une valeur économiquement quantifiable dans les relations d'affaires[117]. Il est alors intéressant de souligner que ces dernières sont caractérisées par l'existence d'un lien de confiance accrue entre les notaires et leurs clients[118]. Ces derniers recherchent une garantie ferme à travers l'authenticité de leurs actes d'affaires dont le notaire est le garant (Section I), et le renforcement de son rôle contribue ainsi à l'efficacité de ses interventions sur le marché des affaires[119] (Section II).

Section I
Le rôle des notaires au regard de l'impératif de confiance dans le marché des affaires

En tous les cas, les prestations qui sont offertes par le notaire à ses clients sur le marché des affaires se caractérisent par l'existence d'un lien de confiance accrue[120], et dans cette étude, la spécificité de ces rapports de confiance entre les opérateurs et le notaire est mise en relief comme fil conducteur qui se manifeste par une intensification des obligations

110 Marie-Anne Frison-Roche préc.

111 Jeanne de Poulpiquet préc. P 102

112 Jean Luc Aubert ; « La Responsabilité Pénale des Notaires » préc. P 97

113 Idem

114 Roland de Valkeneer préc. P 45

115 Marie-Anne Frison-Roche préc.

116 Roland de Valkeneer préc. P 78

117 Marie-Anne Frison-Roche préc.

118 Idem

119 Ibidem

120 Jeanne de Poulpiquet préc. P 79

d'information, de conseil, d'application des règles de droit par le notaire à l'endroit de ces derniers sur le marché[121].

Raison pour laquelle pour les respecter le notaire se doit d'éclairer ses clients sur le climat des affaires qu'ils se proposent de réaliser, c'est-à-dire qu'il leur fournit des informations complètes sur tout ce qui pourrait « venir menacer ou compromettre cette opération[122] », et en ce sens il les éclaire sur la portée et les effets de leurs engagements, ainsi que sur leurs obligations[123]. Il est garant de l'authenticité de l'acte dans les affaires en qualité de tiers de confiance (paragraphe I), et agit sur le marché en tant que régulateur de la vie économique[124] (Paragraphe II) ;

Paragraphe I
Le notaire garant de l'authenticité de l'acte dans les affaires en qualité de tiers de confiance

Aussi, la consécration du caractère ferme de l'authentification des actes d'affaires, peut contribuer à une plus grande sécurité juridique directe généralisée pour le client sur le marché des affaires, mais aussi à une sécurité juridique directe spécifique du client renforçant la confiance sur le marché du crédit. La présence du Notaire tout au long de la chaine des affaires accroît la confiance à son égard, en sa qualité de tiers de confiance[125], et la sécurité juridique qui découle de l'authenticité présuppose l'existence de la certitude et la garantie juridiques.

Cependant, dans la quasi-totalité des pays dont les membres sont issus de l'union internationale du notariat (commission des affaires africaines), toutes les transactions immobilières se doivent d'être passées en la forme d'acte authentique, « ad validitatem et ad probationem[126] ». La qualité d'authentificateur d'actes du notaire peut parfois s'accompagner de celle de mandataire rémunéré en vue de la négociation du prêt ou de l'accomplissement des formalités de publicité[127].

C'est à ce titre, et non plus en tant que simple authentificateur d'actes, qu'il prend l'initiative de l'inscription ou de renouvellement d'hypothèque. Le notaire concourt ainsi à conférer aux actes immobiliers l'authenticité et une sécurité juridique indéniable, et accomplit ainsi les formalités subséquentes[128].

En effet, le droit par définition même vise à pacifier la société, donc à préserver les acquis et à donner de la sécurité[129]. De façon générale, les justiciables dans le domaine des affaires, établissent toujours leurs prévisions, en fonction du contexte juridique qui leur sera favorable, et qui

121 Marie-Anne Frison-Roche préc.

122 Jeanne de Poulpiquet préc. P 79

123 Idem

124 Marie-Anne Frison-Roche préc.

125 Jeanne de Poulpiquet, préc. P. 128

126 Rapport sur les pratiques foncières de l'assemblée générale de Budapest en Hongrie de l'UINL, 1993.

127 Roland de Velkeneer préc. P. 145.

128 Idem.

129 Voir J. de Poulpiquet, préc. P. 45.

sera garanti par la personne du notaire instrumentaire[130]. D'où même, il gagne une confiance accrue auprès de ses clients.

En tout état de cause, il est à souligner que « les opérations immobilières, quelles qu'elles soient, interviennent dans un environnement urbanistique et juridique régi par des normes, et animé par le notaire, en tant que l'un des acteurs principaux, dont l'action influence fortement le fonctionnement du marché dit « immobilier »[131]. En effet ces normes et acteurs de par leurs effets de par le rythme qu'ils impriment à cet espace d'échanges commerciaux[132], déterminent non seulement les caractéristiques, le comportement ou la physionomie du marché immobilier[133], mais aussi le degré de sécurité juridique des transactions qui s'y déroulent[134].

En effet, au-delà des caractéristiques de ce marché, il importe pour la Profession notariale, de se demander si ses interventions sur tel ou tel marché, procure suffisamment de sécurité juridique et financière, aux bénéficiaires civils et commerciaux[135], que sont les acquéreurs ou propriétaires, les locataires, et même les pouvoirs publics, en raison notamment de nombreux avantages fiscaux qu'ils en tirent[136]. Ces interrogations sont d'autant plus pertinentes pour toute cette profession qui officie dans un souci d'intérêt général.

Car l'intérêt de tout investisseur, est de garantir la sécurité et la fiabilité de ses opérations, tout en assurant le retour de ses investissements[137]. Cependant, l'on peut chercher à savoir si les actions du notaire, contribuent-elles vraiment à la sécurisation des investissements ? Il est à rappeler que la présence du notariat, dans tous les pays francophones d'Afrique, est un facteur de développement des échanges internationaux et d'harmonisation des pratiques juridiques, au sein de la zone OHADA, elle contribue ainsi à en apporter une certaine garantie[138].

Aussi, l'on peut affirmer sans détour que, la sécurité découle des conditions de rédaction de l'acte authentique, et des caractéristiques propres à l'authenticité, ainsi, la date certaine permet-elle de garantir sans formalisme ni coût excessif, l'antériorité d'une invention, d'une idée, d'un procédé, ou d'un accord d'affaires, d'un acte de prêt hypothécaire[139]. Il faut aussi rappeler en la matière que le contentieux naissant à partir des actes authentiques ne concerne qu'un nombre nettement infime d'actes[140], et ainsi, cela dénote une vraie preuve de confiance à l'égard du notaire sur le marché.

---

130 Idem.

131 Rapport de Hongrie préc.

132 Idem.

133 Ibidem.

134 Roland de Valkeneer, préc. P. 112.

135 Idem.

136 J. de Poulpiquet Préc. P 112

137 V ; Cécile Biguenet-Maurel, préc P 89

138 Rapport du 27ème congrès des notaires d'Afrique à Alger 2016

139 Magazine des notaires de Paris 2008 ; n° 9, interview du président de la chambre des notaires de Paris

140 Idem.

Aussi, rappelle-t-on que pour confirmer cette exigence de sécurité que comporte l'acte authentique, l'union internationale du notariat latin, en a proposé une telle définition de l'authenticité[141] : C'est la fides publica, la foi publique attachée aux actes publics notamment les actes reçus par les notaires, aussi le fondement de l'authenticité réside incontestablement dans la foi publique. C'est dans l'optique de vulgarisation de l'acte authentique, porteur de sécurité dans les échanges nationaux et internationaux, que les pays de culture civiliste et de droit latin, accentuent une politique destinée à la reconnaissance mutuelle des actes établis dans leurs différents pays[142] ; Cela assure ainsi une certaine efficacité aux actes d'investissement sur le marché[143].

Si les entreprises qui investissent de par le monde ont aujourd'hui besoin de transparence et de sécurité, elles ne peuvent pas les procurer au détriment de l'efficacité, gage de leur compétitivité[144]. Le mode d'élaboration de l'acte authentique lui-même est moins contraignant, et même l'utilisation des mandats et autres documents établis ou vérifiés par le notaire, permet d'alléger les contraintes de lieu et de temps, qui peuvent causer tant de torts aux opérateurs. Ainsi, la maîtrise de la pratique du monde immobilier par les notaires, leur permet d'être rodés aux procédures des investissements immobiliers, dans le sens de l'efficacité, sans en préjudicier en rien, à la qualité des actes[145].

Il y a lieu aujourd'hui en tenant compte de tous les avantages liés aux actes authentiques, de vanter leur valeur auprès des investisseurs, et de confirmer qu'ils améliorent la sécurité juridique directe et généralisée du client[146].

Ainsi, il est universellement reconnu qu'un notaire officier public est toujours désigné par l'État pour assurer la mission de service public de la preuve, et de conférer ainsi aux actes d'affaires le caractère authentique[147]. Il est à juste titre investi par la loi, pour administrer la preuve de ces actes. Il est réellement « le tiers de confiance » dont l'intervention procure et renforce la sécurité juridique et l'efficacité aux actes et conventions d'affaires entre les opérateurs[148].

Aujourd'hui pour que le notaire officier public parvienne à ces fins ou atteigne ces objectifs, il se doit d'avoir la maîtrise des législations nationales et internationales, car toutes erreurs, fautes de sa part lui sont impardonnables[149].

---

141 Ibidem

142 Magazine des notaires Paris 2008 préc.

143 Roland de Valkeneer préc.

144 Notariat, Vol 3, « Environnement économique et managérial du notariat », Ed Defrénois 2013 . Préc p.151.

145 Idem.

146 Ibidem

147 Voir Roland de Valkeneer, préc. P. 75

148 Idem

149 J. de Poulpiquet préc. P. 89

À ce titre, sa mission de service public ne se limite donc pas à une authentification mécanique par l'apposition d'un sceau, elle consiste de façon jurisprudentielle et intellectuelle, à concilier les faits et le droit, et tend à garantir la sécurité des relations d'affaires. Il améliore ainsi le climat des affaires[150], car dans sa rédaction d'acte ou contrat, il préconise des solutions plus avantageuses pour les opérateurs qui investissent, et donne des conseils « plus favorables » à l'intérêt bien compris des opérateurs[151]. Il assure ainsi la validité à tous ces actes d'investissement, de création d'une société, d'octroi de prêt avec garantie hypothécaire, de transmission de société, de regroupement d'entreprises, de fusions, acquisitions, scission, absorption, qu'il reçoit[152]. C'est en cela qu'il devient le tiers, qui gagne la confiance de ses clients et de l'État.

Aussi, l'omniprésence du notaire, tout au long de la chaine des affaires, en l'occurrence l'octroi de crédit, accroît la confiance à son égard[153], en sa qualité de tiers de confiance, cependant, rappelons que la fonction même du notaire étant d'assurer la sécurité des actes qu'il rédige, et son caractère impérieux s'impose à lui par ce seul fait[154], et les relations qui se nouent entre les personnes sont ainsi bâties sur la confiance. Cette confiance se renforce dès lors qu'elles mettent en jeu la circulation des richesses[155]. C'est le cas notamment du crédit qui a besoin de la confiance pour être octroyé à celui ou celle qui le demande[156].

La profession des notaires est à la croisée de deux qualités, croisée qui la rend spécifique. En effet, les notaires sont à la fois des experts du droit et des personnes aptes à délivrer de l'authenticité, c'est-à-dire de l'incontestabilité[157]. Ils délivrent donc un titre qui rassure et garantit la confiance entre les contractants[158].

C'est en cela que les notaires ont une puissance toute particulière. C'est pourquoi ils sont sollicités en qualité de tiers de confiance, parce que l'infaillibilité colle à leurs actes[159] ; et même si ces actes tendent à être décriés parfois[160], en ce moment où la mondialisation de l'économie enlève efficacité aux frontières des États, aux abords desquelles ceux-ci continuent d'exercer leur pouvoir juridique souverain[161], la profession de notaire apparaît ainsi comme un outil efficace au service des acteurs de la vie économique.

---

150 Idem

151 Roland de Valkeneer préc. P. 114.

152 Cécile Biguenet-Maurel, préc. 56.

153 Voir J. Robert Schiller de l'Université de Princeton : " The subprime solution ".

154 Voir Roland de Valkeneer préc.P 112.

155 Voir Riad Obegi "risque et crédit" ; Thèse préc.

156 Idem

157 Anne-Marie Frison-Roche préc.

158 Idem

159 Ibidem

160 Prosper Gadegbeku : " L'amélioration du climat des affaires en Afrique " préc.

161 Anne-Marie Frison-Roche, " La Conception renouvelée du notariat par la perspective de régulation économique ", Revue droit et économie, P.1. 2010 préc.

161 Idem.

En effet, les marchés ne tiennent pas tous seuls, mais sur le droit. Il ne peut y avoir d'économie de marché sans droit, et sans les dispositifs qui peuvent activer celui-ci. L'économie de marché ne peut fonctionner que sur des droits de propriété, des contrats, pour la circulation des biens et des personnes, qui garantissent leur effectivité et leur exécution. C'est ce que l'on désigne souvent comme la puissance juridique, indice de l'existence du droit.[162]

Nanti d'une formation spécifique et d'une compétence avérée, les notaires sont des experts du droit. Aussi, ils sont le maillon d'une chaîne fortement ancrée sur le marché des affaires, et participent ainsi au bon fonctionnement de ce marché[163], qui lui-même est adossé aux droits de la propriété, des contrats, des biens.
Les notaires participent également au fonctionnement de ce marché en tant que tiers de confiance[164], tout en éclairant leurs clients, en leur donnant leur avis pour les aider à agir au mieux de leurs intérêts[165].

Cependant, ce marché qui est en fluctuation permanente doit avoir pour centre d'appui la confiance que doit prendre en compte les objets qui y circulent ; les personnes qui y œuvrent, et le marché lui-même[166].

C'est pour cela qu'incontestablement, les notaires doivent jouer pleinement leur rôle sur ce marché en leur qualité de régulateur, dispensateur de l'authenticité[167].

Cependant, les notaires sont aussi les experts du droit, et se prévalent des compétences professionnelles qui leurs sont propres, cela est d'autant plus exact que nous sommes de plus en plus dans une économie de la connaissance, et de l'expertise[168], donc dans une économie de l'explication, du conseil, de l'expertise, fonctions que les notaires exercent avec dextérité[169].

En garantissant ainsi à l'endroit de tous les opérateurs, cette confiance tant recherchée ils sont en droit d'obtenir un service efficace et sûr[170]. C'est à partir de là qu'on leur reconnait ce pouvoir extraordinaire normatif pur qui leur permet de créer de l'incontestabilité[171] qui contribue à garantir la valeur économique[172] sur le marché des affaires.

Cependant, ce pouvoir normatif que détiennent ces notaires les met sur le même pied d'égalité que les juges et leur permet aussi de mettre à la

---

162 Ibidem

163 Anne-Marie Frison-Roche, " La Conception renouvelée du notariat par la perspective de régulation économique ", Revue droit et économie préc.

164 Idem

165 Jeanne de Poulpiquet préc. P122

166 Idem

167 Ibidem

168 Marie-Anne Frison-Roche, préc.

169 Roland de Valkeneer préc. P. 112

170 Roland de Valkeneer préc. P112

171 Marie Anne Frison-Roche préc.

172 Idem

disposition des opérateurs la magie de l'incontestabilité, qui accroît la valeur économique sur le marché des affaires[173].

Ce qui démontre que seuls les notaires ont ce pouvoir de rassurer les marchés, par leurs actions et actes[174] qui permettent de juger les effets économiques désastreux, qui peuvent advenir pour briser la confiance exigée[175].

C'est pour cela que son omniprésence tout au long de la chaine des affaires en l'occurrence celle de l'octroi de crédit est réclamée de toute part, car ses interventions sur ce marché font de lui un tiers de confiance[176]. Cette omniprésence est salutaire pour les opérateurs et a été saluée par le professeur Américain Robert J. Schiller de l'Université de Princeton, dans son ouvrage « The Subprime Solution[177]», qui y affirmait que pour remédier aux crises de confiance liées à l'octroi de crédit sur le marché en Amérique, l'on doit y faire intervenir dans la procédure des juristes, nommés par le gouvernement[178], permettant d'éviter que les prêteurs peu scrupuleux orientent leurs clients vers des personnes qui ne les conseillent pas correctement, et qui les envoient vers des dangers latents[179].

Ainsi, le professeur propose aussi de créer le notariat aux États-Unis[180], et ce sera réellement une solution pour pallier aux éventuelles crises qui peuvent advenir[181]. Et ce sera une grande promotion pour le système du notariat latin[182], et de surcroit pour l'acte authentique qui contribue à renforcer ainsi la sécurité juridique sur tout le marché. Et ce qui montre que les missions du notaire sont aussi d'aspirations collectives bien qu'elles soient liées à son statut[183]. Il contribue à sauver toute une économie[184]. La jurisprudence et la doctrine sont unanimes à lui reconnaître que sa collaboration qui se fait dans l'intérêt collectif, s'impose quand même à lui. Il devient ainsi un régulateur de la vie économique[185].

Paragraphe II
Le notaire un régulateur de la vie économique en tant que tiers de confiance

La régulation du marché s'apprécie par le statut juridique du notaire, cependant en tant que tiers il authentifie et ses modes de régulation des actes dans bien de cas sur le marché passent par la réception de l'acte, son authentification, sa perfection, sa formation ou son adaptation, et aussi

173 Idem

174 Roland de Valkeneer préc. P108

175 Marie Anne Frison-Roche préc.

176 Riad Obégi thèse Paris 2 préc. P 129

177 Robert J. Schiller : "The subprime solution" préc.

178 Idem

179 Ibidem

180 J. Robert Schiller, préc.

181 Idem

182 Ibidem

183 Roland de Valkeneer préc. P 89

184 Roland de Valkeneer préc. P 121

185 Idem

l'obligation qui s'impose à lui de fournir l'information et le conseil aux clients[186].

Il leur permet de bénéficier de ses compétences professionnelles, de sa capacité, il se voit dans l'obligation d'appliquer les règles de droit[187]. Il est alors régulateur par son statut particulier qui est vraiment la source économique de l'authenticité et par cette dernière puissance inégalée tant convoitée sur le marché des affaires, il est sans nul doute le tiers auquel tout le monde des affaires fait confiance, il est indubitablement source de la valeur économique de l'incontestabilité[188].

A- Le notaire régulateur des contrats sur le marché des affaires

Il n'est de secret pour personne, que le notaire homme de la prépondérance, investi d'une délégation de l'authenticité que lui confère l'État souverain[189], doit en même temps garantir la certitude juridique et doit assurer aux citoyens et à l'État le bénéfice de ses connaissances érudites face aux problèmes pluridimensionnels qui sont posés à la société[190].

Aussi, sur les marchés financiers où les agents économiques drainent les ressources des uns vers les besoins de financement des autres, et ces circuits sont construits autour d'institutions et de marchés[191], et c'est même au moment où s'échangent les valeurs mobilières, actions, obligations, les actifs immobiliers, des prêts, que des incertitudes liées à la fiabilité juridique adviennent, qu'il y a lieu de mettre en évidence par actions concertées du notariat et de l'État [192].

Comment le notaire peut-il être en mesure de servir l'État, dont il détient la délégation, qui fait de lui un officier public particulier[193] ? Face à la crise économique, c'est par sa fonctionnarisation qu'il peut y arriver ? Aussi, il est à préciser devant de telle problématique, « que son statut d'officier public lui donne par contrecoup une place à part parmi les autres professionnels du droit[194] », c'est pourquoi il a été « institué » et doit être le « médiateur » impartial des intérêts souvent conflictuels de ses clients[195] et de surcroit un régulateur[196].

Et pour affronter la crise économique ce n'est que par ce qu'il est « fiable[197] » par le privilège de l'authenticité qu'il détient, l'application obligatoire des règles nationales et internationales, la perfection des actes,

186 Cécile Biguenet-Maurel, thèse préc., p 148

187 Jeanne de Poulpiquet, p 202

188 Marie-Anne Frison-Roche préc.

189 Idem

190 Jeanne de Poulpiquet, préc. p. 198

191 Marie-Anne Frison-Roche préc.

192 Idem

193 Marie-Anne Frison-Roche préc. P 119

194 Idem

195 Ibidem

196 Jeanne de Poulpiquet, précité p 118

197 Jeanne de Poulpiquet, préc. p. 118

c'est-à-dire que le notaire un tiers forme un acte non encore complet, soit pour adapter un acte déjà conclu qu'il peut y résister[198].

Cependant, par l'acte authentique qu'il reçoit, qu'il estampille, par la certitude juridique et l'impartialité qu'il imprime au marché financier et immobilier, et par là même, il met le consommateur et l'entreprise en confiance[199].
Ainsi, le notaire recourra à ses connaissances, compétences, capable de répondre aux opportunités qui pourront se présenter à lui, ou même susceptibles de répondre à l'attente du consommateur et des entreprises, et cette façon de procéder redonnera plus de confiance à la profession notariale[200].

Ainsi, sur le marché économique et financier, l'activité du notaire tend à être prise en compte car la rigueur et la transparence de l'acte authentique dans sa vision globale, permet de respecter les équilibres entre les parties aux contrats d'affaires, ou même les équilibres dans les familles, et en ce sens les conflits en sont prévenus[201]. Aussi, ce sont ces raisons principales de la sécurité et d'équilibres qui poussent les acteurs du marché financier : le chef d'entreprise à recourir l'acte authentique comme moyens de sécurisation juridique et de régulation des relations d'affaires[202].

Aussi, par la sécurité, la transparence, et l'efficacité que procure l'acte délivré par le notaire, ce dernier tend ainsi à exercer une justice à l'amiable, par le caractère conciliatoire de ses actes ainsi le caractère particulier de son statut l'amène en effet à collaborer avec l'État[203].
Aujourd'hui il est vraiment de bon ton d'examiner les causes profondes de la crise économique mondiale commencée en 2007 et qui a entraîné en 2008[204] l'effondrement des secteurs immobiliers et financiers[205].

Pour en apporter l'illustration, il est à noter que cette crise a réellement trouvé ses causes dans l'économie américaine, la plus grande et la plus forte du monde, capable à elle seule de fortifier la trésorerie des plus grandes banques du monde[206], elles ne pourront faire face à leurs échéances[207].

Et bien évidemment cette crise de 2008, hormis les causes énumérées bien avant, a réellement trouvé son origine comme chacun le sait dans les subprimes, et surtout à cause de leur insécurité juridique, car il n'y a pas de notaire contrôleur, censeur, et régulateur de droit civil, pour procéder aux vérifications d'usage, permettant de régulariser les actes, tout

198 Jeanne de Poulpiquet, préc. p 118

199 Idem

200 Ibidem

201 Marie-Anne Frison-Roche préc.

202 Idem

203 Jeanne de Poulpiquet préc. P 45

204 Jacques Attali « Survivre aux crises » préc. P 68

205 Jacques Attali ; « Survivre aux crises » préc. P 68

206 J. Robert Schiller préc.

207 Idem

en les rendant conformes aux règles de crédit, et de parer ainsi à toutes sortes de complaisances ou de dispensation de crédits[208].

Toutes ces réalités nocives qui sont contraires aux principes existants dans les pays de droit civil, ont été illustrées par une enquête des autorités américaines, qui ont confirmé que 20% des titres de propriété détenus par les emprunteurs américains victimes des « subprimes » étaient soit falsifiés, soit incomplets, soient inexacts, ils ont tous été fondés sur de fausses déclarations.

Et même parfois ils proviennent de faux emprunteurs, ou même des emprunteurs inexistants. Parfois les emprunteurs comme les prêteurs ont tendance à surévaluer la valeur des biens immobiliers susceptibles de faire l'objet d'inscription hypothécaire.

Aussi tous ces excès de l'économie financière américaine sont dus au manque de régulation, occasionné par le manque de réglementations, et de transparence des agents financiers. Ce sont ces réalités qui ont occasionné le désastre économique de 2008, auquel il y a lieu de trouver des solutions appropriées à travers le notariat de type civiliste[209].

Ainsi, concernant le manque d'information sur les actifs des banques, il est à souligner que l'enquête des autorités américaines à ce sujet a montré qu'en la matière que plus de 20% des hypothèques concédées sont douteuses ou même sont fondées sur des déclarations fallacieuses[210].

Et pour remédier à ce manque de régulation du marché financier américain, des avancées notables venant du notariat basées sur le contrat, comme cadre juridique des échanges et organisations seront de possibles propositions[211]. Le notaire deviendra ainsi un régulateur s'imposant sur le marché des affaires, en sa qualité de tiers de confiance, dont l'authenticité, qui est son arme la plus efficace, est normalement source de l'incontestabilité[212].

B- Le notaire garant de la valeur économique de l'incontestabilité

Aussi, nous pouvons être tenté de confirmer qu'au regard de l'impératif de confiance qui règne dans les marchés, et nous fondant sur le statut particulier du notaire, et de son rôle particulier, qu'il y joue à l'endroit des opérateurs, en sa qualité de tiers de confiance, qu'il est incontestablement source de gage et d'assurance et de l'incontestabilité dans ce marché[213].

Cependant, si nous nous fions aux phénomènes de ces marchés, nous constaterons que ces derniers se nourrissent de secrets et d'incertitudes, aussi, sur lesdits marchés des biens et services, le secret des

---

208 Ibidem

209 J. Robert Schiller préc.

210 J. Robert Schiller préc.

211 Idem

212 Marie-Anne Frison-Roche préc.

213 Idem

affaires est préservé, et la concurrence qui s'y joue par les mérites, est réellement encouragée[214].

Car certains connaissent le secret qui y règne, et d'autres ne le connaissent pas, et les mérites qui sont ainsi constitués par les premiers, comme le savoir-faire, encourage l'innovation et la concurrence.

De la même façon, l'incertitude est au cœur de la spéculation dont les marchés financiers se nourrissent, en calculant les profits des entreprises, profits qui sont par nature incertains[215].

De là, pour parer à cette incertitude, qui fait tant douter les opérateurs et le marché, l'on devra alors recourir à l'acte authentique notarié, qui porte en lui ce caractère incontestable[216], et qui a la même valeur qu'un jugement[217].

En tout état de cause, cette incontestabilité qui en découle, est un formidable « raccourci ». En effet, le titre acquiert son incontestabilité ex-ante, recouvert de cette seconde nature, il circule sur le marché ; tout comme le système cambiaire, qui est construit sur sa valeur propre[218].

Car, le notaire qui crée des titres authentiques[219], donc incontestables, déplace la figure de la puissance juridique de l'ex-post du juge vers l'ex-ante[220].

C'est ce que l'on désigne comme les bulles spéculatives, qui sont des dérives dangereuses de ces marchés d'expectative, car ces derniers sont bien rattachés à l'économie réelle[221].

Aussi, en projetant ceux-ci dans l'avenir, alors que les bulles consistent à jouer sur les prix de vente de titres, sans réelles connections avec ni le présent, ni le futur de l'économie des biens et des services, elles engendrent ainsi des réajustements, qui sont désignés en toute vérité comme des cracks[222].

Cette incertitude économique est réellement un élément du dynamisme concurrentiel qui engendre l'investissement. Car l'incertitude juridique est malvenue sur des marchés.

Cela est vrai en ce qui concerne le droit attaché aux objets à valeur économique, à savoir les droits réels, principalement par les titres de propriété, et les droits personnels, principalement construits par les contrats[223].

---

214 Ibidem

215 Marie-Anne Frison-Roche préc.

216 Idem

217 Jeanne de Poulpiquet préc, p.89

218 Marie-Anne Frison-Roche préc.

219 Rolland de Valkeneer préc, p. 45

220 Marie-Anne Frison-Roche préc.

221 Idem

222 Ibidem

223 Marie-Anne Frison-Roche préc.

Le caractère contestable de chacun de ces droits et de chacun de ces instruments que sont les contrats et les titres, requiert un tiers apte au besoin à trancher les revendications opposées des opérateurs[224], et si plusieurs se prétendent acheteur ou propriétaire d'un bien.

Il peut s'agir d'un tiers virtuel, c'est-à-dire accessible et efficace si on active sa fonction. La figure est alors celle du juge. Celui-ci est à la fois indispensable à une économie de marché et présente l'inconvénient de n'être que virtuel. Son efficacité suppose donc sa saisine ex-post, avec le coût en argent et autant que cela implique[225].

L'incontestabilité est un formidable ***« raccourci »*** **...** En effet, le titre acquiert son incontestabilité ex ante, recouvert de cette seconde nature, circule sur le marché.

Tout le système cambiaire est construit sur cette valeur propre. Ainsi, le notaire qui crée des titres authentiques, donc incontestables, déplace la figure de la puissance juridique de l'ex post du juge vers l'ex-ante[226].

En cela, le notaire, qui ressembla du temps des tabellions aux juges, ressemble aujourd'hui aux régulateurs, dont la sphère d'intervention sur les marchés est celle de l'ex ante[227].

Comme Jean Carbonnier a pu le dire à propos des contrats au sein desquels les contractants sont des législateurs particuliers, les notaires en sont les régulateurs particuliers[228].

L'authenticité que leur statut permet d'engendrer, qui constitue non pas un mode de preuve mais une façon d'éviter les preuves, une sorte d'anti-preuve, de martingale contre l'incertitude née de la contestation mais née aussi de la résolution de celle-ci par le juge.

celui-ci intervient après l'établissement des tiers, il n'apporte donc que dans un second temps une solution acquise *(mécanisme ex post par rapport à la situation ou à l'échange économique)*[229].

Ce faisant le juge fait subir aux opérateurs ce poids économique, financier et stratégique que constituent d'une part ce décalage dans le temps et d'autre part le caractère non acquis de la solution retenue.

À l'inverse le notaire qui utilise sa puissance normative pour créer avant même l'échange économique un titre incontestable, intervient donc ex ante et d'une façon acquise.

Ce service est un atout économique considérable, que seuls les notaires peuvent offrir aux opérateurs[230].

---

224 Jean Marc Mousseron ; « TECHNIQUES CONTRACTUELLES » Préc. P 212

225 Marie-Anne Frison-Roche Préc

226 Idem

227 Ibidem

228 Jean Luc Aubert « LA RESPONSABILITÉ DES NOTAIRES » Préc. P 216

229 Marie-Anne Frison-Roche Préc

230 Idem

L'utilité n'est plus alors tirée du rôle particulier des notaires comme intermédiaires des marchés régulés, comme le marché des biens immobiliers, mais tirée du statut particulier des notaires, source de cette valeur économique de l'authenticité, qui en fait les professionnels d'autant plus précieux que l'incertitude proprement économique s'accroîtra[231].

Ainsi pensé, hors de son existence traditionnelle, et hors de son rapport direct à l'État, le notariat est particulièrement conçu comme un atout économique essentiel, en tant qu'il est professionnellement composé de tiers de confiance, et en tant qu'il est normativement source d'incontestabilité.

La profession notariale est alors un outil majeur d'une régulation économique internationalisée[232] ; occupant une place stratégique dans le domaine des affaires, il joue un rôle important au côté de l'État, et qui se renforce en accroissant son importance dans la vie économique[233].

Section II
Le renforcement du rôle du notaire contribue à l'efficacité de ses interventions sur le marché des affaires

Le rôle du notaire se renforce par son utilité comme intermédiaire des marchés régulés, dès lors qu'en qualité de représentant de l'État dans les actes privés[234], il contribue ainsi avec efficacité à la protection de ces actes qu'il reçoit, et œuvre ainsi dans l'intérêt de l'économie, en participant activement à l'amélioration du climat des affaires dans le pays par ses interventions réitérées. Améliorer ne veut-il pas dire « rendre meilleur en supprimant les défauts »[235].

Aussi, rendre meilleur et sans défaut le climat des affaires, devient une obligation « erga omnes » pour le notaire qui relève pour lui de son devoir de conseil, quelle que soit la nature de son intervention, qui est évidemment « absolue »[236]. Aussi, il est à souligner qu'un notaire ne peut être un simple scribe, témoin passif des accords contractuels ou d'affaires[237].

Alors que le contrat est l'âme des affaires comme l'écrivait le Professeur Jacques Mestres[238], et c'est en sa qualité d'officier public dont la fonction est d'assurer la sécurité aux actes ou contrats d'affaires, qu'il rédige et rassure, alors comment peut-il contribuer à sécuriser les milieux d'affaires en Afrique sans s'y impliquer !

---

231 Ibidem

232 Cass. Civ. 2 avril 1872 DP 1872, P. 363

233 Jeanne de Pouliquet, Préc. P 88

234 Roland de Valkeneer Préc P 89

235 Dictionnaire Bordas Année 85

236 Jeanne de Pouliquet, préc. P 88

237 Idem

238 Jacques Mestres, doyen de la faculté de droit de l'université d'AIX Marseille : " Le contrat est l'âme des affaires "

Le Professeur Jeanne de Poulpiquet précise que « conseiller, c'est donner un avis pour déterminer une personne à agir au mieux de ses intérêts, en tenant compte de l'ensemble des éléments d'une affaire »[239].

Aussi, par ses connaissances, compétences, il estampille la certitude juridique aux actes qu'il reçoit, il essaie ainsi d'éclairer ses clients sur le climat des affaires, c'est-à-dire qu'il leur fournit des informations complètes sur tout ce qui pourrait « venir menacer ou compromettre l'opération juridique qu'ils se proposent de réaliser », et en ce sens il les éclaire sur la portée et les effets de leurs engagements, ainsi que sur leurs obligations[240]. Et c'est ainsi que le notaire contribue à rendre meilleur le climat des affaires[241], sa fonction lui interdit de méconnaître une règle de droit[242] qui plus est celle de l'OHADA, bien qu'elle ne soit pas trop ancienne[243].

Aussi l'erreur juridique lui est interdite car venue de sa part, elle risque de provoquer des conséquences dommageables pour le climat des affaires. Peu importe que l'erreur soit légère ou grave, elle risque d'entraîner la nullité totale ou partielle des actes ou contrats d'affaires qu'elle porte sur une règle de droit ou sur son application jurisprudentielle[244].

Ainsi, respectant les différentes législations qui assurent la validité des actes, il est de son obligation de les connaître toutes, pour ce faire il se voit ainsi dans l'obligation d'assurer l'efficacité des actes qu'il reçoit[245]. Bien avant cette étape, il y procède à divers contrôles de légalité de conformité qui rassurent ainsi les opérateurs en tant que régulateur du marché[246].

Cependant, l'amélioration de sa formation professionnelle, l'exigence de diplômes d'un niveau élevé renforcent ainsi sa capacité, ses compétences et le prédisposent à contribuer à l'amélioration du climat des affaires[247], par la garantie, la validité et la sécurité qu'il procure aux relations d'affaires (paragraphe I). de là il joue un rôle conséquent et devient ainsi l'interface sur le marché des affaires, et ses actions peuvent avoir des retombées favorables ou défavorables sur le droit des tiers, c'est-à-dire des personnes qui ne sont pas parties à l'acte[248] (paragraphe II). Sa mission y consiste en effet également et surtout à effectuer un travail de recherches juridiques, et ensuite il contribue aussi au côté de l'État à cause de la position stratégique qu'il occupe au côté de ce dernier, à la lutte contre le blanchiment de capitaux[249] (paragraphe III).

---

239 Jeanne de Poulpiquet préc. P 89

240 F. Lotz : " La responsabilité civile et disciplinaire des notaires ", fasc. XXXI C. Librairies technique 1970 P.

241 Dictionnaire Bordas op cit.

242 Jeanne de Poulpiquet ; préc. P 48

243 Pougoué (P. G.) : " Présentation générale et procédure en OHADA ", Presses universitaires d'Afrique, 1998, P 6.

244 Cass. Civ. 1ère Civ. 6 mai 1980, Bull. Civ. I, N° 138, Jorern not 1981

245 Jean Luc Aubert ; préc. P 188

246 Marie-Anne Frison-Roche ; préc.

247 Jeanne de Poulpiquet préc. P 112

248 Marie-Anne Frison-Roche ; préc.

249 Jeanne de Poulpiquet préc. P 214

Paragraphe I
Le recours au notaire en tant qu'authentificateur assure la garantie et l'efficacité des actes

Le notaire on le sait, est un généraliste du droit certes, il doit connaître toutes les règles de droit applicables au cas particulier qui lui est soumis, et doit également projeter dans le temps son devoir d'informations. Ainsi, par sa maîtrise du droit positif il assure la validité, l'efficacité et la sécurisation des relations d'affaires. Son rôle s'en trouve ainsi renforcé sur le marché, en sa qualité d'authentificateur des contrats d'affaires[250].

De là il est à souligner l'importance des recherches et démarches juridiques qu'il doit mener avant de recevoir cet acte authentique. Il doit ainsi avoir la maîtrise des règles de droit positif, qui sont facteurs de validité et de sécurisation des relations d'affaires (A), cependant son rôle se renforce et se caractérise quand il est choisi par les parties pour authentifier le contrat de bail à usage professionnel (B), qui est le contrat le plus important de l'entreprise.

A- Le renforcement du rôle du notaire en tant qu'expert du droit

Le notaire en tant qu'expert du droit se prévaut de ses compétences spécifiques dans l'exercice de sa mission, par son application obligatoire des règles de droit. En cela il ressemble aux avocats et aux directeurs juridiques, ainsi pour que ce dernier parvienne à ses fins[251], c'est-à-dire qu'il soit capable d'accomplir sa mission d'authentificateur de droit commun[252], et de conseil de ses clients, il se doit d'agir exclusivement en application de la loi et de ses règlements professionnels[253].

Raison pour laquelle, donnant son avis à une personne pour la déterminer à agir au mieux de ses intérêts en tenant compte de l'ensemble des relations d'affaires, le notaire s'interdit ainsi de méconnaître la règle de droit. Car toute erreur juridique de sa part engage par conséquent sa responsabilité, à partir du moment où elle provoque des conséquences dommageables pour le client. Dès lors que cette erreur entraîne la nullité de l'acte, qu'elle porte ainsi sur une règle de droit ou son application jurisprudentielle[254].

Aussi dans une affaire de prêt un notaire a vu sa responsabilité engagée pour avoir eu à authentifier un acte de prêt alors que les emprunteurs avaient donné leur accord avant l'expiration du délai de réflexion prévu par l'article L312-10 du code de la consommation. Cependant un arrêt de la chambre civile de la Cour de cassation[255] l'avait formellement condamné en confirmant l'arrêt de la Cour d'appel.

---

250 Idem

251 Cécile Biguenet-Maurel ; thèse préc. P 195

252 Roland de Valkeneer ; préc. P 88

253 Jeanne de Poulpiquet préc. P 99

254 Cass. Civ. 1ère Civ 06 décembre 2001 Defrénois 2002, art. 37486 N° 15 obs. J.L. Aubert, article 68 de la loi du 25 Ventôse

255 Idem

Ce notaire avait ainsi commis l'erreur d'avoir reçu l'acte « sans respecter la réglementation d'ordre public, d'où il résultait qu'il avait commis une faute ». Ainsi, il est donc tenu de respecter les délais prévus par la loi en toute situation dès lors que la nullité de l'acte provient de l'inobservation de ce délai, sa responsabilité sera fondamentalement engagée[256].

Il se doit d'être aussi en mesure d'apprécier l'opportunité de l'opération juridique, et prendra en compte son utilité et même son coût. Il analyse ainsi la volonté des parties et l'insère dans la forme juridique qui lui convient le mieux pour les affaires projetées et n'oublie pas de prendre toutes les précautions pour la protéger[257].

Ainsi, un notaire qui omet de prévoir dans une convention une clause subordonnant la vente à l'obtention du permis de construire, alors qu'il connaît l'intention des acquéreurs de faire procéder à des travaux d'aménagement nécessitant un tel permis, ne contribue pas à améliorer le climat des affaires, mais commet une faute entrainant sa responsabilité[258].

C'est pour cela, qu'il doit avoir la maîtrise en tant que personne officiant en Afrique de la législation OHADA[259]. Et en droit OHADA, il n'y a pas encore eu à notre connaissance de décision judiciaire démontrant l'inaction du notaire dans la pratique des affaires[260]. Toutefois eu égard aux textes de l'acte uniforme, le notaire peut se voir impliqué quelquefois et à tort ou à raison, mais en revanche, il doit avoir la maîtrise de cette législation générale en droit des affaires[261].

Cependant, en matière de constitution de société commerciale, où les statuts doivent obligatoirement comporter certaines mentions, ce qui suppose que ceux-ci doivent être établis par écrit. L'exigence de cet écrit est rappelée par l'acte uniforme en son article 10 qui impose en effet que l'acte de société soit établi par « acte notarié » ou par tout acte offrant des garanties d'authenticité dans l'État du siège de la société, déposé avec reconnaissance d'écriture et de signature par toutes les parties au rang des minutes d'un notaire[262].

Ainsi l'acte authentique notarié que le législateur aurait dû privilégier en la matière, devient certainement s'il est choisi par les parties, un instrument de garantie entre elles et sécurise ainsi à terme des investissements[263], car le notaire lors de sa mission procède aussi au contrôle des droits des parties, et c'est à ce titre qu'il devient un tiers bénéficiant de leur confiance[264].

---

256 Ibidem

257 Jeanne de Poulpiquet préc. P 208

258 Idem

259 Pougoué (P. G.) : " Présentation générale et procédure en OHADA ", préc.

260 Pierre Meyer : " Droit de l'arbitrage dans l'OHADA " édition Bruylant 2002 P145

261 Idem

262 Article 10 de l'Acte Uniforme droit des sociétés

263 Idem

264 Marie-Anne Frison-Roche, préc.

Mais aussi le législateur OHADA par l'article 75 A.U. soc. confirme ainsi la nécessité d'un écrit lorsqu'il sanctionne par cet article, l'omission ou l'irrégularité des formalités, constitutives par une simple action en régularisation[265]. À défaut de cette régularisation, la société n'est pas nulle, elle est disqualifiée[266] en société créée de fait, et est dépourvue de personnalité morale, puisque l'immatriculation au registre de commerce n'aura pas lieu[267].

Sur la base de ces indications, il semble qu'il faille admettre que l'écrit est important, et que l'acte authentique notarié aura été encore mieux, et évitera à l'investisseur des surprises désagréables que sont les disqualifications qui risquent de lui faire perdre le temps de démarrage d'activités et de retour d'investissement[268].

Aussi, l'obligation d'établir également par écrit certaines opérations portant sur le fonds de commerce, telles que la vente et le nantissement qui peuvent aussi l'être par acte authentique notarié[269], même si le législateur ne le prévoit pas spécialement[270], l'acte notarié peut dans ce cas contribuer à la sécurisation des investissements[271]. Ces opérations étant commerciales, leurs preuves devraient pouvoir être faites par tout moyen[272]. Pourtant le législateur OHADA impose qu'elles soient constatées par écrit, comme celle des actes civils[273].

Ainsi nous pouvons affirmer que l'acte authentique notarié auquel on peut avoir recours en matière de ces opérations d'achat, vente de fonds de commerce, de conclusion de bail à usage professionnel[274], répond ainsi à trois préoccupations fondamentales : transparence, sécurité, efficacité. Le besoin de transparence est devenu une nécessité pour le monde des affaires, et il faut le rappeler à juste titre, car les affaires qui font l'objet de procès sont celles qui manquent de rigueur et de transparence[275].

Nous pouvons affirmer qu'à la transparence et à la rigueur correspondent la sécurité et la crédibilité, l'inverse est également vrai, et les entreprises en matière d'investissement le constatent à leurs dépens. Cependant, le notaire officier public, et l'acte notarié, alliant transparence et rigueur sont de nature à donner aux actes de société la crédibilité et la sécurité qu'elles recherchent[276].

De là, il est à constater que lors de la vente du fonds de commerce, et de son nantissement, que les opérateurs ont l'obligation conformément

---

265 Article 75 de l'A.U portant sur le droit des sociétés.

266 Idem

267 Merle ; « Droit commercial des sociétés commerciales » Ed Dalloz 2005 P 98 et 747

268 Marie-Anne Frison-Roche ; préc.

269 Idem

270 Article 117 Traité et Acte Uniforme OHADA

271 Marie-Anne Frison-Roche ; préc.

272 Ripert et Roblot ; « Traité de droit commercial » éd. LGDJ Paris 1979 p 615

273 Article 117 Traité et Acte Uniforme OHADA préc.

274 Idem

275 Cécile Biguenet-Maurel, préc. P. 82

276 Idem

aux dispositions de l'Acte Uniforme d'établir la preuve de leurs relations par écrit[277]. Ainsi, la sécurité et l'efficacité que procure l'acte authentique notarié, servirait encore mieux de preuve plus fondée qu'un écrit sous seings privés[278], puisque l'acte de nantissement doit faire l'objet d'un dépôt au greffe du tribunal aux fins d'un enregistrement sur un registre spécial, ce qui impose qu'il soit établi par écrit[279] et surtout par acte authentique notarié[280].

Il en va de même pour la vente de fonds de commerce, et si les opérateurs veulent aussi être sécurisés, ils se doivent de recourir au notaire comme tiers de confiance pour dresser l'acte[281], même si l'article 117 al 1er A.U. com dispose que « la vente de fonds de commerce peut être réalisée soit par acte sous seings privés soit par acte authentique[282] ».

Cet écrit ainsi requis doit comporter des mentions obligatoires[283], dont l'omission ou l'inexactitude peut entrainer la nullité de la vente, si l'acquéreur la demande, et s'il prouve que cette omission ou cette inexactitude, a substantiellement affecté la consistance du fonds cédé, et s'il eut résulté un préjudice[284]. Aussi l'acte authentique notarié possédant les différentes vertus telles que la force probante, la force exécutoire, contribue ainsi à remédier à cet état de fait et constitue une garantie sûre pour les opérateurs, et contribue à l'amélioration du climat des affaires[285]. En outre, l'option que l'Acte Uniforme impose entre acte authentique et acte sous seings privés ne correspond pas à la condition de sécurité tant recherchée par les opérateurs[286].

Il est vrai que la constatation de l'acte de vente par écrit est en pratique nécessaire[287] pour l'accomplissement des formalités de publicité requise par les articles 120 et 121 A.U. com[288], aussi, afin que ces opérations successives ne souffrent d'aucunes insuffisances pouvant altérer le climat des affaires, il est mieux d'y faire confiance au notaire pour accomplir toutes ces formalités, qui rassure, ainsi par son action et l'acte qu'il dresse[289].

La solution ainsi préconisée en matière de nantissement est encore plus claire, mais ne tend pas également à privilégier le notaire en sa qualité de tiers de confiance, car s'agissant du nantissement du fonds de commerce, l'article 70 A.U. sur les sûretés dispose que « le nantissement doit être constitué par acte authentique ou sous seings privés dûment

---

277 Article 117 alinéa 1er du traité et Actes Uniforme OHADA

278 Jeanne de Poulpiquet préc. P 112

279 Idem

280 Jeanne de Poulpiquet préc. P45

281 Marie-Anne Frison-Roche ; préc.

282 Article 117 alinéa 1er du traité et Actes Uniforme OHADA commerce préc.

283 Idem

284 Ibidem

285 Marie-Anne Frison-Roche ; préc.

286 Article 117 al 1er A.U. Com op cit.

287 Article 70 de l'A.U sur le droit des sociétés

288Article 120 et 121 de L' A.U de droit Commercial

289 Marie-Anne Frison-Roche, préc.

enregistré [290]», ce même texte énumère une série des mentions que l'acte doit comporter à peine de nullité. Ce qui laisse supposer là que l'écrit est désormais une condition de validité de l'acte de nantissement[291].

Par le recours simple à l'acte notarié, les intérêts des parties en seront préservés, et la nullité prévue en sera épargnée, le projet d'affaires restera ainsi viable[292].

Aussi, toutes les éventualités de nullité qui tournent autour des projets d'affaires seront enfin éloignées par le simple recours au notaire, aussi le climat des affaires en sera bien amélioré[293].

Cependant, en tant qu'officier public, le notaire garantit ainsi la sécurité et l'efficacité des transactions. Il est en définitive le tiers de confiance des parties[294] et de l'État qui le charge de lui collecter les impôts[295], et c'est à ce titre, qu'il est aussi son représentant dans les actes privés[296]. En revanche, il peut être choisi pour recevoir et authentifier le bail à usage professionnel[297], qui est le contrat le plus important de l'entreprise[298]. En sa qualité de régulateur particulier, son rôle s'en trouve renforcé[299].

B- Le choix de l'acte authentique pour la conclusion du bail à usage professionnel

Bien que l'acte uniforme de l'OHADA ait mis sur le même pied d'égalité, le bail écrit et le bail verbal, en matière de conclusion de contrat de bail à usage professionnel, sans même faire allusion au recours à l'acte authentique notarié, veut dire que le législateur ait simplement voulu laisser les contractants à leur propre sort[300]. Mais en revanche, les opérateurs qui connaissent l'importance de l'écrit, et surtout de l'acte authentique notarié, en matière de conclusion de contrat de bail peuvent se tourner vers le notaire[301] pour chercher à bénéficier de ses services[302] ; le bail d'immeuble a toujours été et demeure un champ d'expérience privilégié de droit des obligations et du patrimoine[303], parce qu'il pose les rapports de l'homme à la chose[304].

290 Article 70 de l'A.U sur le droit des sociétés

291 Idem

292 Marie-Anne Frison-Roche, préc.

293 Idem

294 Ibidem

295 Jeanne de Poulpiquet : "Responsabilité des notaires" préc. P 45

296 Roland de Valkeneer préc. P 112

297 Jeanne de Poulpiquet : " Responsabilité des notaires "

298 Philippe Delbecque in "Le renouvellement du bail à usage professionnel dans les pays de la zone OHADA" de Eric Dibas-Franck préc. P8

299 Marie-Anne Frison-Roche, préc.

300 Article 117 de l'AU., préc.

301 Cécile Biguenet-Maurel préc. P 89

302 Idem

303 Jean Derupé préc.

304 Idem

Cependant, opter pour le choix de l'acte authentique notarié, pour conclure le contrat de bail professionnel dans le droit OHADA[305], nous amène à nous interroger sur les problématiques de sécurisation du contrat de bail dans l'intérêt des parties en présence[306]. Le notaire est tenu à une obligation de conseil à l'endroit des parties, en sa qualité de tiers de confiance, qui rédige l'instrumentum qui confirme et concrétise la volonté et le souhait des parties[307].

Ainsi, ce contrat devient le contrat de situation de l'entrepreneur[308]. Il peut être verbal ou écrit[309]. Ainsi, l'acte authentique choisi en cette situation peut aider en effet à conclure le bail professionnel. Dès lors que le choix des parties s'est porté sur lui, il est tenu à une obligation de conseil à l'endroit des parties[310]. Cependant, l'acte notarié permet ainsi de prévenir les parties. Et le pouvoir que le notaire exerce en la matière est comparable à celui qu'exerce un juge[311].

Cependant, selon le professeur Philippe Delbecque, le bail devient pour le commerçant, l'artisan ou le professionnel indépendant, l'instrument juridique indispensable à son entreprise[312], il devient vraiment un contrat de situation et même celui-ci est le plus essentiel pour l'entrepreneur. Il est même classé au nombre des biens de l'entreprise[313], et lui assure la stabilité. Il lui permet aussi de gagner la clientèle[314].

Ce contrat de bail devient ainsi l'âme de ses affaires, comme l'a si bien affirmé un auteur[315], et se doit de correspondre en tout point de vue à ses stratégies professionnelles[316]. Pour que cette stabilité attendue soit bénéfique pour les parties. Ces dernières se doivent de recourir au notaire pour qu'il reçoive le contrat de bail en sa qualité de tiers de confiance[317], et elles jouiront de ses conseils, et l'acte notarié apportera ainsi l'équilibre dans leurs rapports contractuels[318].

Mais au demeurant, nous découvrons avec étonnement, que les dispositions de l'Acte Uniforme précisent que « le contrat peut être écrit ou verbal[319] ». Dans nos pays les baux professionnels verbaux y sont rares[320] et les quelques petits nombres qui peuvent exister sont susceptibles

---

305 Prosper Gadegbeku : "La pratique notariale et le bail à usage professionnel". Togo-Presse N° 10914 du 13 Novembre 2020

306 Idem

307 Ibidem

308 Philipe Delebecque in préface Éric Dibas-Franck "Le renouvellement du bail à usage professionnel des pays de la zone OHADA" éd Harmattan 2018, P. 9

309 Article 117 de l'AU., préc.

310 Cécile Biguenet-Maurel préc. P 112

311 Jeanne de Poulpiquet ; préc. P 216

312 Philipe Delebecque in préface Éric Dibas-Franck "Le renouvellement du bail à usage professionnel des pays de la zone OHADA" éd Harmattan 2018, P. 9

313 Idem

314 Ibidem

315 Jacques Mestre : "Le contrat et l'âme des affaires"

316 Éric Dibas-Franck ; préc. P60

317 Marie-Anne Frison-Roche ; préc.

318 Idem P 128

319 Article 103 de l'Acte Uniforme OHADA

320 Contrat de bail à usage professionnel reçu par Me Gadegbeku Kokou Prosper, Notaire à Lomé

d'engendrer des difficultés supplémentaires à l'entrepreneur[321], difficultés concernant l'existence des preuves du contrat, quant à sa durée, sa date de prise d'effet et surtout le prix du loyer[322].

Étant entendu que les services fiscaux recherchent toujours la copie du contrat, afin de connaitre avec exactitude le montant des taxes à payer[323]. Ce qui nous pousse à affirmer que seul le contrat écrit et surtout notarié peut constituer une preuve légitime et une garantie supplémentaire à tout entrepreneur, lors de ses différentes justifications et surtout auprès des services de l'État[324].

Cependant, nous constatons que dans un souci de célérité, l'Acte Uniforme a cru bon de devoir aller dans le sens contraire, en mettant sur le même plan le bail écrit et le bail verbal[325] ; dès lors qu'il précise très clairement « qu'est réputé bail à usage professionnel toute convention écrite ou non entre une personne investie par la loi ou une convention du droit de donner en location tout ou partie d'un immeuble compris dans le champ d'application du présent titre[326], et une autre personne physique ou morale permettant à celle-ci, le preneur d'exercer dans les lieux avec l'accord de celle-là, le bailleur une activité commerciale, industrielle, artisanale ou toute autre activité professionnelle ».

Aussi précise-t-il à nouveau : que « le bail à usage professionnel est donc un contrat de location qui lie le propriétaire d'un immeuble ou d'un local au locataire professionnel pour exploiter dans ces lieux son activité professionnelle pour un temps déterminé ou indéterminé fixé d'un commun accord par les deux parties »[327].

En tout état de cause cette façon de mettre en place le principe du bail verbal dessert profondément l'entrepreneur[328], et ce dernier l'a si bien compris depuis l'avènement du droit OHADA, il met en avant le bail écrit qui lui est plus profitable dans ses affaires[329], raison pour laquelle l'écrit en la matière tend à se généraliser pour toutes les opérations.

En définitive, cet écrit peut aussi s'avérer utile pour accomplir plusieurs formalités : de création, bancaires et fiscales[330]. Il sert aussi de preuve des droits et obligations des parties dans les contrats[331].

321 Idem

322 Ibidem

323 Lettre envoyée par les services fiscaux, au notaire Gadegbeku Kokou Prosper pour avoir copie du bail à usage professionnel d'un client de l'Étude.

324 Jean-Luc Aubert ; " Responsabilité des notaires ", éd. Defrenois 2008 - P51

325 Article 103 de l'Acte Uniforme préc.

326 Idem

327 Article 103 de l'Acte Uniforme préc.

328 Éric Dibas-Franck ; préc., P88

329 Contrat de bail professionnel reçu par Maître Kokou Prosper Gadegbeku, préc.

330 Idem

331 Ibidem

Et surtout l'acte notarié qui n'est pas obligatoire en droit OHADA[332], peut aider à conclure un contrat de bail professionnel d'une grande valeur économique et juridique[333].

C'est pourquoi en droit français, bien que les parties soient également libres d'y recourir[334], elles en sont obligées dans le cas où elles veulent conclure un bail professionnel d'une durée excédant douze ans[335], ce qui démontre que le législateur français a pleine confiance dans les actes notariés et en cet officier public, tiers de confiance[336], pour les vertus cardinales de preuve et d'authenticité qu'ils portent en eux pour sécuriser le monde des affaires[337].

Ainsi, ceux qui entendent bénéficier de ces retombées favorables de l'acte authentique[338], peuvent jouir de deux possibilités qui en découlent : soit le notaire reçoit l'acte et le rédige tout en prodiguant de sérieux conseils de légalité et d'opportunité stratégique aux parties ; ou soit les parties rédigent elles-mêmes le contrat et le déposent au rang des minutes du notaire, avec reconnaissance d'écritures, et certification de signature[339]. Et le contrat de bail professionnel devient ainsi un acte authentique notarié dans les deux cas[340].

Il profite ainsi tant au bailleur qu'au preneur opérateur qui sont tous deux nantis des conseils judicieux et avertis du notaire tiers de confiance[341], ce bail leur permet de réussir chacun dans sa situation leurs différentes entreprises[342].

C'est forte de la connaissance de l'existence de l'obligation de conseil du notaire erga-omnes, c'est-à-dire vis-à-vis de tous[343], que le professeur Jeanne de Poulpiquet a été amenée à inviter le notaire à accomplir sa mission qui consiste pour lui de conseiller ses clients : car exécuter son obligation de conseil disait elle « c'est conseiller, tout en donnant un avis pour déterminer une personne »[344], c'est-à-dire ici le bailleur, le preneur professionnel[345], à agir au mieux de leurs intérêts en tenant compte de l'ensemble des éléments d'une affaire[346].

À la fin de sa mission, le notaire délivre une expédition au preneur qui lui sert de preuve de ses droits et obligations[347], obligations qu'il est

---

332 Article 103 de l'Acte Uniforme, précité

333 Jeanne de Poulpiquet précité P 89

334 François Boularan - Jean Herail - Louis Reillier ; "150 Questions à mon notaire", éd. Marabout 1986, P 147

335 Idem

336 Ibidem

337 Roland de Valkeneer : "Précis du notariat", éd. Bruyant 2002, P. 43

338 Idem

339 Ibidem

340 Jeanne de Poulpiquet, préc., P42

341 Idem

342 Jean-Luc Aubert : "La responsabilité civile des notaires", 5ème éd. Defrenois 2008 P 87

343 Jeanne de Poulpiquet, préc., P 87

344 Idem

345 Contrat de bail professionnel reçu par Maître Kokou Prosper Gadegbeku, préc.

346 Jeanne de Poulpiquet, préc., P 88

347 Expédition délivrée par l'Étude de Maître Kokou Prosper Gadegbeku, pour le bail à usage professionnel

tenu de respecter scrupuleusement sous peine de voir le contrat de bail se résilier de plein droit à la demande du bailleur[348].

Quant au bailleur, il reçoit la grosse ou la copie exécutoire[349], qui lui permet d'agir contre le preneur et ses sous locataires, en recourant à la force exécutoire sans passer par le tribunal ce qui montre que le notaire en sa qualité de tiers de confiance, a le même pouvoir que le juge[350]. Et bien avant il met en demeure le preneur défaillant et sans réponse favorable de sa part il va procéder à son expulsion par tous moyens de droit, d'où l'intérêt de recourir à l'acte notarié dans ses rapports avec ses locataires[351].

Cependant, l'acte notarié dans toute sa plénitude permet de prévenir les parties sur les écueils qui peuvent leur advenir, au moment de l'exécution du contrat de bail[352], c'est pourquoi son omniprésence en tous les cas est souhaitée[353]. Raison pour laquelle la jurisprudence met le devoir de conseil à la charge des professionnels rédacteurs d'actes, tout en leur imposant ainsi de s'assurer non seulement de l'efficacité juridique des actes ou baux qu'ils rédigent ou authentifient, mais aussi de leur efficacité pratique au regard de l'objectif poursuivi par les parties[354].

En tout état de cause, c'est pour corroborer cette idée d'efficacité et d'évitement des écueils à venir, que le recours à l'acte authentique est vraiment souhaité en la matière[355], et qu'il permet de prévenir toutes les parties dès l'abord, que l'obligation doit être exécutée dans les contrats de bail de bonne foi comme le précisent les dispositions de l'article 1134 alinéa 3 du code civil[356], dont la jurisprudence déduit que les obligations nées d'un contrat doivent s'entendre de leurs effets utiles[357], effets que le notaire ne peut deviner par avance au moment de la rédaction de l'acte.

C'est pourquoi le professeur Nicolas Rontchevsky précisait dans sa thèse que « tout comme le juge, le notaire rédacteur d'un acte ne peut en principe considérer à cet instant ses effets concrets réels »[358]. Lui, en tant que tiers de confiance, il conseille le bailleur et le preneur et les invite au respect scrupuleux de leurs obligations respectives, afin d'éviter pour l'un et l'autre les écueils d'avenir[359]. Et en poursuivant la réflexion sur l'acte authentique reçu par le notaire lui-même dont il a été le conseil averti[360]. Il lui revient de se poser la question de savoir si l'acte déposé au rang de ses minutes possède les mêmes vertus qu'un acte réellement notarié[361].

---

348 Contrat de bail professionnel reçu par Maître Kokou Prosper Gadegbeku, préc.

349 Grosse délivrée au bailleur par l'Étude de Maître Kokou Prosper Gadegbeku, pour le bail à usage professionnel,

350 Idem

351 Ibidem

352 Jeanne de Poulpiquet, préc., P 45

353 Idem, P61

354 Nicolas Rontchevsky : "L'effet de l'obligation", éd. Economica 1998 P. 344

355 Roland de Valkeneer ; préc., P. 66

356 Article 1134 alinéa 3 du code civil

357 Nicolas Rontchevsky ; préc. P130

358 Nicolas Rontchevsky ; préc. P344

359 Contrat de bail professionnel reçu par Maître Prosper Gadegbeku, préc.

360 Idem,

361 Roland de Valkeneer ; préc., P48

Le bail sous seing privé ainsi déposé au rang des minutes du notaire ne devient pas de ce seul fait un acte authentique[362], théoriquement deux hypothèques principales se présentent : soit l'acte sous seing privé déposé sans reconnaissance d'écriture par les parties reste sans conteste un acte sous seing privé. Tandis que l'acte déposé avec reconnaissance d'écriture par toutes les parties devient un acte authentique donc le bail conclu dans cette situation devient ainsi un acte authentique, avec tous ses attributs, la force probante. Il fait foi jusqu'à inscription de faux[363].

Cependant, l'acte authentique ne produit ses effets qu'au moment de l'exécution du contrat, et le notaire ne sera plus là, pour en être témoin de celle des parties, qui ne respectera pas ses obligations[364].

Ainsi, à l'échéance initialement prévue par un bail, un preneur s'entête et se maintient dans le local qu'il occupe sans droit, ni titre, que doit faire le bailleur muni d'un titre exécutoire que comporte le bail conclu ?

Ainsi, nanti d'une grosse ou d'une copie exécutoire du bail, il recourra à tous moyens de droit pour l'expulser purement et simplement du local. D'où l'intérêt de recourir à l'acte notarié[365].

Quant au bailleur qui se retrouve dans la situation de non-respect de l'obligation de renouveler le bail comme le lui impose les stipulations contractuelles [366], il connaitra tout comme son preneur défaillant, les sanctions de la loi[367]. L'article 126 alinéa 1 de l'Acte Uniforme dispose que « le bailleur peut s'opposer au droit au renouvellement du bail à durée déterminée ou indéterminée en réglant une indemnité d'éviction[368]. Et sur ce point, le notaire prend toujours soin dès l'abord de l'expliquer aux parties surtout au bailleur que son refus de renouvellement peut lui engendrer des conséquences financières assez importantes »[369]. Ce qui montre que l'acte notarié en ces différentes situations constitue un rempart pour les parties.

En définitive, nous pouvons affirmer que le notaire détient le même pouvoir que le juge, car il a tout comme lui la force d'ordonner l'exécution d'un acte, à ce titre il devient régulateur dont la sphère d'intervention sur les marchés des contrats et actes est celle de l'ex-ante. Comme le doyen Jean Carbonnier a pu le dire à propos des contrats au sein desquels les contractants sont des législateurs particuliers[370]. Les notaires eux aussi par

---

362 Idem

363 Ibidem

364 Roland de Valkeneer ; préc. P 75

365 Contrat de bail professionnel reçu par Maître Prosper Gadegbeku, préc.

366 Éric Dibas-Franck, préc. P 208

367 Idem

368 Ibidem

369 Contrat de bail professionnel reçu par Maître Prosper Gadegbeku, préc.

370 Prosper Gadegbeku, « Le notaire, tiers de confiance des citoyens, des entreprises et de l'État », rapport du notariat du Togo présenté à Paris P23

leurs statuts, actions, contrôles, deviennent ainsi des régulateurs particuliers[371].

Car tous les baux à usage professionnel qu'ils rédigent et authentifient bénéficient du pouvoir de l'incontestabilité. Ils assurent ainsi une sécurité juridique et économique aux parties et deviennent ainsi leurs tiers de confiance [372].

C'est à ce même titre en tant que représentant de l'État dans les actes privés, qu'ils sont tenus d'assurer la protection des intérêts des tiers aux actes qu'ils reçoivent, dès lors que les effets de ces actes impactent favorablement ou défavorablement les droits de ces tiers.

Paragraphe II
Le notaire et la protection des tiers

Le code civil ne consacre que quelques articles à l'effet des conventions à l'égard des tiers, l'article 1165 du code civil précise que « les conventions n'ont d'effet qu'entre les parties contractantes ; elles ne nuisent point au tiers et elles ne lui profitent que dans le cas prévu par l'article1121 ; ainsi ce texte est l'unique disposition du code qui règle à l'égard du tiers l'effet d'une convention que les parties concluent dans leur propre intérêt et non en considération des tiers[373]. Cependant, la doctrine majoritaire affirme que l'effet à l'égard du tiers peut être direct ou indirect des contrats[374], et il peut en découler une situation de fait vis-à-vis des tiers.

Ainsi, un arrêt de la cour de cassation en date du 19 octobre 1954 précise que, même si les conventions ne nuisent ou ne profitent aux personnes qui n'y sont pas parties, le juge ne peut ignorer que les clauses d'un contrat peuvent créer une situation de fait à l'égard des tiers[375].

Certains textes de loi et la jurisprudence invitent le notaire à prendre en compte les intérêts des tiers, si les actes qu'il reçoit impactent favorablement ou défavorablement les droits de ceux-ci (A). Il en va de même pour la doctrine notariale qui invite également notaire à ne pas négliger les intérêts des tiers à l'acte qu'il reçoit (B).

A- La jurisprudence et la protection des tiers

Après analyse de la jurisprudence, il convient même d'affirmer avec certitude que le notaire a obligation de refuser d'instrumenter, en cas de menace aux droits des tiers, comme le précise un arrêt de la première chambre civile de la cour de cassation en date du 5 mars 2002 en ces termes : « les notaires doivent s'abstenir de prêter leur ministère pour conférer le caractère authentique à une convention dont ils savent qu'elle méconnait le droit d'un tiers »[376].

---

371 Idem

372 Marie-Anne Frison-Roche, préc.

373 G. Cornu : " Regards sur le titre III du livre III du code civil "

374 V. Nicolas Rontchevsky " L'effet de l'obligation ", thèse Paris 2 préc. P. 84 et 85.

375 Cass Com., 19 octobre 1954, D. 1956, P. 78 ; dans le même sens, V. Civ 1ère, 16 mai 1960, B.C., I, no 238.

376 Cass. 1ère civ., 5 mars 2002, Bull. I, no 81, P. 62; Defrénois 2002, art 37607, no 73, obs., J.L., Aubert.

Dans cette affaire un notaire avait reçu un acte de vente de bien indivis reçu par succession alors qu'entre la promesse de vente et la vente, un indivisaire pour une quote-part du bien s'est fait connaitre auprès du notaire[377]. Et il a manqué de réactivité puisqu'il devait s'abstenir d'instrumenter, afin de ne pas compromettre le droit des tiers[378]. Cependant, quant à ce qui concerne le devoir de conseil du notaire à l'égard de ce tiers à l'acte, il en est dispensé, car ce devoir de conseil intervient en amont de la rédaction et pèse sur le notaire qu'à l'égard des parties à l'acte instrumenté, ce qui exclut ainsi ce devoir de conseil à l'égard des tiers[379].

Aussi beaucoup de gens même des juristes peuvent s'étonner que le notaire soit tenu d'assurer la protection des droits des tiers bénéficiaires, cependant, rien n'interdit à un tiers d'engager la responsabilité civile du notaire pour manquement à son devoir de conseil si cette faute lui a été préjudiciable[380].

Il peut aussi advenir qu'un notaire se rende complice par l'effet de l'acte qu'il a reçu, ou même de l'inexécution par une partie à un contrat de ses obligations. Mais tournons-nous enfin vers le professeur Philippe Delebecque qui prédisait déjà cette incrimination du notaire, dès lors que l'acte qu'il reçoit portait atteinte aux droits des tiers[381].

C'est ainsi que le bénéficiaire d'un pacte de préférence inclus dans un testament reçu par un notaire a été oublié par ce dernier, lorsque l'héritier principal a décidé de vendre la globalité du bien reçu en héritage. Alors que c'est lui-même qui a rédigé ce testament. Dans ce cas le bénéficiaire de cet acte de préférence n'est plus un tiers pour le notaire par rapport à l'acte de vente reçu en violation de ses droits[382].

Ainsi, la Cour de cassation précise dans ses motifs que « le notaire n'avait pas fait référence au pacte de préférence dans l'acte de vente qu'il a reçu, alors qu'il l'avait mentionné dans l'acte de donation-partage qu'il avait lui-même authentifié »[383].

Raison pour laquelle, en obligeant le notaire à « veiller au respect des droits du bénéficiaire du pacte de préférence », la Cour de cassation utilise une formule novatrice par laquelle elle étend de manière originale le domaine du devoir de conseil du notaire sans toutefois remettre en cause le principe selon lequel seuls les clients sont créanciers du devoir de conseil, la Cour permet ainsi à un « tiers intéressé » d'en être quelque peu un des bénéficiaires[384].

Cependant, il est assez rare que la Cour de cassation exprime de manière aussi nette un droit de ne pas authentifier, car en vertu de l'article

---

377 Idem.

378 Ibidem

379 Cass. 1ère civ., 28 mars 2000, no 97-20.169 ; juris Data no 2000,-001221 ; Défrénois, 2000P.1389, obs J.L. Aubert.

380 Cass. 1ère civ., 27 Avril 1978; JCP G 1979, II, 19078, note Dagot ; Cass.,1ere civ., 6 janv. 1994, no 91-22.181.

381 V., Obs du professeur Philippe Delebecque. Cass Ch. mixte,26 mai 2006, : JCP E 2006,2378 in fine

382 Idem

383 Ibidem

384 V. Obs du professeur Philippe Delebecque Cass ch. mixte préc.

3 de la loi du 25 Ventôse, « les notaires sont tenus de prêter leur ministère lorsqu'ils en sont requis »[385].

Mais au demeurant, le refus d'authentifier peut se justifier à vrai dire qu'en cas de contrariété de l'acte à l'ordre public ou aux bonnes mœurs, de fraude [386] ou même en cas d'empiètement sur le droit des tiers[387]. Il faut alors considérer que le risque de fraude, qui existait au jour de l'acte instrumenté suffit à justifier le refus d'instrumenter. De là, c'est la violation du droit personnel du bénéficiaire du pacte de préférence qui a été mis en cause, l'acte est certes valable, mais il est à l'origine du comportement illicite qui saborde les intérêts du bénéficiaire[388].

En définitive, Le notaire sait lui-même, que dans l'exercice de sa mission d'authentificateur de droit commun, il doit veiller à ce que les actes qu'il reçoit, ne porte pas atteinte aux droits des tiers à l'acte, quitte à se rendre responsable envers ce tiers des dommages que son acte lui aura causés, et ce, conformément à l'article 114 de la loi du 25 Ventôse an XI[389].

B- La déontologie notariale et la sécurité des tiers

Jean Cocteau affirmait déjà que « ce que l'on vous reproche cultivez-le »[390]. Le notaire exerce par nature une mission de service public et assure aussi la protection de ses clients[391], et tout comportement et agissement de cet officier au cours de l'exercice de sa profession, se doit d'être conforme aux règles éthiques et déontologiques[392].

La déontologie ne signifie-t-elle pas en grec : « la connaissance de ce qui est juste et convenable », qui veut alors dire ce qu'il faut faire de convenable[393], c'est-à-dire le devoir qu'il faut observer au cours de l'exercice de la profession de notaire tant vis-à-vis de soi-même, et tant vis-à-vis de ses confrères et de ses clients[394]. C'est l'ensemble des devoirs inhérents à l'exercice d'une activité professionnelle libérale[395], et en l'occurrence l'activité notariale[396].

Ce sont des devoirs moraux relevant de l'éthique, et les devoirs professionnels qui cohabitent ensemble et qui servent de repères aux notaires dans l'exercice de leur profession[397]. La profession notariale véhicule en effet des valeurs morales ou sociales qui sont dites profession noble[398]. Cependant, la déontologie notariale apparait aussi comme la

385 Article 3 de la loi du 25 ventôse An XI.

386 Cass. 1ere civ., 3 mars 1953 : Dalloz 1953

387 Cass ch. mixte, 26 mai 2006, préc.

388 Idem.

389 Roland de Valkeneer préc. p208 ; Article 114 de la loi du 25 Ventôse An XI

390 Jean Cocteau écrivain et cinéaste français, 1889 - 1963

391 Jeanne de Poulpiquet : « Responsabilité des notaires », Dalloz 2003 P15.

392 Bernard Beignier : « Les codes de déontologie sont dominés par la morale ; leur essence est morale et leur nature est juridique ».

393 Richard Crône : « La déontologie notariale, avril 2009.

394 Jeanne de Poulpiquet préc. P 110

395 Gérard Cornu « Vocabulaire Juridique » Edition PUF 2009

396 Jeanne de Poulpiquet préc. P 108

397 Bernard Beignier « Une règle morale rendue obligatoire, mais la sanction juridique en modifie la nature, sans en altérer l'essence »

398 M. Espagno, « La responsabilité des notaires », thèse dactylo, 1963, Toulouse, n° 7.

morale de la profession, que tout membre digne de celle-ci devrait observer[399].

Quel sens donner en vrai à toutes ces règles qui régissent cette institution, si ses membres ne sont pas habités par une certaine éthique[400] ? C'est en réalité le respect scrupuleux de cette règle de morale qui constitue certainement la garantie, la sécurité pour les tiers, car ces derniers ne recherchent qu'une seule chose, que le notaire soit épris d'honnêteté, de moralité, ou d'une véritable discipline[401].

Et cela ne peut être possible, que si le notaire conserve une vision avancée de sa profession et de sa déontologie. Le notariat, c'est aussi un comportement, une façon d'être, et le notaire doit faire de sa déontologie une conviction[402].

Le vrai sens de la déontologie se résume à cet adage connu qui affirme que : « ce que tu ne veux pas qu'on te fasse, ne le fais pas aux autres »[403]. La déontologie, c'est une véritable prise en compte de la loi de l'honneur dans les professions libérales, elle fonde ainsi les rapports existants entre le professionnel et son client, mais aussi entre le professionnel et ses pairs et les tiers[404].

En quoi tout naturellement, le respect de cette règle peut être porteur de sécurité pour les tiers ? Qui est ce tiers à un acte ? C'est celui qui n'est pas partie à cet acte mais dont les effets peuvent lui être étendus. Soit il tire un bénéfice de ces effets, soit que ceux-ci lui causent des désagréments. Ainsi il y a lieu de se poser la question de savoir comment le respect des règles déontologiques protège-t-il des droits des tiers à l'acte notarié ?

Aussi ce respect des règles déontologiques accentue ainsi la préservation des droits des tiers, et leur assure une protection contre des actions frauduleuses. Deux catégories de tiers sont ainsi garanties dans leurs droits par le respect des règles déontologiques : Les ayants cause et l'État. Ils sont ainsi sécurisés dans leurs droits. La « sécurité des tiers » ; c'est l'absence de danger et de risque entrainant la protection de leurs droits patrimoniaux et extrapatrimoniaux[405], et de là, c'est l'ensemble des moyens juridiques de protection permettant de prévenir la réalisation de ce danger ou de ce risque[406].

L'observation des règles déontologiques peut-elle contribuer à l'évitement de la réalisation de ces risques ? Ces risques surviennent fréquemment par la non-observation par certains notaires des règles qui constituent le cœur même de leur profession[407]. Alors que pour des raisons

399 Richard Crône « Cours de déontologie institut des métiers du notariat de paris » 2014 P 4.

400 Idem.

401 Gilles Rouzet, « Précis de déontologie notariale » P.U. Bordeaux, 2è éd P 78 et suivants.

402 Richard Crône cours préc. P 13

403 Mathieu chapitre 7, verset 12 dans la bible, nouveau testament

404 Yaigre et Pillebout préc. P 70

405 Gilles Rouzet ; « Précis de déontologie notariale » préc.

406 Idem

407 Ibidem

qui leur sont personnelles, ils causent un tort récurrent à la profession et qui rejaillit sur le tiers[408].

Donc la sécurité que la déontologie garantit au tiers à l'acte notarié se confond au respect des règles qui en découlent[409]. Ainsi, le respect des règles déontologiques par le notaire se traduit en réalité par la naissance d'un sentiment de confiance dans la profession notariale. Il conduit le citoyen à recourir en cas de besoin au service de la profession[410], en vue de la préservation de ses droits.

Au Togo, la profession notariale est moins connue du grand public et de la population. La confiance en la profession est quelque peu écornée par des comportements égarés, qui amènent la grande population à porter des jugements désobligeants vis-à-vis de la profession tout entière. Ils jettent ainsi un discrédit sur toute une corporation. Ce rejet inspire plus de crainte dans ces situations à la population, que de confiance, et crée des situations d'insécurité en ce qui concerne la préservation des droits des tiers[411].

En revanche, tout respect des règles déontologiques par un notaire conduit à la naissance d'un sentiment de confiance dans la profession. Ce sentiment est important pour la profession, dès lors qu'il crée la sécurité à l'égard des tiers. Le respect desdites règles telles que : la préservation de l'image de la profession, l'observation de la probité, de l'exactitude dans l'exercice de la profession, et du respect du secret professionnel[412].

Le notaire qui donne une image exemplaire de sa profession, suscite ainsi une confiance grandissante de la part de la population. Elle saura que ses droits pourront ainsi être valablement protégés par l'ensemble de la corporation[413].

La confiance dans l'institution notariale est l'essence même de la fonction notariale[414], et la confiance de chaque citoyen dans cette dernière, compte beaucoup dans l'accomplissement de sa mission d'intérêt général[415]. Cette confiance qui s'établit entre la profession et chaque notaire devient le fondement même de la déontologie du notariat[416]. Elle est le gage de la sécurité des droits des tiers, et ne peut s'accentuer que par le respect de toutes les règles issues de la profession[417].

---

408 Cass. Civ. 1ère, 5 mars 2002, Bull. Civ. I, n° 81 : Les notaires doivent s'abstenir de prêter leur ministère pour conférer le caractère authentique à une convention dont ils savent qu'elle méconnait le droit des tiers.

409 Idem

410 Cass. Civ. 1ère 3 mars 1953, Art. 270184, D. 1953 P.139 : les notaires sont responsables même vis-à-vis des tiers, de toute faute préjudiciable par eux commise dans l'exercice de leurs fonctions.

411 Cass. 5 mars 2002 précité : c'est ainsi qu'a été retenu la responsabilité d'un notaire qui avait accepté d'instrumenter un acte établi en fraude des droits des tiers.

412 Richard Crône : "Cours de pratique de déontologie institut des métiers du notariat de paris 2014 "P 4 préc.

413 Idem

414 Ibidem

415 Jeanne de Poulpiquet préc. P 125

416 Richard Crône préc. P 45.

417 Cass. Civ. 5 mars 2002 préc.

C'est pourquoi, le code de déontologie français, précise en son article 2 que « tout notaire doit s'abstenir de tout comportement portant atteinte à la confiance des citoyens dans l'institution notariale ou contraire à la dignité du notariat[418]». C'est en agissant ainsi avec dignité, et respect de la loi, et avec confraternité à l'égard de ses confrères, que le notaire fait preuve d'un vrai professionnalisme. Tous ces acquis contribuent ainsi à rehausser l'image de marque de la profession, et tendent à inspirer confiance en elle[419], auprès de l'État et des ayants cause.

Ainsi, et les ayants cause savent que leurs intérêts seront sûrement préservés ; des intérêts fiscaux et économiques pour les autorités, et des intérêts patrimoniaux pour les citoyens. Ces intérêts seront sécurisés que si le notaire s'applique à respecter la loi, et à œuvrer au côté de l'État dans sa mission de collecteur d'impôts avec zèle. Il ne peut pas conseiller à ses clients une fraude fiscale, ce qui risque de causer du tort à l'État[420]. Il collecte pour lui toutes sortes d'impôts : la taxe sur la valeur ajoutée, le droit de timbre, le droit d'enregistrement, le droit d'hypothèque ; et de récente mémoire, il l'aide à lutter contre le blanchiment d'argent sale.

Il contribue en outre tout aussi à préserver les droits de l'ayant cause, ce sont des personnes qui acquièrent des droits patrimoniaux à titre particulier : un donataire, un légataire particulier, un coéchangiste d'une chose ou d'une somme d'argent[421]. Ainsi, pour confirmer la préservation des droits des tiers, la loi prévoit que « les notaires ne doivent pas faire des prélèvements sur des sommes déposées à leur comptabilité, pour le compte des tiers à quelque titre que ce soit »[422].

Manifestement, en vertu de l'art. 3 de la loi du 25 ventôse an XI, les notaires « sont tenus de prêter leur ministère lorsqu'ils en sont requis » ; aussi, le notaire peut refuser de prêter son ministère dans tous les cas où l'acte pour lequel il est requis est contraire à l'ordre public et aux bonnes mœurs, et de façon plus étendue, il doit agir de même lorsque l'acte qu'on lui demande d'établir méconnait les droits d'un tiers. Ce cas peut se produire, lorsque l'un des copropriétaires vend un immeuble au mépris des droits de son associé, le notaire se devra de réagir sous peine de voir sa responsabilité pénale être engagée.

C'est ainsi aussi qu'a été retenue la responsabilité d'un notaire qui avait accepté d'instrumenter un acte établi en fraude des droits d'un tiers[423]. De même, les notaires sont aussi responsables vis-à-vis des tiers, de toute faute préjudiciable par eux commises dans l'exercice de leurs fonctions[424].

Il en va de même en cas de violation du pacte de préférence : la Cour de cassation, dans un arrêt du 11 juillet 2006 a décidé que le notaire qui est

418 Art. 2 du Code Français de déontologie

419 Gilles Rouzet, "Memento sur le secret professionnel notarial", PUB 1997. P 48

420 Jeanne de Poulpiquet préc. P 121

421 Idem, Gérard Cornu, Dictionnaire Juridique, préc.

422 Jeanne de Poulpiquet préc. P 115

423 Cass. Civ., 5 mars 2002 préc.

424 Cass. Civ., 1ère 3 mars 1953, art. 27 184, D1953 P. 319 ; Cass. Civ. 1ère, 10 janvier 1995; Bull Crim I, n° 24 Defrénois 1995 art. 36024 n° 20 obs. J.L. Aubert.

tenu de conseiller les parties et d'assurer l'efficacité des actes dressés, et qui a eu connaissance du pacte de préférence doit préalablement à l'authentification d'un acte de vente, de veiller au respect des droits du bénéficiaire du pacte, quitte à refuser d'instrumenter la vente en violation de ce pacte[425].

Mais pour le soutenir dans sa mission, la doctrine et la jurisprudence affirment très clairement que l'on ne peut pas demander à un notaire d'intervenir, de mener une enquête pour déceler le cas échéant la fraude au droit des tiers. Il n'est pas juge d'instruction, il n'est pas juge des contrats[426] ; Et s'il advient qu'il découvre très fortuitement l'irrégularité, qui en compromet le droit des tiers, il doit s'abstenir de recevoir l'acte et d'en aviser les tiers[427].

Certains auteurs prétendent qu'en avisant le tiers, le notaire viole incontestablement le secret professionnel[428], alors que la loi pénale prévoit que tout citoyen en l'occurrence un officier public qui a connaissance d'un délit ou d'un crime doit en aviser les autorités[429]. Ainsi, pour confirmer cela, il y a lieu d'affirmer à la suite de Madame le professeur Jeanne de Poulpiquet que : « sous l'enclume de l'éthique et sous le marteau de la loi le notaire doit prendre le parti de la loi »[430].

C'est pour cette raison que dès lors qu'il y a encore plus de nécessité pour renforcer la protection et la préservation des droits des tiers, le notaire en sa qualité de tiers de confiance, se doit de mettre en avant la loi qui supplante ainsi la déontologie et qui s'impose à tous comme le seul et unique moyen de protection de tous les citoyens[431]. De là, en adoptant une telle position les notaires eux-mêmes ainsi que la profession elle-même voient leurs intérêts tout aussi être garantis.

Paragraphe III
Le notaire intervient au côté de l'État dans la lutte contre le blanchiment

Un notaire est en effet par sa fonction à l'écoute de ses clients. Comment pourrait-il rédiger un acte et respecter son devoir de conseil, s'il n'a pas un maximum d'informations pour orienter ses clients. Car ce sont ces informations qui lui permettront ainsi de décider en connaissance de cause.

Cependant, si le notaire et ses collaborateurs ne sont pas discrets, s'ils ne respectent pas le secret professionnel, comment leur fera-t-on des confidences pouvant les aider à traiter les dossiers ? Ils se doivent de

425 Cass. Civ. 1ère, 11 juillet 2006, Defrénois 2006, art. 38506, note F. Herbert ; Dalloz 2006, P. 2510, note P. Y. Gautier ; JCP éd. G 2006, II, 10191, note M. Mekki.

426 Cass. Civ. 1ère, 9 Janvier 1963, Bull. civ. I, n° 21

427 Idem

428 Gilles Rouzet ; " Précis de déontologie " préc., P 85.

429 Jeanne de Poulpiquet préc. P. 15

430 Idem P. 117

431 Jeanne de Poulpiquet, " Responsabilité des Notaires "

questionner ceux qui s'adressent à eux[432], leur demander tous les renseignements dont ils ont besoin. Le notaire est ainsi obligé de provoquer leurs confidences personnelles et patrimoniales[433].

La confiance ainsi générée par la fonction notariale repose sur le secret professionnel, qui dans le cadre de la responsabilité pénale des notaires est fondée à la fois sur leur mission de service public et sur la nécessaire protection de sa clientèle[434].

Ainsi la révélation par le notaire d'une information à caractère de secret expose celui-ci à des peines d'emprisonnement et des sanctions disciplinaires. La coexistence des sanctions pénales et disciplinaires, met ainsi en pleine lumière l'importance déontologique que revêt le secret professionnel dans l'exercice et pour l'exercice de la fonction notariale[435].

C'est ainsi que la Cour d'appel de Bordeaux dans un arrêt du 3 Juin 1962[436] avait estimé qu'un notaire « est tenu au secret pour tout ce qui parvient à sa connaissance en raison de son ministère à la seule condition que l'acte soit un acte entrant dans ses attributions[437]».

D'emblée, une constatation s'impose : le délit de violation du secret professionnel est une infraction rare pour les notaires. Ceux-ci en effet préfèrent au contraire le plus souvent se prévaloir du secret professionnel pour revendiquer leur droit au silence[438]. Ce droit a été conforté par l'article 23 de la loi du 25 Ventôse an XI qui a été repris par tous les pays ayant opté pour le droit civil[439].

Ce droit au silence d'origine véritablement légale est très vite battu en brèche par certains faits justificatifs de la violation du secret professionnel[440].

Aussi, les peines qui frappent ainsi la violation du secret professionnel ne sont pas « applicables dans le cas où la loi autorise la révélation du secret »[441].

Ce qui explique qu'il existe des hypothèses dans lesquelles la loi impose aux officiers publics la révélation d'informations qu'ils auraient dû tenir secret, et dans d'autres dans lesquelles elle se contente d'autoriser le notaire à méconnaître son obligation de secret sans qu'il soit sanctionné.

Ainsi, l'ordre de la loi relève le notaire de son obligation au secret (A). Il l'exonère de toutes sanctions relatives à la violation du secret professionnel (B).

---

432 Jeanne de Poulpiquet préc. P 277

433 Idem

434 Ibidem

435 Jeanne de Poulpiquet préc. P 122

436 C.A. de Bordeaux 3 juin 1962 cité par J. de Poulpiquet : « Traité de responsabilité des notaires » Dalloz éd. 2003

437 Idem

438 Ibidem

439 Article 23 de la loi du 25 Ventôse an XI préc.

440 Idem

441 V.B. Jadaud « Secret professionnel du notaire et droit de communication des administrateurs économiques »

A. L'ordre de la loi relève le notaire de son obligation de secret

Le législateur donne rarement l'ordre d'enfreindre le secret professionnel. Il le fait cependant dans quelques hypothèses exceptionnelles dans l'intérêt primordial de la justice pénale lorsqu'il s'agit de lutter contre les opérations de blanchiment[442].

- Le blanchiment des capitaux

Ainsi, le blanchiment des capitaux permet de transformer de l'argent sale provenant de trafic de stupéfiant ou du crime organisé en argent propre ainsi que le souligne le Professeur Jeandidier, le terme « blanchiment » est évocateur[443]. « Blanchir, c'est rendre blanc, c'est rendre propre ».

L'origine historique du blanchiment des capitaux se situe aux États-Unis au moment de l'interdiction de vente d'alcool, en ce temps, les fonds provenant de ce trafic servent à financer les blanchisseries, ce qui a donné lieu au mot blanchiment des capitaux[444].

Cependant la convention de Vienne avait déjà défini deux éléments constitutifs de blanchiments tels que ; l'élément matériel qui est la dissimulation de l'origine des biens.

Et l'élément intentionnel qui est la connaissance de l'origine des biens

Les notaires sont évidemment concernés par la lutte contre l'argent sale, car ils peuvent être amenés à intervenir dans des transactions, et notamment dans des transactions immobilières ou des opérations de placement destinées à blanchir de l'argent provenant des délits ou des crimes de tous ordres[445].

Au Togo, le délit de blanchiment a été créé par la loi N° 2007-016 du 6 Juillet 2007 relative à la lutte contre le blanchiment des capitaux provenant de divers trafics.

Ainsi, l'article 5 de cette loi du 6 juillet 2007 implique implicitement les notaires dans la lutte contre le blanchiment des capitaux, dès lors qu'elle précise que : les dispositions des titres I et III de la présente loi sont applicables à toute personne physique ou morale qui, dans le cadre de sa profession, réalise, contrôle ou conseille des opérations entraînant des dépôts, des échanges, des placements, des conversions ou tous autres mouvements de capitaux, ou de tous autres biens à savoir, le trésor public, la BCEAO, les organismes financiers[446] ; les membres des professions juridiques indépendantes, lorsqu'ils représentent ou assistent des clients en dehors de toute procédure judiciaire, notamment dans le cadre des activités diverses[447].

442 Jeanne de Poulpiquet préc. P 111

443 Pascale Haye-Rossell : « Le rôle du notaire dans la lutte contre le blanchiment de capitaux » éd Defrénois 2008 P112 et suivants

444 Idem

445 Ibidem

446 Article 5 de la loi du 6 juillet 2007 préc.

447 Idem

Aussi, cela rejoint ce que le Professeur Jeanne de Poulpiquet écrivait que les notaires occupent une place stratégique dans le domaine des affaires, ils sont au service de l'État non seulement en leur qualité de collecteur d'impôts, mais également en raison de leur implication dans la lutte contre le blanchiment d'argent sale[448].

Ainsi, afin de prévenir la commission d'une infraction dont la répression est si lourde, le législateur a tout d'abord pris des dispositions d'ordre général obligeant tout citoyen et en l'occurrence des officiers publics et des fonctionnaires de révéler au procureur de la république les crimes dont ils ont pu avoir connaissance. C'est là une dénonciation en connaissance de cause (1), et ensuite avec la loi du 6 juillet 2007 il a mis en évidence la déclaration de soupçons à l'endroit des professions juridiques indépendantes (2), ainsi le notaire y est gravement impliqué en tant que délégataire d'autorité de puissance publique[449].

1. L'obligation de dénonciation imposée aux notaires

La lutte contre le blanchiment de capitaux « repose en effet principalement sur un processus de dénonciation générée par un soupçon » ; il existe en fait en droit deux sortes de dénonciations obligatoires : la dénonciation en connaissance de cause et la dénonciation de soupçons[450].

La dénonciation en connaissance de cause résulte du principe posé par le code pénal. Elle concerne tout citoyen et a fortiori les personnes « qui dans l'exercice de leur profession, réalisent, contrôlent, conseillent des opérations entrainant de mouvements de capitaux », les notaires en sont plus gravement concernées[451].

Celles-ci sont tenues de déclarer au Procureur des opérations dont elles ont connaissance et qui portent sur des sommes d'argent et tous autres biens qu'elles savent provenir de l'une des infractions prévues par la loi, c'est-à-dire du blanchiment de l'argent sale. Il s'agit là de la dénonciation faite en connaissance de cause[452].

L'obligation de dénonciation concerne évidemment les notaires, puisqu'elle vise les personnes qui « dans l'exercice de leur profession, réalisent, contrôlent ou conseillent des opérations entrainant des mouvements de capitaux »[453].

Le secret notarial est absolu, le transgresser entraîne par conséquent l'application des peines du délit de violation du secret professionnel. Il n'empêche que le législateur impose désormais aux professionnels des professions juridiques dont les notaires, dans l'intérêt de la société, de

448 Jeanne de Poulpiquet préc. P 110

449 Article 5 loi N°2007-016 du 6 juillet 2007 préc.

450 Jeanne de Poulpiquet préc. P112

451 Idem

452 Ibidem

453 Article 5 loi N°2007-016 du 6 juillet 2007 préc.

dénoncer les opérations de blanchiment dont ils sont les témoins dans l'exercice de leurs fonctions[454].

Ils ne peuvent donc dans cette hypothèse se retrancher derrière le secret professionnel auquel ils sont tenus. Encore faut-il qu'ils aient connaissance de l'origine frauduleuse des fonds et qu'ils respectent les modalités prévues par la loi[455].

La dénonciation en connaissance de cause relève ainsi des dispositions d'ordre général, issues du code pénal, et concerne tous les crimes que tout citoyen a obligation de dénoncer, dès lors qu'il en a été témoin. Aussi les officiers publics au rang desquels l'on retrouve le notaire sont encore plus gravement impliqués, car ils sont détenteurs d'autorité de puissance publique.

Aussi le notaire se voit dans l'obligation de déclarer au procureur de la république les opérations entrainant des mouvements de capitaux, dont il a connaissance[456].

Ainsi, ayant connaissance avérée des faits matériellement constatés, et là nous ne sommes plus dans des hypothèses de soupçons, le notaire se doit procéder à une dénonciation en connaissance de cause, il fait directement une déclaration au procureur de la république, à la suite de cette dénonciation il appartiendra à ce dernier s'il le juge utile d'en aviser la CENTIF[457].

En France, la dénonciation est faite directement au procureur de la république qui se charge d'informer TRACFIN s'il le juge utile[458].
En l'absence de dénonciation de l'infraction de blanchiment, alors que le notaire connaissait l'origine frauduleuse des fonds, expose celui-ci à une poursuite pour complicité de blanchiment de capitaux, qui est aussi sévèrement réprimée que l'infraction de blanchiment elle-même[459].

C'est ainsi que dans une affaire de blanchiment dans laquelle il s'agissait en l'espèce d'un notaire, qui avait apporté son concours à l'opération banale de l'achat d'un appartement. Or, cette acquisition devait être financée avec de l'argent provenant d'un trafic de stupéfiants. L'acquéreur était en effet un trafiquant international. Informé avant la signature de l'acte, de l'arrestation du délinquant, de sa véritable identité, ainsi que de son activité illicite, l'officier public authentifia néanmoins l'acte de vente au profit de la concubine du trafiquant, allant même jusqu'à lui conseiller « de payer le prix de l'appartement par des virements bancaires internationaux, et non par des transferts de devises, afin de présenter l'opération comme plus transparente[460] ».

---

454 Pascale Haye Rossel préc. P 125

455 Idem

456 Jeanne de Poulpiquet préc. P 114

457 Article 5 Loi N°2007-016 du 6 juillet 2007 préc.

458 Jeanne de Poulpiquet préc. P 177

459 Idem

460 Cass. Crim., 7 déc. 1995 préc. cité par J. de Poulpiquet, P 189

Le notaire avait ainsi apporté « sciemment » son concours à une opération de placement du produit de la drogue. Par conséquent, pour ne pas avoir respecté l'article 2 de la loi du 12 juillet 1990, faisant obligation à toutes les personnes qui « dans l'exercice de leur profession, réalisent, contrôlent ou conseillent des opérations entraînant des mouvements de capitaux » de déclarer au procureur de la république les opérations dont elles ont connaissance, et dont elles savent qu'elles portent sur des sommes provenant d'un trafic de stupéfiants[461], la cour de cassation a confirmé l'arrêt d'appel condamnant le notaire à un an d'emprisonnement avec sursis et à une amende 100 000 Francs.
Ainsi la dénonciation en connaissance de cause est plus précise et convaincante que la déclaration de soupçons, qui elle est de toute autre nature[462].

2. La déclaration de soupçons

La déclaration de soupçons est également imposée actuellement par l'article 26 de la loi du 6 juillet 2007 « aux personnes visées par l'article 5 : » qui contrôlent les opérations portant sur l'acquisition, la vente, la cession des biens, d'entreprises commerciales ou fonds de commerce, manipulation d'argent.

Ce texte s'applique aux notaires et ils entrent dans la catégorie des membres des professions juridiques indépendantes et de ce fait contrôlent notamment l'acquisition ou la vente de biens immobiliers[463].

Les notaires doivent déclarer à la CENTIF toutes les opérations qui mettent en évidence des faits susceptibles de constituer un blanchiment de capitaux, et c'est à la CENTIF de transmettre ces faits au procureur de la république et qui saisit ainsi le juge d'instruction. L'identité du déclarant doit rester anonyme[464].

La déclaration de soupçons porte alors parfaitement son nom car le notaire n'a pas besoin d'avoir de certitudes. La loi du 6 juillet 2007 a en effet élargi la déclaration de soupçons pour l'étendre aux sommes qui « pourraient » provenir des clients douteux[465].

Aussi, l'obligation de déclaration de soupçons est impérative, elle l'emporte par conséquent sur le secret professionnel[466].

Les notaires sont par conséquent devenus par la loi du 6 juillet 2007 les correspondants de la CENTIF dans la lutte contre le blanchiment. Ils ne peuvent pas invoquer le secret professionnel pour s'abstenir de faire la déclaration de soupçons[467].

---

461 Article 2 de la loi du 12 juillet 1990 en France préc.

462 Cass. Crim., 7 déc. 1995 préc.

463 Idem

464 Jeanne de Poulpiquet, préc. P 118

465 Article 5 de la loi du 6 juillet 2007

466 Jeanne de Poulpiquet, préc. P 118

467 Article 5 de la loi du 6 juillet 2007

La déclaration de soupçons peut être faite avant la réalisation de l'opération. Elle peut aussi porter sur une opération déjà réalisée[468]. Ainsi, l'impunité du notaire ressort de l'article 30 de la loi du 6 juillet 2007, et c'est là que la loi relève le notaire de la sanction relative à la violation du secret[469].

B. L'ordre de la loi relève le notaire des sanctions relatives à la violation du secret professionnel

Quels que soient la forme et le moment de la déclaration de soupçons, le notaire est assuré de son impunité tel que cela était prévu par l'article 30 de la loi du 6 juillet 2007. Ce texte prévoit en effet qu'aucune action en responsabilité civile ou pénale ne peut être intentée, ni aucune sanction professionnelle ne peut être prononcée » contre ceux qui ont déclaré de bonne foi leurs soupçons.

L'impunité du déclarant a une vaste portée, car elle est prévue non seulement dans le cas où la preuve du caractère délictueux des faits à l'origine de la déclaration n'est pas rapportée, mais aussi lorsque ces faits font l'objet d'une décision de non-lieu, de relaxe, d'acquittement[470].

Si le notaire s'est trompé de bonne foi et s'il apparaît par la suite que les fonds ne provenaient ni du trafic de la drogue, ni d'une organisation criminelle, aucune poursuite fondée sur la violation du secret professionnel ne peut être intentée contre lui.

De même aucune action en responsabilité civile ou disciplinaire, ne peut lui aboutir à une condamnation prononcée contre l'officier public, qui de bonne foi a fait une dénonciation erronée en cas d'un préjudice, qui résulterait directement de la dénonciation. L'État prendra alors en charge la réparation du dommage[471].

De plus la déclaration de soupçons est secrète et doit le rester. L'article 35 punit le fait pour les personnes concernées par l'article 5 qui ne connaitront pas les obligations que leur imposent le Titre II et les articles 26 et 27 de la loi du 6 juillet 2007, c'est à des refus de déclarations des faits avérés et connus ou des faits susceptibles de constituer de délit de blanchiment connus à la CENTIF[472].

Et même le fait pour ces personnes visées à l'article 5 de porter à la connaissance des propriétaires des sommes ou des auteurs des opérations délictueuses, la déclaration de soupçons qui a été effectuée et les suites qui lui sont réservées.

Le notaire pourrait dans ce cas encourir l'application des sanctions prévues par le code pénal[473]. Car la révélation de l'existence d'une déclaration de soupçons pouvait en effet permettre aux criminels et aux

468 Jeanne de Poulpiquet, préc. P 118

469 Article 30 de la loi du 6 juillet 2007 préc.

470 Idem

471 Ibidem

472 Article 35 de la loi du 6 juillet 2007 préc.

473 Idem

trafiquants, d'échapper aux poursuites et leur donner la possibilité de mettre à l'abri des capitaux frauduleux[474].

Il est donc normal que le législateur sanctionne celui qui après avoir participé, sur ordre de la loi, à la lutte contre le blanchiment de capitaux se rétracte en prévenant après coup ceux qui se trouvent impliqués dans l'opération suspecte[475].

- Si le notaire s'est trompé sur l'origine des fonds, et s'il est de bonne foi, il ne peut être poursuivi pour violation du secret professionnel.

- En revanche, l'absence de dénonciations de l'infraction de blanchiment, alors que le notaire connaissait l'origine frauduleuse des fonds, il s'expose à une poursuite pour complicité de blanchiment de capitaux[476].

Le Professeur Jeanne de Poulpiquet avait raison lorsqu'elle affirmait que « sous l'enclume de l'éthique et sous le marteau de la loi le notaire doit prendre le parti de la loi ».

Aussi, dans la lutte contre l'argent sale, il est donc bien établi désormais que le secret professionnel incombant aux notaires en raison de leurs fonctions perd de son efficacité.

En outre, il est des hypothèses dans lesquelles le secret conserve son efficacité. La loi n'impose plus alors la révélation d'un crime ou d'un délit, elle se contente de permettre cette révélation en dispensant l'officier public des peines qui frappent la violation du secret professionnel[477].

C'est ce que fait en matière de la lutte contre le blanchiment, la loi du 6 juillet 2007 par la déclaration de soupçons, alors que la dénonciation en connaissance de cause est fondée sur l'obligation de révéler le crime préconisé par le code pénal.

En tout état de cause, la création de la déclaration de soupçon constitue une grande avancée dans notre droit, car elle surpasse largement la dénonciation au parquet d'une opération avérée de blanchiment, qui alors présentait un défaut majeur, dès lorsqu'elle connait les professionnels soupçonneux ou peu scrupuleux[478].

- **L'ordre de la loi relève du secret professionnel.**

Ainsi, l'ordre de la loi relève le notaire de son obligation au secret. Il l'exonère de toutes sanctions relatives à la violation du secret professionnel[479].

---

474 Jeanne de Poulpiquet préc. P 118

475 Idem

476 Article 35 de la loi du 6 juillet 2007 préc.

477 Jeanne de Poulpiquet préc. P 124

478 Idem

479 Ibidem

Cependant, le notariat africain se doit pour assurer sa pérennité, de s'adapter aux nouvelles réalités, techniques et sociales qui s'imposent à lui[480].

Paragraphe IV
L'adaptation du notariat aux nouvelles réalités économiques, techniques et sociales

Puisque le notariat se trouve de plus en plus confronté aux défis de la société, il se doit de s'adapter aux nouvelles réalités sociales (A) et technologiques (B).

A- L'adaptation aux nouvelles réalités sociales

La société d'aujourd'hui n'est pas bâtie sur le modèle traditionnel respectant les valeurs sacro-saintes que la morale nous enseigne. Elle est diversifiée et fonctionne sur une loi universelle diversement appréciée, qui est celle de la liberté[481]. Cette logique de fonctionnement social met le notaire dans une situation inconfortable et à laquelle, il doit s'adapter car il doit être au service de toutes les personnes qui sollicitent son office[482].

Certes, il doit toujours continuer ses activités traditionnelles qui sont celles de rédiger les contrats de mariages, de préparer la mort des uns et des autres à travers la rédaction des testaments, ou la gestion des libéralités consenties[483]. Mais au-delà de cette réalité juridique, il doit aussi faire face aux nouvelles réalités sociales, qui s'imposent à lui. Avec le déclin du mariage, l'accroissement des divorces et la multiplication des concubinages[484], la pratique notariale se voit contrainte de trouver des solutions aux situations auxquelles, elle n'était pas habituée et pour lesquelles vraisemblablement elle n'a pas été préparée[485].

Il peut même apporter sa contribution au développement de l'état civil par l'établissement des actes de notoriété, mais aussi par la mise à jour des informations concernant lesdits actes[486]. Par cette nouvelle dynamique sociale due à l'évolution des mœurs, le notaire devient un officier public obligé de tout faire dans un environnement où son concours est en permanence sollicité en tant que tiers de confiance, qui cherche à s'adapter aux nouvelles donnes technologiques[487].

B- L'adaptation aux nouvelles réalités technologiques

La mondialisation de l'économie a transformé le monde en un village planétaire. Si le langage est imagé, il traduit la réalité à travers la

480 Rapport du congrès des notaires de l'Île Maurice préc.

481 Idem

482 Ibidem

483 Michel Grimaldi, " Droit civil succession " éd. Litec 2001 préc. P 502

484 Idem

485 Ibidem

486 Michel Grimaldi, " Droit civil succession " éd Litec 2001 préc. P 502

487 Marie-Anne Frison-Roche préc.

transformation de l'économie mondiale, laquelle se manifeste par la rapidité et la virtualité des relations juridiques, du fait de l'utilisation des nouvelles technologies de l'information[488].

L'économie se numérise grâce à l'outil informatique, et qu'aucun acteur du commerce juridique ne peut ignorer. Or qui dit informatique, dit écrit électronique qui est la manifestation virtuelle de la réalité juridique. Il traduit de façon concrète la dématérialisation des relations d'affaires au centre desquelles se trouve le notaire[489].

Le notaire africain qui par nature est conservateur des traditions, peut-il rester en marge de cette nouvelle dynamique mondiale ? Cette question s'impose d'autant plus que l'acte authentique qui symbolise la confiance entre les acteurs de la vie juridique, risque de perdre sa matérialité au profit de l'acte électronique purement virtuel[490].

Cette question n'est pas nouvelle. Elle s'est déjà posée au lendemain de la découverte de la machine à écrire et de l'imprimerie, le droit traditionnel de l'authenticité n'étant pas préparé à ces nouvelles technologies.

En France, une loi du 21 février 1926 avait été nécessaire pour autoriser l'impression et la dactylographie des actes notariés. Il s'agissait alors selon les termes du rapporteur de ce texte, de « permettre aux notaires soucieux du progrès de faire si bon leur semble, usage des découvertes modernes dans l'exécution du travail matériel de leurs études ; simplifier le travail sans cesse croissant et réaliser ainsi une économie de main-d'œuvre, tout en facilitant une rapide exécution des affaires »[491].

Cette réalité s'impose aujourd'hui aux notaires africains à la croisée des chemins entre traditions et modernité[492]. L'utilisation de l'outil informatique étant devenu incontournable, et la dématérialisation de l'acte authentique étant déjà effective dans les autres pays comme la France[493]. Les notaires africains ne peuvent pas rester en marge de cette dynamique nouvelle, au risque d'être déconnectés des affaires du monde. Il pèse donc sur les notaires africains une obligation d'adaptation aux nouvelles technologies de l'information dont les avantages sont loin d'être négligeables[494] ; et à ce titre il se doit d'intervenir auprès de l'état en tant que tiers de confiance.

---

488 Thomas Pikety préc. P 89

489 Jeanne de Poulpiquet préc. P 112

490 Rapport du congrès des notaires de l'Île Maurice préc.

491 L. Aynes, l'authenticité, la documentation française, 2013, P 149

492 Rapport du congrès des notaires de l'Île Maurice préc.

493 Loi N° 2000-230 du 13 mars 2000 portait adaptation du droit de la preuve aux technologies de l'information relative à la signature électronique.

494 Rapport du congrès des notaires de l'Île Maurice préc.

Sous-Chapitre II
LE NOTAIRE INTERVIENT AUPRÈS DE L'ÉTAT EN TANT QUE TIERS DE CONFIANCE

Le notaire joue un rôle de plus en plus croissant auprès de l'État, il est devenu au cours des temps une entité incontournable, ainsi au fil du temps, un partenaire prononcé des collectivités (Section I) et de l'institution judiciaire (Section II).

Section I
Le notaire nouveau partenaire des collectivités publiques ou décentralisées

Il prête assistance aux collectivités en aidant à une gestion dynamique de leur patrimoine (Paragraphe 1), tout en formulant de propositions constructives destinées à la gestion adéquate des logements sociaux (Paragraphe 2), il devient aussi leur conseil en matière de l'environnement [495] (Paragraphe 3) ; et contribue par ses actions au côté de l'État au développement économique et durable dans la société (paragraphe 4) ; cependant, en tant que professionnel des contrats, il aide les collectivités locales, au cours de leurs transactions diverses par la rédaction des différents contrats (paragraphe 5).

Paragraphe 1
Assistant des collectivités locales dans la gestion du patrimoine

Les notaires deviennent ainsi par leurs actions, conseils en matière de patrimoine immobilier, ont-ils vraiment un rôle à jouer auprès des collectivités locales ? La question est pertinente. Mais elle vaut la peine d'être posée d'autant plus que le notaire est une personne qui exerce une profession libérale et est plus préoccupée par les intérêts des clients qui sont des particuliers[496].

Mais les collectivités locales sont aujourd'hui à la tête d'un patrimoine d'une certaine importance. À cet effet, elles ont besoin des services du notaire, surtout dans le domaine des conseils avisés dès lors qu'elles veulent conclure des contrats d'une certaine importance[497].

De façon générale, le contrat est au centre des préoccupations du notaire. Qui dit propriété dit contrat, qui dit contrat dit notaire ! En effet, pour citer le cas de la France, les collectivités locales ont été soumises à un impératif de gestion de leur patrimoine plus performante. Cette logique s'inscrivait dans un objectif de redressement des finances publiques auquel sont souvent confrontés les budgets locaux. Ce patrimoine immobilier des collectivités territoriales se développe ainsi[498].

495 Idem

496 Marie-Anne Frison-Roche préc.

497 Rapport du congrès des notaires Français de Marrakech préc.

498 Idem

Ce patrimoine se diversifie également du fait de la demande et des besoins exprimés par leurs habitants : routes, immeubles administratifs, crèches, aéroports, parcs d'attraction, terrains pour l'édification de logements sociaux, etc.

Cela ne tardera pas à arriver dans les pays africains. Par rapport à cet objectif de redressement des budgets locaux, ils se doivent de s'inscrire dans une logique de gestion plus dynamique tout autant[499].

D'ailleurs le constat de la Cour des comptes française qui n'a pas hésité à donner à son rapport de février 2019 un titre annonciateur de la nouvelle orientation dans laquelle devraient s'inscrire les collectivités locales[500] : « L'immobilier des collectivités territoriales : vers une gestion plus dynamique ».
Que faire pour que cette gestion soit dynamique ? Il faut recourir aux services du notaire.

Par rapport au rôle du notaire dans la gestion du patrimoine immobilier des collectivités locales, on peut se poser une question : comment les notaires peuvent-ils sécuriser au mieux les actes qu'ils rédigent dans la gestion du patrimoine immobilier desdites collectivités[501] ?

Il faut partir du fait que le notaire est un « vendeur de sécurité » pour tous les contrats rédigés et les conseils qu'il donne. Le rôle du notaire est justement de les « alerter » sur certaines particularités des contrats administratifs, de leur rappeler que des contrats qui contiennent des clauses exorbitantes du droit privé peuvent « faire basculer » un contrat de droit privé en un contrat de droit public[502].

« On peut faire du droit public sans le savoir ! » La sécurité de l'acte authentique n'est plus à démontrer et chaque notaire sait qu'au contrat est attaché un devoir de conseil ; il lui appartient d'avertir de manière circonstanciée les risques pris en ne suivant pas ses conseils[503].

Le contrat étant conclu entre les collectivités et leurs clients, il va sans dire que le notaire s'intéresse en même temps aux parties au contrat. À cet effet, les usagers des services locaux peuvent devenir un marché porteur pour les notaires[504].

De toute évidence, les notaires sont déjà proches des collectivités locales et de leurs élus : le maillage notarial sur le territoire national y est certainement pour beaucoup. Ils ont déjà pu démontrer leur savoir-faire et ont amené beaucoup d'élus à faire appel à l'acte notarié plutôt que de recourir à l'acte administratif. Les notaires des collectivités publiques

499 Idem

500 Ibidem

501 Rapport du congrès des notaires français de Marrakech préc.

502 Marie-Anne Frison-Roche, préc.

503 Idem

504 Ibidem

doivent avoir à l'esprit ceci : la vente et l'acquisition sont des contrats de leur pratique quotidienne[505].

Biens d'autres contrats relèvent de la pratique de valorisation des propriétés publiques ; contrats qui ne nécessitent pas toujours une publicité foncière. Ils peuvent et doivent rédiger de tels contrats. On peut tout de même se poser une autre question : Proportionnellement quelle part représente-t-elle dans l'activité notariale[506] ?

La réponse à cette question n'est pas facile à donner. On peut tout de même retenir que cette part n'est pas négligeable dans l'activité du notaire de collectivité territoriale. Ce qui est sûr en revanche du moins en France, c'est que le mouvement amorcé et relevé par la cour des comptes va s'intensifier et que la propriété publique fera l'objet de nombreux contrats ; que le développement des opérations avec les propriétés publiques est loin de se « tarir »[507].
Dans cette perspective, le notaire peut devenir le conseil patrimonial des collectivités publiques. On peut se demander s'il est dans son rôle ?

En effet le droit de propriété des personnes publiques est reconnu. Mais l'exercice de ce droit prend en compte le fait que ces personnes publiques ne sont pas des propriétaires comme les autres. Elles doivent en premier lieu s'attacher à préserver l'intérêt général et privilégier des considérations patrimoniales, ce service de l'intérêt général. Le notaire a sa place alors, dans l'expertise et le conseil[508].

La pratique du conseil patrimonial par le notaire est légitime ; les limites en sont connues : le conseil doit être désintéressé ! Mais ce conseil auprès des collectivités doit intervenir le « plus en amont » possible. « L'illégalité » du processus décisionnel ne doit pas être soulevée par le notaire au moment de la rédaction du contrat[509].

Et le conseil ne doit pas se limiter aux seules opérations relevant du monopole de la publicité foncière. Ainsi, un transfert de compétence intervient entre la commune et l'intercommunalité ; ce transfert n'entraîne pas juridiquement transfert automatique de la propriété de l'immeuble dans lequel est exercé la compétence mais uniquement une mise à disposition[510].

Le notaire peut conseiller à la commune de céder ou non la propriété de cet immeuble. En effet, si par la suite la compétence cesse et qu'il s'agit d'un immeuble spécialement aménagé pour exercer la compétence transférée, il peut n'y avoir aucun intérêt pour la commune de recouvrer la « pleine propriété » de l'immeuble, tant le coût des travaux de transformation serait important pour exercer une autre compétence[511].

---

505 Marie-Anne Frison-Roche, préc.

506 Jeanne de Poulpiquet, préc. P 112

507 Rapport du congrès des notaires français de Marrakech préc. P 78

508 Idem

509 Ibidem

510 Rapport du congrès des notaires français de Marrakech préc.

511 Idem

Paragraphe 2
Le notaire et les logements sociaux des collectivités locales

Comment les notaires peuvent-ils être moteurs dans le développement de l'offre de logements sociaux ?

Trois idées doivent être retenues par rapport à ce rôle du notaire.

La première idée est celle relative aux outils urbanistiques mis en place par le législateur pour promouvoir de telles opérations : le notaire a sa place dans la rédaction des documents d'urbanisme et il est apte à maîtriser une procédure d'expropriation ou une procédure de préemption[512].

La deuxième idée est qu'en contrepartie de la réduction des aides étatiques et des subventions des collectivités territoriales, il est demandé aux organismes de logement social en France (sociétés d'HLM) de se reconstituer des fonds propres en vendant les logements à leurs locataires. Or la législation relative à la vente HLM est un empilement de textes depuis 1965 ; de la volonté initiale du législateur d'aider un locataire dans un parcours résidentiel, et d'aider l'organisme d'habitation à loyer modéré (HLM) à « commercialiser au mieux les immeubles mis en vente par lots [513]».

Il est quelquefois difficile de faire « cohabiter » des textes contradictoires ! Le rôle du notaire est d'apporter toute la sécurité juridique au contrat de vente au locataire. Pour assurer cette mission le législateur devrait déterminer son choix entre protection du locataire (avec clauses exorbitantes du droit commun) et réalisation d'un objectif économique (vente du plus possible de logements), et ainsi adapter une nouvelle législation lisible[514].

En troisième lieu, le notaire peut proposer des montages juridiques associant personnes privées et personnes publiques dans la production de logements sociaux : bail à construction, bail emphytéotique, bail à réhabilitation, usufruit locatif social, bail solidaire. Ces techniques sont maîtrisées par les notaires et permettent à la marge de développer la production de logements sociaux. Mais en période de crise il faut bien associer toutes les bonnes volontés[515].

Paragraphe 3
Le notaire en tant que conseil en matière de l'environnement

Le notaire doit à sa clientèle sa conscience professionnelle, ses égards, l'équité, la probité et l'information la plus complète. Il doit choisir les moyens les plus appropriés pour parvenir aux résultats[516]. À ce titre il

---

512 Jacqueline Morand Deviller « Droit de l'urbanisme » Ed Dalloz 2014 » P 98

513 Idem

514 Ibidem

515 Rapport du notariat français au congrès de Marrakech préc. P 118

516 Cécile Biguenet-Maurel thèse préc. P112

joue aussi un rôle prépondérant dans la protection de l'environnement (A) et lors du financement de sa protection (B).

A. Le rôle du notaire dans la protection de l'environnement

Comme citoyen, le notaire est concerné par la protection de l'environnement, comme professionnel du droit, il doit agir. Il est présent sur la totalité du territoire, il a su au fil des années jouer la carte de l'information permanente de la profession. La qualité des travaux effectués par la profession est reconnue et il a su intégrer la modernité dans son étude : il est donc prêt à jouer un rôle éducatif auprès de ses clients qui ont droit à la meilleure information[517].

Ce rôle, il peut le jouer vis-à-vis des collectivités locales en s'intéressant à la vie publique locale, en étant associé à l'élaboration des règles d'urbanismes locales. Il peut ainsi informer mais aussi être informé[518].

Il peut justifier de son expérience, appuyer auprès des politiques pour l'élaboration de textes ou l'amendement de textes existants.

Il peut remplir une mission d'intérêt général touchant à la protection de l'environnement tout en concevant que la propriété privée et les règles qui y sont attachées sont un facteur en soi de cette protection. Ainsi peut-il être présent auprès des associations et même participer à la vie associative. Il joue également un rôle de conseil auprès des collectivités locales lors de l'installation d'ouvrages réglementés tels que les stations d'épuration et de déchetteries[519].

La protection de l'environnement est une grande cause et elle mérite toute son attention. Le notaire est et doit être proche de ses clients qui souhaitent faire des dons ou des legs à des associations et au conservatoire du littoral dont il est un interlocuteur privilégié[520].

Le contrat plutôt que la contrainte : cette notion est reprise dans toutes les directions politiques. Le notaire peut avec les collectivités locales, les groupements de propriétaires élaborer des contrats tendant à l'aménagement des sites à une gestion plus écologique des forêts, des cours d'eau, des lacs. Certaines expériences ont déjà été faites et la participation du notaire a été active et efficace[521].

B. Le notaire comme conseil en financement de la protection de l'environnement

Les entreprises industrielles ou agricoles, les collectivités locales se voient aujourd'hui contraintes de prendre des mesures pour réduire les facteurs de pollution et tendre à les supprimer.

---

517 Rapport du notariat français au congrès de Marrakech préc. P 92

518 Idem

519 Ibidem

520 Rapport du notariat français au congrès de Marrakech 2010 préc. 117

521 Idem

Le notaire n'est pas un technicien mais peut jouer son rôle de juriste en recherchant à travers les différents textes de son pays ou communautaires comment assurer au mieux le financement des équipements nécessaires pour répondre à leurs obligations[522].

Le notaire a su en matière agricole, jouer ce rôle. Il se doit de le faire pour toutes les activités. Protéger, maintenir un espace vert répertorié peut donner lieu à subvention comme effectuer des travaux sur un immeuble classé[523]. Ainsi, bien qu'il conseille les collectivités locales, il est appelé à leur rédiger tous les actes dont ils ont besoin pour sécuriser leur patrimoine immobilier.

En outre, le notaire en tant que délégataire de pouvoir public contribue également par ses actions à assurer le développement économique durable dans nos sociétés.

<u>Paragraphe</u> 4

Le notaire contribue au développement économique durable

Il faut relever que l'aspect écologique étant intégré dans le processus d'appréciation de la situation économique d'un État, le développement durable est également pris en compte. Il s'agit d'un mode de développement économique cherchant à concilier progrès économique et social et la préservation de l'environnement[524].

C'est ainsi que le développement durable est défini dans le rapport Brundtland des nations unies de 1987 comme « un développement qui répond au besoin du présent sans compromettre la capacité des générations futures de répondre aux leurs. Deux conceptions sont inhérentes à cette notion[525] :

- Le concept de "besoins", et plus particulièrement des besoins essentiels des plus démunis, à qui il convient d'accorder la plus grande priorité, et,
- l'idée des limitations que l'état de nos techniques et de notre organisation sociale impose sur la capacité de l'environnement à répondre aux besoins actuels et à venir[526]. »

Il est considéré ainsi comme un patrimoine à transmettre aux générations futures, car ce développement durable qui a pris des proportions importantes dans notre société, a de plus en plus des conséquences dans nos législations[527], et le notaire, en tant que professionnel du droit, homme de prépondérance, est devenu un des acteurs importants de cette révolution écologique, voire un relais de la

522 Ibidem.

523 Rapport du notariat français au congrès de Marrakech 2010 préc. P 122

524 Rapport du 104è congrès des notaires de France du 4-7 mai 2008, p. 9 sur le développement durable : un défi pour le droit.

525 Idem

526 Ibidem

527 Rapport du 104è congrès des notaires de France préc, p. 10

gouvernance écologique, comme l'a si bien décri un auteur, de surcroit un notaire[528].

Nanti de ses connaissances et compétences pluridisciplinaires, il informe ses clients tout en leur donnant des conseils pour les déterminer à agir au mieux de leurs intérêts. Il participe ainsi au respect des normes environnementales. Cette attitude est valable dans tous les secteurs notamment l'agriculture, l'industrie, l'habitation, la famille[529].

Cependant, il a recours aux règles d'urbanisme, aux règles relatives aux énergies renouvelables, aux règles relatives à l'environnement. Il s'invite ainsi désormais dans tous les projets. Il en est en effet acteur de la mise en place des ensembles immobiliers[530].

C'est pour cela qu'il participe par son action au développement économique du pays, qui devient ainsi une exigence véritable pour lui, il appuie en tant qu'acteur ce développement économique[531].

Le développement économique est une exigence notariale, et les questions de développement économique ne sont pas étrangères au notariat. Et la quête du développement économique est devenue une valeur éthique, une norme contraignante et obligatoire pour les notaires[532].

En effet, le notariat est une institution absolument utile et nécessaire à la société. Sa tâche est unique et très délicate, en ce sens que le notaire est chargé de garantir la sécurité et la vérité juridiques, fondamentales pour la société[533].

Dans sa fonction préventive, l'activité du notaire permet la certitude, et la sécurité juridique est exercée avec une forte prise en compte de l'éthique[534]. En effet, la profession notariale est guidée par un fort contenu éthique, qui est un impératif catégorique pour tout notaire[535].

Ainsi son exercice nécessite un élément essentiel et indispensable que constitue la déontologie qui est sa base, sa racine, la force de sa légitimité[536].

Car les valeurs traditionnelles du notariat : la légalité, l'impartialité, l'indépendance, la sécurité juridique préventive, la préparation et la formation continue, le secret professionnel, la confidentialité, contribuent à la mise en place de nouvelles valeurs éthiques qui constituent pour le notaire, le soubassement de son action qui lui permet de servir ainsi l'intérêt général[537].

---

528 Olivier Herrenberger, le notariat relais de la gouvernance écologique, semainne juridique, éd environnement avril 2008

529 Jeanne de Poulpiquet préc, p. 89

530 Olivier Herrenberger préc

531 Idem

532 Ibidem

533 Marie Anne Frison-Roche préc, p. 45

534 Jeanne de Poulpiquet préc, p. 45

535 Roland de Valkeneer préc, p. 112

536 Idem

537 Idem

Cependant, le développement économique, le développement durable, la protection de l'environnement, la prévention du délit de blanchiment de capitaux, auxquels il participe ardemment lui permettent de réussir sa mission d'intérêt général[538].

Car l'évolution de sa mission, fait du notaire un acteur incontournable auquel l'on est tenu de s'adresser ainsi en toute situation[539].

La notion de développement économique étant très large, englobant l'idée de croissance économique, et de bien-être économique et social[540], et de tout temps la pratique notariale participe ardemment à sa construction, car elle nécessite une prise en compte de l'ensemble des actions qui contribuent à cette réalisation[541].

Quel que soit son domaine d'intervention, il s'implique avec entre autres, dans tous les projets qui contribuent directement ou indirectement au développement économique durable[542].

Aussi, de par son statut, le notaire se trouve au point d'articulation entre l'économie et les pouvoirs publics[543]. Il est donc tout désigné pour être un acteur décisif de la régulation : il est en effet au service de la loi, il garantit l'effectivité de l'État de droit, qui est un pilier de toute l'économie, et surtout de l'économie durable[544]. Et son rôle central de garant de la sécurité contractuelle, et de la propriété privée et publique en fait un régulateur principal, et c'est ainsi qu'il devient l'intermédiaire de la gouvernance du développement économique durable[545].

En tout état de cause, l'Afrique n'est pas en reste de ce concept de l'évolution durable, voire des problèmes écologiques[546]. Aussi, l'économie circulaire est vraiment un moteur de croissance verte, elle assure le développement du continent africain[547], et le notariat en tant que profession réglementée contribuera réellement au développement économique, car le rôle du notaire est d'anticiper sur l'avenir à travers les actes efficaces et sécurisés qu'il délivre[548].

Ainsi, pour le notariat le développement durable est une notion conceptuelle, et le rôle du notaire sur le terrain devient prépondérant, car il est appelé à préserver l'environnement à travers la gestion des ressources

---

538 Olivier Herrenberger préc

539 Idem

540 Ibidem

541 Olivier Herrenberger préc

542 Marie Anne Frison-Roche préc

543 Idem

544 Ibidem

545 Marie Anne Frison-Roche préc

546 Nigel J. Hans, rapport de la commission économique des nations unies du 19 avril 2024 sur l'identité juridique des africains et le développement durable

547 Stéphane Merignieux ; rapport de l'association du notariat francophone sur l'économie circulaire et le développement durable en Afrique du 31 janvier 2018

548 Idem

naturelles et un encadrement responsable du “logement”[549]. C’est pour cela qu’il se doit de se positionner comme un interlocuteur privilégié en tant que professionnel et orfèvre de l’immobilier[550].

En définitive nous pouvons affirmer que toutes les actions du notariat sont profitables aussi bien aux personnes publiques qu’aux personnes privées en Afrique, car elles permettent en toutes ces situations d’assurer la sécurité juridique, la régulation du marché économique, la prévention de tous les conflits, l’évitement de tout contentieux[551]. Et c’est en cela, que le notaire par sa prépondérance, participe à la construction de l’identité juridique de tous les africains, qui est de toute évidence la clé du développement durable[552]. Ainsi, le notaire s’annonce aussi par ses actions réitérées comme conseil et rédacteur des collectivités locales.

Paragraphe 5
Le notaire conseil et rédacteur des collectivités locales

Incontestablement, en matière de pratique notariale, la préoccupation impose à chaque notaire de conférer sa vie et ses activités aux exigences de l’intérêt général.[553] D’où le rôle du notaire en faveur de la sécurité foncière, voire de la propriété immobilière est prépondérant,[554] et il est le maître d’œuvre de la sécurité foncière[555]. Aussi, doté d’une bonne connaissance du tissu économique et social, le notaire reste le seul juriste capable d’accompagner avec assurance les collectivités locales.[556]

Cependant, il leur fournit ainsi deux types de prestations : il les conseille dans leurs différentes entreprises, car conseiller, c’est de donner son avis à une personne pour la déterminer à agir aux mieux de ses intérêts, en tenant compte de l’ensemble des éléments d’une affaire.[557] Ensuite, il rédige les actes aux collectivités locales dans le cadre de diverses transactions, alors qui dit contrat, dit notaire,[558] et en cette situation particulière, le notaire accomplit une mission de service public qui est en vérité sa raison d’être.[559]

Ainsi, il confère aux actes conclus entre les collectivités locales et leurs cocontractants, le caractère d’authenticité propre à leur assurer la sécurité juridique.[560] Cependant, ce pouvoir qu’il détient, ainsi que la nature même de la responsabilité qui lui incombe, en tant que professionnel

---

549 Ibidem

550 Jeanne de Poulpiquet préc, p. 92

551 Marie Anne Frison-Roche préc

552 Nigel J. Hans, rapport de la commission économique des nations unies du 19 avril 2024 préc

553 Jeanne de Poulpiquet préc. P112

554 Didier Nourrissat préc.

555 Idem

556 Rapport du notariat français du congrès de Marrakech préc.

557 Jeanne de Poulpiquet préc. P108

558 Idem

559 Ibidem

560 Rolland de Valkeneer préc. P89

du droit,[561] font de lui un acteur essentiel en matière de sécurité juridique,[562] qui bénéficie de la confiance des collectivités locales.[563]

Car la loi permet que les actes à conclure avec les collectivités publiques soient reçus par les notaires, officiers publics, et par les maires ou les présidents de conseil départemental ou les préfets. Ces derniers sont tout autant des officiers publics comme les notaires,[564] avec la seule différence que le notaire est un officier public épris d'impartialité, et est habilité à recevoir tous les actes de transaction où les collectivités locales sont parties.[565]

Tandis que les maires, les préfets, les présidents de conseil départemental ne peuvent pas instrumenter dans les actes, où leurs institutions respectives sont parties ou cocontractantes.[566] Car ils n'ont pas la neutralité, l'impartialité requises pour agir sans prendre parti.[567]

Aussi, le notaire homme de prépondérance, par sa particularité, sa singularité se distingue très fortement de ces autres officiers publics.[568] Il peut alors recevoir tous les actes de cession de biens immobiliers, de donation, de cession des parts et actions de sociétés civiles ou de sociétés d'attributions et de sociétés coopératives de construction[569].

Ainsi, contrairement à ces autres officiers publics, qui ne peuvent pas assurer les mainlevées postérieures à la réception de leurs actes, le notaire, lui est habilité à y instrumenter[570]. Ainsi, il est à souligner que l'acte authentique notarié a une grande importance aux yeux des maires, à cause de l'impartialité du notaire, et aussi de la sécurité juridique et financière que recherchent les parties ou les opérateurs[571], car le notaire porte en lui ces qualités de régulateur, et de tiers de confiance, qui opère sur le marché des affaires[572].

En définitive, le notaire en sa qualité de délégataire de puissance publique, est enfin et surtout un authentificateur de droit commun, un représentant de l'État dans les actes privés[573], il suscite une grande confiance à l'égard des collectivités locales[574], car son acte est le seul qui est en mesure de garantir et de limiter la responsabilité des maires, tant sur le plan civil que pénal[575]. Raison pour laquelle, il a trouvé au cours de ces dernières années, un intérêt particulier aux yeux des collectivités locales

561 Jean Luc Aubert préc. P 122

562 Idem

563 Rapport du congrès des notaires de France préc.

564 Marie-Anne Frison-Roche préc.

565 Article 121-1 et suivants du code français de l'urbanisme

566 Roland de Valkeneer préc P 208

567 Article 121-1 préc.

568 Idem

569 Rapport du notariat français préc.

570 Article 121-1 et suivants préc.

571 Idem

572 Marie Anne Frison-Roche préc.

573 Idem

574 Roland de Valkeneer préc. P89

575 Rapport du notariat français préc.

qui ne tardent pas dans toutes leurs entreprises à lui faire appel.[576] Il aide également l'État en mettant son expertise au service de la justice.

Section II
Le notaire : partenaire de l'institution judiciaire

Face à l'insuffisance du personnel judiciaire sur les territoires africains, le notaire peut contribuer à désengorger les tribunaux.
Le notaire aide les tribunaux qui le nomment pour liquider les successions (paragraphe I), il contribue également à la prévention des conflits (paragraphe II) et au règlement amiable des conflits[577] (paragraphe III).

Paragraphe I
Le recours au notaire lors de la liquidation des successions

S'agissant du notaire, le tribunal peut le commettre ou les héritiers peuvent le requérir en vue de la liquidation des successions, et c'est à ce titre qu'il fait appliquer le droit moderne, s'il est moderniste, il peut octroyer à la conjointe survivante le droit qui lui revient par l'application du droit moderne, sous réserve que les actes ne fassent pas l'objet de contentieux judiciaires. Dans certaines situations, certains notaires refusent parfois d'appliquer le droit moderne[578].

Et s'il y parvient en appliquant la loi moderne, il devient le pacificateur qui œuvre au service de l'intérêt général.
Cependant, il accomplit une mission tout aussi non moins importante qui est celle de la prévention des conflits[579].

Paragraphe II
Le notaire et la prévention des conflits

La notion d'accès au droit semble devoir être appréhendée très en amont des solutions litigieuses. Elle constitue une ouverture sur les modes amiables de règlement des litiges et justifie une information juridique globale auprès de nos concitoyens.[580]

Le notariat a naturellement sa place dans le cadre de la résolution amiable des conflits et de la justice de proximité, car par son rôle social, il a l'obligation juridique et morale de faciliter l'accès au droit. Les chiffres démontrent une véritable complémentarité entre avocats et notaires sur cette question[581].

Dans presque la totalité des départements métropolitains 83% pour être précis, les notaires délivrent des conseils gratuits, soit dans leurs

---

576 Idem

577 Roland de Valkeneer préc. P 88

578 Jugement rendu par le tribunal de 1ère instance de Lomé (Togo) qui a nommé Maitre Gadegbeku Kokou Prosper pour la succession des familles

579 Idem

580 Pierre-Luc Vogel « Le Point de vue des notaires », Gazette du palais, 24 avril 2012 n° 115, P. 16

581 Idem

offices, soit dans les chambres départementales. Dans les deux tiers des départements métropolitains, des rencontres notariales annuelles ont été instituées et constituent une autre forme de participation de la profession qui prodigue gratuitement ses conseils[582].

Si le travail des avocats est très important en zone urbaine, le notariat lui contribue par son maillage sur l'ensemble du territoire, à faciliter l'accès au droit dans le secteur rural. Les communes rurales, hors agglomérations, représentent à peu près 25% de la population et déjà 22% des offices de notaire.

Si on ajoute les communes dans les agglomérations de moins de 25 000 habitants, les pourcentages atteignent 32% de la population et près de 39% des offices de notaires. Ce qui prouve que dans ces zones rurales, les notaires sont souvent les seuls à assurer l'accès au droit[583].

De plus, un certain nombre d'actes notariés sont tarifés à faible coût pour faciliter cet accès au droit : les actes de notoriété en matière de succession, les procurations, le testament authentique[584].

Le notaire a un rôle de pacificateur, il n'est pas source de contentieux. Il joue un rôle de régulateur afin de prévenir les conflits, dès lors, il facilite l'accès au droit par sa mission de service public. Sa participation aux structures locales et nationales d'accès au droit et par le maillage du territoire contribue ainsi à faciliter la vie des citoyens dans les milieux ruraux[585].

Il ne faut pas céder à la facilité qui consisterait à augmenter des droits d'enregistrement qui alourdiraient les frais d'actes, alors qu'aujourd'hui la fiscalité du droit de la famille, et surtout la fiscalité en matière de vente immobilière est de 1,5 % sur les prix de vente ; et le régime des frais de mutation qui est à un prix forfaitaire de trente-cinq mille (35 000) francs CFA au Togo, quant à la taxe sur la plus-value elle est quelle que peu alourdissante. La conjonction de ces trois phénomènes risquerait de bloquer le marché l'immobilier. Cette augmentation semble inéquitable pour le simple concitoyen[586].

Paragraphe III
Le notaire et le traitement amiable des litiges

Tour à tour il assure la médiation (A), contribue à la conciliation (B), et à la négociation (C).

582 Ibidem

583 Pierre-Luc Vogel « Le point de vue des notaires », Gazette du palais, 24 avril 2012 n° 115, P. 16

584 Idem

585 Ibidem

586 Pierre-Luc Vogel « Le point de vue des notaires », Gazette du palais, 24 avril 2012 n° 115, P. 16

A. La médiation

L'activité du notaire dans la prévention des conflits et la médiation est un champ d'activités relativement nouveau. En constante expansion, ce domaine est inhérent à la culture notariale et rejoint à la fois la volonté des citoyens soucieux d'éviter le procès et son coût et la volonté des pouvoirs publics, désireux de désengorger les tribunaux[587].

Dans de nombreux pays, le législateur a rappelé que le notariat doit s'inscrire dans la perspective de justice amiable, complémentaire des tribunaux. Elle est un moyen plus intelligent et plus efficace pour régler un conflit par lequel les parties trouvent elles-mêmes une issue négociée à leur différend[588].

Le médiateur par son expertise, permet le rétablissement d'une communication apaisée et efficace entre les parties, accompagne celles-ci dans la clarification de leur positionnement, l'analyse de leurs véritables intérêts et besoins, puis dans la recherche d'une solution créative satisfaisante. Le médiateur représente en synthèse le meilleur de chacune des parties. De fait, la connaissance des parties, l'acceptation que l'être humain est le plus important, est primordial. Cette précision est essentielle dans la compréhension de la mission du médiateur et de la difficulté à en disposer de brillants ou de crédibles[589].

B. La conciliation.

Dans un conflit opposant deux parties ou plus, l'intervention d'un tiers, le conciliateur permet de proposer la solution aux parties. La mission du conciliateur représentant ainsi un troisième point de vue est de proposer une ou plusieurs solutions au litige en amenant les parties à accepter une approche dans laquelle des concessions devront être faites[590]. Les parties ne sont pas tenues de trouver un accord transactionnel. Le conciliateur est chargé de délier le litige en étant force de proposition. Le délai de la conciliation s'ajoute aux délais des procédures des tribunaux étatiques[591].

C. La négociation.

Dans cette procédure également l'intervention de tiers est convenue entre les parties[592]. Le négociateur a pour mission de représenter les intérêts de la partie qui l'a missionné. Ainsi, dans une négociation, il peut y avoir autant de négociateurs que de parties engagées et le délai de la médiation s'additionne aux délais des procédures devant les tribunaux étatiques. Le médiateur à cet effet, peut être considéré comme le « psy » facilitateur de

587 Roland de Valkeneer préc. P111

588 Idem

589 Cécile Biguenet Maurel préc. P 109

590 Idem

591 Ibidem

592 Jean Marc Mousseron « Technique contractuelle » préc. P112

la négociation, en ce sens qu'il peut aider les parties à se détacher du problème[593].

Sous-Chapitre III

LE NOTAIRE ASSURE DES MISSIONS INHABITUELLES D'INTÉRÊT PUBLIC ET PRIVE EN TANT QUE TIERS DE CONFIANCE

En tout état de cause le notaire en dehors de sa mission habituelle et traditionnelle accomplit tout aussi certaines missions réellement inconnues du grand public, une mission lui permettant d'accompagner le citoyen dans la recherche des preuves de son droit : la constitution d'état civil ; qui est une mission relevant de ses attributions publiques[594] (section I) ; en dehors de cela, il accomplit aussi des missions d'ordre privé[595] (section II).

Section I

La mission publique du notaire

Il dresse un acte permettant de reconnaître aux héritiers leur réelle qualité : l'acte de notoriété, qui comporte toutes les informations relatives à l'état civil des héritiers et leurs droits à succéder.

- **L'acte de notoriété**

Faute de preuves véritables pour prouver sa qualité, alors que les citoyens sont incapables de donner la moindre preuve d'abord de leur état civil, qui permet d'individualiser chaque personne par l'affectation à cette dernière de ses droits subjectifs, qui sont les siens, permettant de la différencier, et de sa qualité d'héritier. La pratique a ainsi forgé des moyens de preuves les plus commodes ; qui dispensent l'héritier de démarches qui pourraient être lourdes, et du maniement de documents précieux [596]:

L'acte de notoriété, qui est un acte délivré par le notaire, et qui relate les déclarations de témoins qui affirment, qu'il est notoire et à leur connaissance personnelle, que telle personne est le successeur de telle autre : son héritier, son légataire ou son institué contractuel. Les déclarants sont donc des témoins et de la vocation de l'intéressé et de la notoriété publique de cette vocation : de l'une comme de l'autre, ils disent avoir une connaissance personnelle du défunt[597].

Ce sont le plus souvent des amis ou des voisins, qui passent devant le notaire pour faire leurs déclarations. ; cet acte de notoriété précise s'il existe plusieurs successeurs et la vocation de chacun. Ainsi le notaire par cet acte contribue à l'évolution des mœurs et pratiques dans la société, il aide ainsi à la facilitation de la vie par l'exercice de sa mission d'intérêt général. Il contribue ainsi au développement de l'état civil par la mise à jour des informations[598].

---

593 Idem

594 Roland de Valkeneer préc. P 189

595 Idem

596 Michel Grimaldi « Droit civil succession » P 497

597 Idem

598 Ibidem

Le notaire établit des actes de notoriété publique devant servir de base à l'établissement d'un véritable acte de naissance. Il contribue ainsi au développement de l'état civil par des informations qu'il recueille avant la réception de l'acte, et en dehors de cette mission publique, il accomplit des missions d'ordre privé[599]

Section II
La Mission Privée du Notaire

Le caractère hybride de la fonction notariale dénote que, le notaire bien qu'il ait une fonction publique, qui est celle d'authentification de droit commun, exerce encore d'autres missions privées, en sa qualité de tiers de confiance ; telles que : le mandat, la gestion d'affaires, l'expertise, le séquestre, l'exécution testamentaire ; et encore d'autres missions.

1. Le Mandat

En tout état de cause le mandat désigne la mission que reçoit une personne pour exercer des pouvoirs et agir au nom et pour le compte d'autrui[600], conformément aux dispositions des articles 1984 à 2010 du code civil[601].

Cependant, le mandataire accomplit ainsi au nom et pour le compte du mandant des actes juridiques[602]. Le pouvoir que le mandant donne peut être spécial, car il est limité à un acte ; ou général et là il concerne tous les actes[603].

C'est ainsi qu'un notaire peut sortir de son rôle d'authentificateur de droit commun, pour accomplir une mission d'ordre privé de mandataire[604].

En principe, le notaire ne devient pas de par sa seule fonction, le mandataire légal des parties. Mais dans la pratique, en dehors et en complément à ses attributions strictement légales, il est souvent investi par ses clients et par l'usage de mandats qui s'incorporent plus ou moins intimement aux actes du ministère notarial[605].

Le mandat reconnu au notaire peut être exprès ou tacite, ce dernier diffère du premier par son mode d'expression de la volonté.
Il ne faut pas confondre ce mandat avec ce que l'on appelle improprement mandat judiciaire qui ne rend pas le notaire mandataire des parties.

Aussi, en cas d'inexistence d'écrit la preuve du mandat incombe à celui qui veut rendre le notaire responsable de cette qualité. En tout état de cause, il n'y aura guère de difficultés si le mandant peut prouver l'existence du mandat grâce à un écrit en bonne et due forme[606].

---

599 Roland de Valkeneer préc. P 189

600 Alain Alain Benabant ; Yves Gaudemet : dictionnaire juridique 2022 P 242

601 Article 1984 à 2010 du code civil

602 Alain Benabant ; Yves Gaudemet préc.

603 Idem

604 Roland de Valkeneer préc. P 78

605 Roland de Valkeneer préc. P 56

606 Idem

2. Le Notaire gérant d'affaires.

C'est une forme d'intervention dans les affaires d'autrui[607], c'est en vrai un quasi-contrat, la gestion d'affaire est l'institution par laquelle une relation se forme lorsqu'une personne accomplit un acte dans l'intérêt d'autrui, sans en avoir été chargée[608].

C'est le cas d'un notaire qui agit dans l'intérêt d'une personne, sans en avoir reçu l'ordre ou mandat de le faire[609]. Et ici, l'intention de vouloir rendre service de la part de ce dernier est manifeste, ainsi que celles de vouloir gérer en conséquence l'affaire d'autrui.

La gestion d'affaires par un notaire se définit comme un quasi-contrat qui repose sur la volonté unilatérale du notaire qui, volontairement et sans mandat, gère une affaire d'une personne sans que celle-ci ne lui en fasse la demande[610].

La gestion d'affaires suppose dans le chef du gérant une intention bienveillante à l'égard du maître, elle ne peut consister en une immixtion intempestive dans les affaires d'autrui et suppose dès lors que pour une raison ou une autre, le maitre soit hors d'état de s'occuper de ses propres intérêts[611].

Aucune loi ni règlement, ni usage n'interdit la gestion d'affaires aux notaires.

Les limites entre les notions de mandat et gestions d'affaires sont tenues d'autant qu'elles peuvent se superposer.

En vrai, c'est à défaut de pouvoir prouver le mandat que l'on se rabat sur la notion de gestion d'affaires[612].

3. Le Notaire expert

Le notaire peut être choisi par les clients ou par le tribunal en qualité d'expert.

Agissant en qualité d'expert, un notaire peut procéder hors de son ressort à l'estimation lors d'un inventaire après décès[613].

Il est également appelé à éclairer les décisions avec précision à cause de ses connaissances, compétences, techniques averties acquises au cours de sa pratique[614].

---

607 Philippe Delebecque ; Frédéric Jérôme Pansier « Droit des obligations-contrat et quasi-contrat » éd Litec 4è, 2007 P 275

608 Idem

609 Ibidem

610 Ibidem

611 Jean Marc Mousseron préc. P 208

612 idem

613 Ibidem

614 Alain Benabant ; Yves Gaudemet préc.

4. Le notaire séquestre

Le notaire peut être désigné comme séquestre volontaire ou judiciaire des biens mobiliers ou immobiliers dans le but de sauvegarder les droits des parties intéressées à leur convention. Dans ce cas, le notaire devra s'abstenir de recevoir les actes relatifs aux biens séquestrés[615].

Lorsque le notaire est désigné par un jugement à la fois pour procéder à l'inventaire des biens et prendre des mesures conservatoires urgentes en qualité de séquestres de ces biens, rend-il ce notaire partie aux actes qu'il reçoit, voire même constitue une disposition en sa faveur[616] ?

Il convient de se rappeler que le notaire sera considéré comme intéressé à l'acte et son intérêt personnel sera mis en jeu[617].

Cependant l'article 1956 du code civil en précise les contours des gardes de choses contentieuses placées dans les mains du notaire séquestre, jusqu'à l'issue du contentieux, pour aussi les remettre à celui auquel elles sont destinées juridiquement[618].

Aussi, le notaire peut également conserver les biens sous séquestre, en l'état pour les besoins d'une enquête ou d'investigations, ou même qui doivent être protégés dans l'attente d'une opération[619].

5. Exécution testamentaire.

Il s'agit d'un mandat sui generis ne produisant ses effets que Post mortem : l'exécuteur testamentaire représente le testateur après sa mort dans le but de veiller à la bonne exécution du testament et au respect de sa volonté[620].

En ce cas, il ne peut recevoir les actes relatifs à la succession aussi la mission de notaire et de mandataire du défunt ne peuvent se cumuler.

En tout état de cause, le notaire porte en lui la sécurité qui est un ensemble de qualités que les sujets du droit peuvent légitimement attendre : « compétence, prévisibilité, accessibilité et stabilité[621] ».

Ces exigences se comprennent sans difficultés : cependant les usagers du droit ne peuvent agir en confiance que s'ils connaissent d'avance les qualités de celui qui va les suivre. C'est tout cela qui a permis en la matière au notaire de se faire choisir comme tiers de confiance pour accompagner avec assurance ceux qui le sollicitent[622].

En définitive, le notaire exécuteur testamentaire a été choisi par le testateur pour son honnêteté, sa compétence, il est appelé à assurer sa

---

615 Roland de Valkeneer préc. P 189

616 Article 45 alinéa 2 du CTPF préc.

617 Roland de Valkeneer préc. P 189

618 Article 1956 du code civil

619 Alain Benabant ; Yves Gaudemet préc.

620 Idem

621 Jeanne de Poulpiquet préc. P 128.

622 Marie-Anne Frison-Roche préc.

mission jusqu'à la fin l'exécution du testament[623], prendre des mesures d'inventaire et de conservation, et même de vente, et ce, conformément aux dispositions de l'article 1025 du code civil[624].

Sous-Chapitre IV

LE NOTARIAT SE FORME AUX NOUVELLES TECHNOLOGIES POUR MIEUX ASSURER SA MISSION DE TIERS DE CONFIANCE

Le notaire s'initie à l'outil de communication qui est un élément de preuve qui va l'aider dans sa tâche de tiers de confiance. La vulgarisation de l'informatisation des registres (RCCM, OHADA) constitue un moyen permettant de renforcer les preuves dont le notaire a besoin[625].

Aussi le développement de réseaux sociaux entre notaires locaux continentaux et mondiaux constitue un moyen d'échange d'information encore plus avantageux pour la profession[626].

L'apport de l'outil informatique à la formation des fichiers liés à la conservation hypothécaire (cas de la France) en est un modèle illustratif de facilitation. Aussi, le notaire se sert de l'outil informatique qui lui facilite l'exercice de sa fonction[627] (section I), il cherche comme ses confrères occidentaux, à jouir des bienfaits de la dématérialisation [628]: la détention d'une signature numérique en tant que tiers certificateur (section II), il attend aussi de bénéficier d'un cadre juridique approprié aux échanges qui doit être inventé par le législateur (section III), son adaptation aux lois sur le notariat (section IV) et au droit de la preuve[629] (section V).

Section I
Le notaire et l'utilisation de l'outil informatique

Le rêve de pouvoir exercer la profession notariale à l'ère de l'informatique et de passer de la machine à taper au clavier et à l'écran n'est plus un mythe. C'est devenu une réalité. Les chambres des notaires des États africains sont aujourd'hui obligées de s'adapter aux nouvelles technologies,[630] car l'utilisation de l'outil informatique est devenue une donnée nouvelle qui s'impose à elles.

Pourquoi faut-il s'adapter ? L'adaptation s'avère nécessaire compte tenu des avantages qui découlent de l'utilisation des nouvelles technologies. Il est aujourd'hui acquis que la technologie permet de réaliser les transactions dématérialisées de façon sécuritaire. Les aspects

---

623 Alain Benabant ; Yves Gaudemet préc.

624 Idem

625 Rapport du congrès des notaires d'Afrique de l'Île Maurice préc.

626 Idem

627 Rapport du notariat français au congrès de l'UINL de Marrakech Maroc 2010

628 Idem

629 Ibidem

630 Rapport du congrès des notaires d'Afrique au congrès de l'Île Maurice préc.

techniques sont loin d'être négligeables mais ne sont pas des obstacles insurmontables[631].

L'adaptation aux nouvelles technologies devient une obligation (paragraphe I) ; car il s'agit d'un outil au service de la profession notariale (paragraphe II).

Paragraphe I
Une obligation d'adaptation du notaire

L'informatique est au centre de toutes les activités du monde des affaires. Le développement de l'outil informatique participe d'une logique : faciliter la réalisation des activités dans le monde. Aucune activité ne peut aujourd'hui vivre en marge de cette réalité incontournable. La profession notariale n'est pas du reste. Il pèse donc sur le notaire une obligation fondamentale : celle de s'adapter à cette nouvelle donne qui, bien maitrisée, lui facilitera l'accomplissement de ses activités[632].

L'obligation de s'adapter s'explique par le fait que les législateurs africains ont admis dans nos systèmes juridiques la dématérialisation des moyens de travail dont se sert le notaire. La preuve électronique a été admise légalement par le législateur UEMOA dans le règlement N° 15/2002/CM/UEMOA relatif aux systèmes de paiement dans les États membres de l'union économique et monétaire ouest africaine (UEMOA)[633] et le législateur OHADA dans l'Acte Uniforme relatif au droit commercial général (AUDCG). En droit uniforme OHADA, on est même allé plus loin par l'informatisation du registre du commerce et du crédit mobilier (RCCM), du fichier national et du fichier régional (article 79 à 100 AUDCG)[634]. Les mêmes textes reconnaissent la validité des documents et des signatures électroniques. Désormais tout est informatisé et tout a une valeur juridique. Au support papier est venu s'ajouter le support immatériel dont le régime juridique est identique. On a une diversité de support et une unité de régime. Ce qui signifie tout simplement que désormais tout peut se faire en matière commerciale par voie électronique[635].

Le notaire par qui tous les contrats d'affaires passent, ne peut pas rester en marge de cette nouvelle dynamique. Les nouvelles technologies lui ont offert un nouvel outil de travail auquel il doit s'adapter s'il veut toujours être compétitif et efficace à la cause qu'il défend[636]. C'est impératif de conduite qui s'impose à sa profession[637].

---

631 Idem

632 Ibidem

633 Règlement N° 15/2002/CM/UEMOA

634 Article 79 à 100 AUDCG

635 Idem

636 Rapport du congrès des notaires d'Afrique au congrès de l'Île Maurice préc.

637 Idem

Paragraphe II

Un outil informatique au service de la profession notariale

L'outil informatique est désormais au service de la cause notariale pour la lui faciliter la tâche. Il lui permet une activité plus efficace à travers une :

- Utilisation et conservation des documents électroniques,
- Utilisation de la voie électronique pour la transmission des documents,
- Publicité et diffusion des informations sous forme électronique[638].

A. Nécessaire mise en place d'un plan d'intégration technologique de la profession notariale par la chambre des notaires dans chaque État africain

L'adoption de l'outil informatique dans la profession notariale ne va pas de soi. Elle doit reposer sur une vue d'ensemble que chaque chambre se doit d'appréhender sous divers angles. Le droit comparé étant devenu l'une des principales sources du droit, l'expérience de la chambre des notaires du Québec en la matière nous sera d'une très grande utilité. Pour ce faire, il faudra mettre en place un plan d'intégration technologique de la profession notariale[639].

1. Mise en place du plan d'intégration

Trois étapes sont nécessaires pour un résultat efficient : une première relative à la mise en place de l'infrastructure, une deuxième relative à l'intégration aux opérations courantes et une troisième relative à l'ouverture au commerce économique[640].

2. Mise en place de l'infrastructure

« La phase I consiste à mettre en place l'infrastructure technologique nécessaire (réseau, matériels, logiciels, application et création d'un centre de certification) pour que l'ensemble des notaires du continent africain soient en mesure d'échanger des documents informatisés et d'accéder à de l'information stratégique, à travers un réseau informatique les reliant à la grandeur du Québec »[641].

3. Intégration aux opérations courantes

« Cette phase d'intégration technologique vise à informatiser les échanges d'information et de documents entre les notaires et leurs principaux partenaires d'affaires, tels les institutions financières, les

---

638 Article 79 à 100 AUDCG

639 La gestion des opérations de l'infrastructure à clés publiques de la chambre des notaires du Québec

640 Article 79 à 100 AUDCG

641 La gestion des opérations de l'infrastructure à clés publiques de la chambre des notaires du Québec

courtiers d'assurance, les municipalités, les commissions scolaires, les courtiers en immeubles et bien sûr les dépositaires des registres publics [642]».

4. Ouverture au commerce électronique

« Cette phase du plan d'intégration consiste à offrir au public de recourir aux services professionnels des notaires pour sécuriser leurs transactions juridiques et financières sur l'autoroute de l'information (...). Elle vise à mettre les fonctions de conseiller juridique, d'officier public et de fiduciaire de notaire à la disposition du public pour la conclusion de transactions sur l'autoroute de l'information et de l'État dans ses relations avec les citoyens[643] ». La réalisation de ce plan d'intégration des nouvelles technologies à la pratique notariale repose en grande partie sur une technologie d'encryptage asymétrique qui permet de sécuriser les transactions électroniques et d'en assurer la confidentialité. Dans le cadre de son plan d'intégration, la chambre des notaires de chaque État prévoit l'implantation de l'infrastructure à clés publiques en deux phases[644].

B. Implantation de l'infrastructure à clés publiques

- Phase I

Mise sur pied de l'infrastructure nécessaire pour sécuriser les transactions électroniques entre : les notaires et la chambre des notaires, les notaires et leurs partenaires d'affaires. À ce stade, les notaires sont détenteurs et utilisateurs d'une signature numérique. Ils n'agissent pas à titre d'autorité de certification locale (ACL)[645].

- Phase II

Mise sur pied de l'infrastructure nécessaire afin que les notaires puissent agir à titre d'ACL et émettre des signatures numériques au grand public.

Pour mettre en œuvre la phase I du projet, il faut se doter d'une politique de certification. Ce qui implique la création d'un organe de certification auquel devrait être confié cette mission de certification. À l'instar de ce qui se passe au Québec[646], on pourrait créer une division technologique qui sera chargée de la gestion de la certification tandis que les fonctions de certification des notaires sont assumées par le secrétaire de l'ordre et ses adjoints[647].

642 Idem

643 Ibidem

644 Article 79 à 100 AUDCG

645 ACL

646 " La gestion des opérations de l'infrastructure à clés publiques " de la chambre des notaires du Québec

647 Idem

Paragraphe III

Le notaire détenteur d'une signature numérique et tiers certificateur

La sécurité des transactions électroniques repose en grande partie sur la signature numérique qui permet d'identifier le cocontractant. Ce mode de signature est valide légalement et est admis comme moyen de preuve[648].

Cependant au Canada, on peut constater que depuis 1998, le notaire québécois peut obtenir une signature numérique et l'utiliser pour certaines de ses fonctions dans les limites prévues par la loi. Pour ce faire, il doit en faire la demande au secrétaire de l'ordre qui la lui attribue après avoir convenu de certaines modalités contractuellement. Ceci présuppose que le notaire détient les équipements informatiques adéquats, qu'il est abonné à l'inforoute notariale et qu'il a acquitté les frais qui sont minimes[649].

Le contrat conclu entre la chambre des notaires et le notaire met à la charge de ce dernier de fournir et d'installer tous les équipements et les liens de télécommunications requis ainsi que leur mise à jour ultérieure. Le notaire s'engage notamment :

1) À ne jamais divulguer, à qui que ce soit, son mot de passe et son code de vérification sous peine de révocation et de sanctions disciplinaires ;

2) À respecter les politiques de certification et les énoncés de pratique adoptés par la chambre des notaires ;

3) À aviser sans délai la chambre lorsque sa signature est compromise, notamment en cas de vol de son poste de travail ou de divulgation involontaire de son mot de passe[650].

Il autorise de plus, irrévocablement, la chambre des notaires à révoquer sa signature numérique en tout temps. Cette procédure s'avère nécessaire si un changement de statut professionnel survient ou si un gardien provisoire du greffe est nommé. Les clés d'encodage et de signature sont accordées pour une période de deux ans et peuvent être renouvelés moyennant les frais qui seront alors exigibles[651].

Ainsi au Québec on peut tirer un enseignement utile par rapport à cette nouvelle procédure. En effet, la signature numérique permet actuellement au notaire québécois :

a- D'échanger par courrier électronique, de façon confidentielle, des documents avec ses confrères reliés au réseau tel un projet d'acte ;

b- De transmettre électroniquement à la chambre des notaires ses rapports aux registres des testaments et des mandats d'inaptitude;

---

648 Ibidem

649 " La gestion des opérations de l'infrastructure à clés publiques " de la chambre des notaires du Québec

650 Idem

651 Ibidem

c- D'agir comme tiers certificateur pour le registre des droits personnels et réels mobiliers.

Cette logique de fonctionnement interpelle les notaires africains et les obligent à l'adapter aux nouvelles technologies de l'information, mondialisation des affaires oblige. Elle met en évidence les avantages que l'adoption de l'outil informatique peut procurer aux notaires. Elle peut accroitre la confiance que l'État a envers les notaires et accroitre les services qu'il peut être appelé à demander aux notaires[652].

À titre d'exemple, pour prendre l'exemple du Québec, depuis juillet 1999, le gouvernement du Québec a opté pour les services des notaires afin de s'assurer de l'identité des personnes voulant obtenir une signature numérique pour procéder à la publicité des droits personnels et réels mobiliers[653]. Il s'agit là de la première institution québécoise ou canadienne à recourir aux services d'un professionnel pour agir à titre d'agent vérificateur d'identité (AVI)[654].

On peut supposer que le législateur aura recours à la même procédure et souhaiter qu'il retienne les services des notaires comme tiers certificateur pour sécuriser les transactions électroniques sur d'autres registres publics tel le registre foncier[655].

En quoi consiste le rôle du notaire ? Une personne veut transiger électroniquement avec le registre des droits personnels et réels mobiliers (ci-après nommé RDPRM).

Pour ce faire, il lui faut une signature numérique qui est émise par le RDPRM Avant d'émettre cette signature, le RDPRM veut s'assurer de l'identité de son client. Le notaire agit comme tiers certificateur d'identité. Il reçoit ce client à son bureau, lequel doit présenter des pièces d'identité et dresse un procès-verbal, attestant de l'identité de ce dernier, par acte notarié en minute[656].

Le notaire conserve le format papier de la minute dans son greffe et transmet les renseignements recueillis et les faits attestés par voie électronique au RDPRM. Pour signer et chiffrer cet envoi, le notaire utilise sa signature électronique qui lui a été émise par le secrétaire de la chambre. Sur réception de ces informations, le RDPRM émet une signature numérique à son client qui pourra l'utiliser pour publier des réquisitions d'inscription à distance par voie électronique, notamment les hypothèques mobilières, l'avis de contrat de mariage, la renonciation aux acquêts, le crédit-bail[657].

---

652 Idem

653 Ibidem

654 Ibidem

655 Article 79 à 100 AUDCG

656 " La gestion des opérations de l'infrastructure à clés publiques " de la chambre des notaires du Québec

657 Idem

Section II

Le cadre juridique de l'échange de documents notariés informatisés : étapes juridiques

À cet égard, deux étapes sont incontournables : la mise en œuvre de la réforme de la loi sur le notariat et la réécriture des textes de lois portant sur la preuve de l'acte dématérialisé[658].

Section III

L'adaptation de la loi sur le notariat aux réalités nouvelles

Contrairement à d'autres intervenants dans le commerce électronique, le notaire confère l'authenticité aux actes qu'ils rédigent. Pour ce faire, les actes doivent revêtir les caractéristiques prescrites par la loi sur le notariat. Cette dernière devait donc s'adapter aux nouvelles technologies et être actualisée[659].

La modification de la loi sur le notariat était une étape incontournable afin de permettre aux notaires de passer à l'ère de l'acte authentique électronique. À l'instar de ce qui se passe ailleurs, il faut procéder à l'adaptation de la loi notariale africaine aux nouvelles réalités technologiques. Ainsi au Canada, l'assemblée nationale a adopté un projet de réforme de la loi sur le notariat. Ainsi, le principe de l'acte authentique électronique est acquis, reste à venir la réglementation pour le mettre en œuvre[660].

Les principales dispositions de la loi relatives aux nouvelles technologies sont les suivantes :

- La signature officielle du notaire est également numérique. Elle est attribuée par le secrétaire de l'ordre (article 21) ;
- L'acte en minute ou en brevet et leurs annexes peuvent être reçus et conservés sur tout support dont un support informatique (articles 34, 38 et 56) ;
- Les copies ou extraits d'actes reçus sur un support autre que le papier, peuvent être délivrés sur tout support qui permet d'en assurer l'intégrité (article 84) [661] ;

Au chapitre de l'exercice de la profession, le projet reconnaît expressément que le notaire peut attester l'identité, la qualité ou la capacité d'une personne pour accomplir ou passer un acte juridique autre qu'un acte notarié et qu'il peut en dresser un certificat par acte notarié (article 16)[662] ;

- La signature de toute partie à un acte notarié peut être reçue par un notaire habilité à exercer dans un État dont l'ordre professionnel est

658 Ibidem

659 Rapport du congrès des notaires d'Afrique au congrès de l'Île Maurice préc.

660 " La gestion des opérations de l'infrastructure à clés publiques " de la chambre des notaires du Québec

661 Idem

662 Ibidem

membre de l'union internationale du notariat latin pourvu que cette signature soit reçue dans les limites territoriales de l'État dans lequel ce notaire exerce ses fonctions (article 49). Ainsi, un notaire étranger peut agir à titre de notaire délégué[663].

La loi à son article 96 attribue au bureau le pouvoir d'édicter des règlements en ce qui a trait à l'émission et à la révocation de la signature numérique d'un notaire ainsi qu'aux normes relatives à la forme, à la nature et à la qualité du support des actes notariés, des copies, des extraits et des annexes[664].

Lorsqu'il s'agit de normes applicables aux actes notariés électroniques, les modalités restent toutefois sous contrôle gouvernemental. Exceptionnellement, ces règlements doivent être préalablement soumis au gouvernement pour approbation. Le règlement sera approuvé avec ou sans modification sur recommandation du ministre de la Justice après consultation de l'office des professions[665].

Section IV

L'adaptation du droit de la preuve

Sur ce point, on peut dire qu'il y a eu une avancée considérable au plan régional. Le droit communautaire UEMOA[666] tout comme le droit uniforme OHADA ont consacré légalement la reconnaissance de la preuve électronique dans tous les États membres. Sur ce point il faudra se référer à ce qui a été développé sur « l'écrit électronique »[667].

663 " La gestion des opérations de l'infrastructure à clés publiques " de la chambre des notaires du Québec

664 Idem

665 Ibidem

666 Règlement N° 15/2002/CM/UEMOA

667 Article 79 à 100 AUDCG

Chapitre II

SÉCURITÉ JURIDIQUE ET RÉGULATION DU MARCHÉ DE L'IMMOBILIER

Afin de réaliser sa mission et ainsi garantir à l'acte de vente d'immeuble une sécurité juridique sans faille, le notaire, officier public, est appelé à accompagner dans un premier temps le titrement de la propriété immobilière, ce qui amène les parties à détenir un titre de propriété reconnu de tous[668], d'où sa mission de garantir aux côtés des pouvoirs publics, la sécurité aux actes translatifs de propriété[669].

En Afrique, son rôle est grand même quelque peu mitigé, bien qu'il garantisse quand on lui fait appel, la sécurité juridique des actes qu'il établit. Il joue ainsi un rôle prépondérant, en sécurité des actes translatifs de droit immobilier[670].

Ses divers contrôles permettent d'éviter les contentieux futurs, et tendent à rassurer. Ils contribuent ainsi à garantir les droits des parties sur le marché[671].

Cependant, une enquête de l'union internationale du notariat latin (UNIL) a démontré que dans les dix-neuf (19) pays africains membres de l'union, que « l'écrit et surtout l'acte authentique » sont requis pour la validité et l'inscription des transmissions, et changements des propriétés et des droits immobiliers[672].

Aussi, le marché immobilier bien qu'existant, est composé de produits à vendre, terrains urbains, ruraux, bâtis et non bâtis, s'échangent par l'entremise des cabinets d'agents immobiliers formels et informels, des démarcheurs, et de particuliers à particuliers[673].

Aussi, ce marché est vraiment une place de transactions de gré à gré où des propriétaires vendeurs et acheteurs échangent en effet des biens immobiliers contre de l'argent[674].

Sur ce marché africain tant atomisé, l'influence du notaire est véritable, car l'acte notarié exerce sur ce dernier et les fichiers publics une influence positive considérable[675], il s'agit de la validité de l'inscription des actes de transmissions et changement de propriété et des droits réels sur les biens immobiliers, et de la fiabilité des registres publics[676].

Cependant dans la plupart des pays africains, comme au Togo le législateur a désormais remis le notaire au centre du jeu immobilier, dans

668 Abdoulaye Harissou : « La terre, un droit humain », éd. Dunod 2011, P25

669 Idem

670 Rapport de l'union internationale à l'assemblé générale de Budapest par la Hongrie sur la pratique foncière en Afrique 2011

671 Idem

672 Ibidem

673 Idem

674 Abdoulaye Harissou : « La terre, un droit humain », préc. P. 34

675 Rapport de l'union internationale à l'assemblé générale de Budapest par la Hongrie sur la pratique foncière en Afrique 2011

676 Article 631 du code foncier et domanial du Togo 2018

le seul et unique but de renforcer la sécurité juridique sur le marché immobilier[677].

Car pendant de si longues années, l'Afrique occidentale française a connu une législation foncière tel que le décret du 24 Juillet 1906. Mais compte tenu des difficultés de tous ordres rencontrées, il devenait impérieux pour chaque pays de réaliser une réforme foncière et domaniale[678].

Et au Togo, le législateur a entendu par une loi n° 2018 005 en date du 14 juin 2018 mettre en place un arsenal juridique plus performant, qui remet au centre de la chose foncière un acteur principal jusqu'à présent oublié dans notre pays[679].

Le notaire tiers de confiance, de par son statut d'officier public d'authentificateur de droit commun tant pour le privé que pour l'État, est remis au centre du foncier[680].

Ainsi, désormais, ce notaire fait partie des acteurs principaux qui opèrent dans le domaine foncier en Afrique et au Togo[681].

Cependant, l'enjeu de la profession notariale est alors de garantir la confiance aux regards des opérateurs du marché foncier, qui sont en droit d'obtenir un service efficace et sûr[682], raison pour laquelle son nom est cité dix-sept fois dans le nouveau code foncier pour accompagner les opérateurs et authentifier tous les actes immobiliers[683].

Il apparait ainsi que sa mission d'authentificateur d'acte devient immense, et cette immensité d'actions s'accompagne d'une immensité de responsabilités, ainsi, ce sont les responsabilités en plein, et les responsabilités en creux du notaire[684].

En outre, en assurant ainsi une certaine sécurité juridique aux actes translatifs de biens immobiliers (section I), par ses divers contrôles, il intervient comme régulateur auprès des parties (section II), en tant qu'un tiers de confiance[685]. Au demeurant, en tant que détenteur d'importantes informations sur le marché immobilier, il y mène différentes investigations (section III) ; en jouant ainsi un rôle accru sur le marché foncier togolais, sa responsabilité sera pleinement engagée (section IV).

---

677 Idem

678 Décret du 24 juillet 1906 applicable en Afrique de l'ouest sur le droit foncier

679 Article 1631 du code foncier et domanial du Togo 2018

680 Idem

681 Ibidem

682 Marie-Anne Frison-Roche préc.

683 Article 1631 du code foncier et domanial du Togo 2018

684 Idem

685 Marie-Anne Frison-Roche préc.

Section I

L'acte notarié moyen de sécurisation des actes translatifs de droit de propriété immobilière

Le notaire assure ainsi une sécurité juridique par ses divers contrôles et vérifie la conformité des contrats aux textes en vigueur. Généraliste du droit, il doit faire preuve d'impartialité dans l'élaboration de l'acte qui est un moyen de sécurisation des actes translatifs de droit[686]. Cet acte garantit une valeur économique certaine qui assure la sécurité des investissements à partir des investigations préalablement effectuées par son ministère sur le marché immobilier[687].

La rigueur et la transparence de l'acte authentique permettent dans la vision globale du notaire et à long terme de respecter les équilibres entre les parties au contrat d'affaires, ou même les équilibres dans les familles, et ainsi les conflits sont prévenus[688].

Ce sont les raisons principales de sécurité et d'équilibres qui poussent aujourd'hui les chefs d'entreprise et les juristes d'entreprise à recourir à l'acte authentique comme moyen de sécurisation juridique des relations d'affaires[689].
Aussi dans ce monde troublé qui est le nôtre, il est à rappeler que l'acte authentique répond à trois préoccupations fondamentales, la transparence(A), la sécurité (B), l'efficacité (C).

A. La transparence

Le besoin de transparence est devenu une nécessité pour le monde économique, et il faut le rappeler à juste titre, car les affaires qui sont l'aboutissement paroxystique des pratiques juridiques et financières trop souvent approximatives, sont celles qui manquent de rigueur et de transparences[690]. Nous pouvons affirmer qu'à la transparence et à la rigueur correspondent la crédibilité et la sécurité, l'inverse est également vrai, et les entreprises en matière d'investissement le constatent elles-mêmes à leurs dépens. Le notaire, officier public, et l'acte notarié, alliant transparence et rigueur sont de nature à donner aux contrats translatifs de droit de propriété immobilière, la crédibilité et la sécurité qu'ils recherchent[691].

Lorsque une entreprise produit un dossier à l'étranger contenant des statuts, des procès-verbaux, des contrats sous forme notariée elle est immédiatement mieux perçue par ses interlocuteurs qui ont la même pratique, et qui en connaissent les exigences et les avantages des actes notariés[692].

686 Abdoulaye Harissou : " La terre, un droit humain ", éd. Dunod 2011, P25

687 Idem

688 Cécile Biguenet-Maurel, préc. P188

689 Idem

690 Roland de Valkeneer préc.

691 Jeanne de Poulpiquet préc. P 108

692 Idem

Il est à rappeler que la présence du notariat dans tous les pays francophones d'Afrique est un facteur de développement des échanges internationaux et d'harmonisation des pratiques juridiques au sein de la zone OHADA, et contribue ainsi à en apporter une certaine garantie[693].

B. La sécurité

Elle découle des conditions de rédaction de l'acte authentique et des caractéristiques propres à l'authenticité.
Aussi la date certaine permet-elle de garantir sans formalisme ni coût excessif, l'antériorité d'une invention, d'une idée, d'un procédé, ou d'un accord d'affaires, d'un acte de prêt hypothécaire. Il faut aussi rappeler en la matière que le contentieux naissant à partir des actes authentiques ne concerne qu'un nombre nettement infime d'actes[694].

Aussi rappelons-nous que pour confirmer cette exigence de sécurité que comporte l'acte authentique, l'Union Internationale du notariat latin, en a proposé une telle définition de l'authenticité : c'est la fides publica, la foi publique -le fondement de l'authenticité réside incontestablement dans la foi publique[695].

C'est dans l'optique de vulgarisation de l'acte authentique, porteur de sécurité dans les échanges internationaux, que les pays de culture civiliste et de droit latin, accentuent une politique destinée à la reconnaissance mutuelle des actes établis dans leurs différents pays ; Cela assure ainsi une certaine efficacité aux actes d'investissement sur le marché[696].

C. L'efficacité

Si les entreprises qui investissent de par le monde ont aujourd'hui besoin de transparence et de sécurité, elles ne peuvent pas les procurer au détriment de l'efficacité, gage de leur compétitivité. Le mode d'élaboration de l'acte authentique lui-même est moins contraignant, et même l'utilisation des mandats et autres documents établis ou vérifiés par le notaire permet d'alléger les contraintes de lieu et de temps qui peuvent causer tant de torts aux opérateurs[697].

Aussi la maîtrise de la pratique du monde immobilier par les notaires leur permet d'être rodés aux procédures des investissements immobiliers dans le sens de l'efficacité, sans en préjudicier en rien à la qualité des actes[698].

Il y a lieu aujourd'hui en tenant compte de tous les avantages liés aux actes authentiques, de vanter leur valeur auprès des investisseurs[699].

---

693 Didier Nourrissat « Le titrement en Afrique » préc.

694 Marie-Anne Frison-Roche préc.

695 Définition de l'UINL préc.

696 Roland de Valkeneer préc.

697 Idem

698 Jeanne de Poulpiquet préc.

699 Cécile Biguenet-Maurel préc. P 89

Section II

L'acte notarié garant de la valeur économique au service de la sécurité des investissements

L'acte notarié est un acte authentique qui assure au client une certaine valeur économique, elle constitue une sûreté tangible pour le client (paragraphe 1), cet acte assure également une sécurité véritable aux actes de transactions immobilières, et aux investissements qui les accompagnent (paragraphe 2)[700].

Paragraphe 1

L'acte authentique notarié constitue une valeur économique sûre.

L'acte authentique notarié comme nous l'avons défini plus haut, est un écrit établi par un notaire, officier public et professionnel en la matière, conseil impartial des parties, et garant de la fiabilité du système juridique dans son pays[701].

De ce fait, la valeur économique de l'acte notarié entre les parties et la fiabilité du système juridico économique ne font plus de doute.

L'acte notarié assure la conformité à la loi et la transparence qui créent la confiance entre les parties s'exprimant librement et sans ambiguïté[702], les parties s'engagent à s'exécuter loyalement comme l'indique l'article 1134 du code civil français[703].

Cette confiance mutuelle entre les parties et résultant de l'acte notarié, constitue un gain de temps et une économie d'énergie évitant des procès qui engendrent inutilement des coûts excessifs[704] sur le marché foncier et immobilier au Togo.

L'acte notarié crée par voie de conséquence la paix sociale gage pour les investissements. Raison pour laquelle, le nouveau code foncier togolais du 14 juin 2018 ; en son article 163-1 a précisé que : « doivent être constatés par acte notarié : tous faits, conventions ou sentences ayant pour effet de constituer, transmettre, déclarer, modifier, ou éteindre un droit réel immobilier, d'en changer le titulaire ou les conditions d'existences » ; ainsi, en toutes ces situations, les parties ne peuvent que s'adresser à un notaire[705].

Cependant, en tant que preuve privilégiée dans les jugements, instrument de fiabilité des registres publics et en tant que titre exécutoire, l'acte authentique assure non seulement la valeur économique entre les parties

---

700 Marie-Anne Frison-Roche préc.

701 Jeanne de Poulpiquet préc.

702 Idem

703 article 1134 du code civil français

704 Jeanne de Poulpiquet préc. P 58

705 Nouveau code foncier togolais du 14 juin 2018 ; en son article 163-1

mais également constitue un instrument de fiabilité du système juridique et économique dans un pays[706].

Dans ce contexte, l'acte notarié est un instrument de preuve dans les jugements, et de prévention des conflits ; il joue un rôle médiateur ou de balancier entre libéralisation et sécurité juridique. tout cela procède d'ailleurs de la « civil law » qui exige pour tout acte une sécurité juridique comme base, par opposition à la « common law » qui n'exige pour tout autre acte que la célérité qui n'est pas forcément synonyme de sécurité juridique[707].

L'acte notarié garantit ainsi la valeur économique et par voie de conséquences la sécurité des investissements. Cependant le contrat entre les parties est assuré par la confiance créée à travers l'acte notarié. Cette confiance[708] les contraint à exécuter loyalement les engagements pris conformément aux dispositions de l'article 1134 du code civil[709].

Le respect de tout le processus rédactionnel en passant par l'identité des parties, leur capacité à contracter, les formalités administratives et les bons soins apportés par le notaire à l'acte, constitue une sécurité véritable pour les investissements.

Grâce à la fiabilité des registres publics qui en résulte et sa force exécutoire, l'acte notarié est non seulement un instrument de garantie et de sécurité dans les investissements mais aussi un instrument de soutien du développement économique en raison également de la transparence et de la paix sociale qu'il instaure[710].

Paragraphe 2

L'acte authentique notarié assure la sécurité des investissements immobiliers

Il faut retenir ici que l'acte authentique, en disposant de la force probante, est un élément de preuve intemporel de l'existence de droits ou de contraintes. Ce caractère perpétuel impose une conservation strictement réglementée afin que cet acte puisse produire ses effets à tout moment[711].

La conservation constitue donc une mesure de sécurité que le notaire assure à l'acte authentique, et le principe général de la conservation est à cet effet prévu par la loi 2001 portant statut des notaires au Togo qui dispose que le notaire reçoit les actes « pour en conserver le dépôt [712]».

Le législateur togolais prévoit ainsi que le délai pendant lequel le notaire en tant qu'officier public et ministériel assure la conservation de ses minutes et répertoires avant versement dans un dépôt d'archives

706 Idem

707 Jeanne de Poulpiquet préc. P 58

708 Marie-Anne Frison-Roche préc.

709 L'Article 1134 du Code Civil

710 Jeanne de Poulpiquet préc. P 95

711 Idem

712 Loi du 16 novembre 2001 portant statut des notaires au Togo

relevant d'un service étatique, est de cent (100) ans. Et faut-il le souligner, le notaire est le professionnel, tous secteurs confondus, dont l'obligation de conservation en son étude de l'ensemble des actes reçus avant versement aux archives de l'État est la plus longue[713].

Cette obligation, loin de constituer une mission annexe de la profession, représente un élément essentiel. En effet, la paix sociale que favorise l'intervention du notaire implique que les administrés puissent en tout temps obtenir la preuve de leurs obligations et de leurs droits résultant des engagements pris par-devant le notaire[714]. Ainsi, une servitude de passage résultant d'un acte du début du siècle trouvera à s'appliquer d'autant plus que la preuve en sera rendue possible par la production de l'acte notarié l'ayant mise en place.

De la même façon, deux époux mariés sous un régime matrimonial particulier suite à la signature d'un contrat de mariage préalablement à leur union auront un besoin essentiel de pouvoir disposer de ce document lors de la signature de leur régime pouvant intervenir plus de 50 ans après[715].

Par ailleurs comme le rappelle le Professeur Aynes, « le crédit est indispensable à l'économie moderne à tous les stades : de la recherche à la production et à la consommation. Or il n'y a pas de crédit sans sûretés. Les sûretés sont indispensables au crédit, et ceci de trois manières au moins[716] :

- D'abord, elles assurent au créancier qu'il sera payé en cas de défaillance du débiteur par un procédé juridique alternatif.

- Ensuite, elles permettent au prêteur de se refinancer en transmettant sa créance soit à un autre banquier (crédit interbancaire), soit à un fonds qui lève de l'argent auprès du public, notamment en titrisant la créance de prêt ; or seules les créances garanties par une sûreté peuvent être titrisées et circuler sur le marché correctement.

- Enfin l'existence de sûretés garantissant les crédits est prise en considération pour apprécier les risques des banques, et par conséquent leur valeur mobilière ».

C'est dire combien la qualité de la garantie sur laquelle est adossé le prêt revêt une importance toute particulière et constitue la base des systèmes financiers et bancaires[717]. Au Togo, l'intervention du notaire permet d'écarter les risques d'insolvabilité puisqu'il lui revient la mission non seulement de garantir la validité de la sûreté immobilière, mais également la valeur suffisante de celle-ci ainsi que l'adaptation du crédit aux capacités respectives des parties[718].

Ainsi, le notaire ne doit et ne peut pas se substituer au banquier pour juger de la faisabilité de l'opération, mais il se doit d'agir selon son devoir

---

713 Idem

714 Jeanne de Poulpiquet préc. P 89

715 Ibidem

716 Laurent Aynes cité dans le rapport de Marrakech 2010 préc.

717 Idem

718 Contrat de prêt reçu par maitre Gadegbeku Kokou Prosper ; Notaire à Lomé.

de conseil s'assurant notamment que l'emprunteur a une parfaite connaissance de la portée de son engagement[719].

Ce contrôle de l'adéquation de la garantie avec le montant du prêt s'ajoute bien évidemment à la mission plus traditionnelle du notaire qui est celle d'assurer l'effectivité de ses actes et donc de la prise de garantie. Les vérifications préalables que doit effectuer le notaire avant de régulariser un acte de prêt avec garantie hypothécaire sont les suivantes[720] :

- Vérification de la qualité de l'emprunteur et notamment de la validité de ses droits de propriété sur les biens donnés en garantie. L'origine de propriété est alors contrôlée en remontant sur les trente dernières années ; au-delà, la prescription trouve à s'appliquer.

- Recherches détaillées afin de s'assurer de l'absence d'autres créanciers inscrits[721].

Une fois l'acte signé le notaire par son intervention s'assure de la prise de garantie et de son inscription au fichier hypothécaire. La sûreté réelle produit alors son plein effet et confère au créancier la garantie souhaitée[722].

Ainsi une garantie ne pourra être valablement constituée que pour autant que le propriétaire bénéficiera d'un droit de propriété clair et inattaquable, dont la preuve pourra être apportée sans contestation possible. Cette démarche qui consiste à délivrer des titres de propriété sécurisés s'appelle « le titrement, c'est l'action par laquelle un propriétaire voit l'appropriation qu'il a faite d'un bien être confortée par un titre de propriété [723]».

La construction du système foncier nous amène ainsi finalement aux grands principes qui fondent la richesse de tout pays, à savoir la propriété du sol. Ce droit qui constitue la base de tout développement économique ne supporte aucune approximation. Le droit de propriété doit être indiscutable et inattaquable afin de créer un outil d'investissement fiable. C'est à cette condition qu'il pourra être adossé à une créance dont le montant devra toujours être en rapport avec la valeur économique[724].

Il appartient donc à chaque pays qui souhaite créer de la richesse en se fondant sur des biens immobiliers, de mettre en place un système foncier performant et stable[725].

719 Cécile Biguenet Maurel préc. P 112.

720 Idem

721 Idem

722 Ibidem

723 Didier Nourrissat : « Le Titrement » préc.

724 Abdoulaye Harissou : " La terre, un droit humain ", Ed. Dunod 2011, préc. P 89

725 Ibidem

Section III

Le notaire détenteur d'informations et investigateur sur le marché immobilier

Par ses différentes informations qu'il recueille après un certain nombre de recherches, le notaire pourra informer les parties du résultat et des conséquences dans le cadre de son devoir de conseil.

De par sa profession, le notaire est un expert immobilier qui connait l'évaluation des immeubles par rapport à leur situation dans chaque quartier, et est en mesure d'informer les parties[726] ; l'exigence du titrement comme moyen d'accès à la propriété immobilière, appelle donc le notaire dans son rôle de régulateur, à intervenir auprès des parties. C'est à partir de là qu'il y joue un rôle prépondérant, qui tend à rassurer lors de la confrontation des offres et des demandes, où le prix y est dit avec sincérité. Ce n'est qu'à partir de là que son rôle de régulateur y est très fortement ressenti[727].

La profession notariale met à la charge du notaire la recherche d'informations préalables pouvant l'amener à servir efficacement de conseil pour les clients dans le domaine foncier et de l'urbanisme[728].

L'importance des investigations préalables à effectuer par le notaire est d'autant plus avérée que le notaire aura à collecter des informations pour les délivrer aux parties à l'acte de vente[729].

Au sujet des installations classées, le notaire est tenu dans sa profession d'amener le vendeur à informer expressément l'acquéreur de sa connaissance éventuelle d'une telle installation sur le terrain, y compris antérieurement à l'acte. Par installation classée, il faut entendre les usines, les ateliers, les dépôts, les chantiers et d'une manière générale les installations exploitées ou détenues par toute personne physique ou morale publique ou privée, qui peuvent présenter des dangers soit pour la commodité du voisinage, soit pour l'agriculture, soit pour la conservation des sites et des monuments, ainsi que les éléments du patrimoine archéologique[730].

Dans le domaine des installations classées ou d'éventuelle pollution du bien devant faire l'objet d'une cession, le notaire doit, au-delà d'une simple déclaration du vendeur sur une éventuelle pollution, se transformer en enquêteur et effectuer un certain nombre de recherches afin délivrer à l'acquéreur une information fiable[731].

Ces recherches qui doivent être faites par le notaire sont d'une importance capitale, surtout dans les domaines relevant de la vente

---

726 Didier Nourissat « Le titrement » au congrès IDEF 2008 à Lomé

727 Marie-Anne Frison-Roche Préc

728 Didier Nourissat « Le titrement » au congrès IDEF 2008 à Lomé, préc.

729 Abdoulaye Harissou : "La terre, un droit humain", Ed. DUNOD 2011, préc.

730 Jeanne de Poulpiquet préc. P 118

731 Roland de Valkeneer préc. P 226

d'immeubles industriels, ou commerciaux, des bureaux, aussi bien en ce qui concerne l'immeuble lui-même, que son environnement immédiat[732].

Le notaire pourra interroger les mairies sur des projets concernant l'environnement futur. Cette démarche doit permettre dans une certaine mesure, d'assurer à l'acquéreur que son environnement n'évoluera pas dans un court terme susceptible de remettre en cause l'exercice de son activité[733].

Il pourra aussi en tant que tiers de confiance fournir à l'acquéreur quelques documents qu'il aura pu collecter à l'occasion d'une vente complexe d'un immeuble agricole, industriel, commercial, de bureaux ou d'un terrain à bâtir[734].

Il est constant dans la pratique notariale que le notaire doit à sa clientèle sa conscience professionnelle, ses égards, l'équité, la probité, l'information la plus complète, et doit choisir les moyens les plus appropriés pour parvenir au résultat légal désiré[735].

Le notaire est donc un professionnel du droit, dont la formation et les connaissances juridiques doivent lui permettre de mettre à la disposition de ses clients des informations complètes et sûres dans le souci de les informer du contenu de l'acte qui doit être régularisé, et des conséquences qui en découlent[736].

Cela implique de bien cerner et de bien définir les attentes du client pour confirmer l'opportunité de cet acte et parvenir au résultat escompté au moyen d'un acte juridiquement irréprochable.

En ce qui concerne le bénéficiaire de ce devoir de conseil, il est admis dans la pratique notariale que le notaire n'est tenu d'un devoir de conseil qu'envers ses clients, après avoir naturellement recherché et rassemblé les informations pouvant servir utilement les clients dans leur quête d'acquisition de bien foncier[737].

Il ne convient toutefois pas de procéder à une distinction entre les clients car tous ont droit au même degré de protection de la part du notaire[738].
Dans un contexte économique relativement délicat, il est opportun de s'interroger sur les chances d'acquisition de biens fonciers qui s'offrent aux potentiels acquéreurs, de même que les dangers de toutes sortes auxquels ils s'exposent dans leur quête parfois précipitée d'immeuble, qu'il soit bâti ou non.

Dans les pays développés, le marché immobilier connait une structuration acceptable, voire enviable du fait que leurs législateurs ont

---

732 Idem

733 Ibidem

734 Marie-Anne Frison-Roche préc.

735 Cécile Biguenet-Maurel thèse préc. P 216

736 Idem

737 Ibidem

738 Jeanne de Poulpiquet préc. P 112

très tôt mis en place dans l'optique de la satisfaction de l'intérêt général, des dispositions devant permettre aux futurs acquéreurs de sécuriser leurs investissements à chacune des étapes d'acquisition de biens immobiliers[739].

Au Togo, force est de constater que ce marché immobilier devant mettre en exergue les réseaux immobiliers assurant la promotion des produits immobiliers, est au stade embryonnaire, d'où l'impérieux devoir pour les notaires est d'attirer l'attention du législateur pour instaurer les normes légales pouvant insuffler un dynamisme certain à ce secteur, et la nouvelle loi de 2018 a tenté d'y amorcer une timide avancée[740].

Ainsi le législateur y parviendra à travers la vulgarisation de l'acte de titrement d'immeuble qui non seulement consolide indéniablement le droit de propriété de l'acquéreur, mais aussi et surtout constitue pour lui un gage probant, pouvant faciliter l'obtention de prêts auprès des établissements financiers, en vue de soutenir et de renforcer d'autres activités économiques[741].

En participant ainsi à cette grande entreprise par les actes qu'il délivre sur le marché immobilier, les recherches qu'il y effectue en faveur de tous les acteurs, le notaire assure ainsi une sécurité des transactions qui s'y déroulent, il contribue incontestablement à la régulation du marché immobilier qui manifestement au Togo est en voie d'évolution[742]. Et ainsi, il y joue un rôle prépondérant, dans le cas d'une défaillance constatée, et venant de lui, sa responsabilité sera incontestablement engagée.

<u>Section</u> IV

Le rôle et la responsabilité du notaire dans le nouveau code foncier togolais

En toute réalité, le rôle du notaire en faveur de la sécurité foncière est prépondérant dans le nouveau code foncier et domanial du Togo du 14 juin 2018[743]. Ce code a aussi remis au centre du jeu foncier un acteur principal longtemps oublié[744]. Il n'est de secret pour personne que le notaire est et restera au cœur des questions d'ordre foncier[745] .

Il est devenu le maître d'œuvre du titre foncier[746], spécialiste de la sécurité foncière[747].

739 Didier Nourrissat préc.

740 nouveau code foncier togolais du 14 juin 2018 ; en son article 163-1

741 Idem

742 Ibidem

743 Loi n° 2018-005 du 14 juin 2018

744 Idem

745 Jeanne de Pouliquet préc. P 112

746 Loi n° 2018-005 du 14 juin 2018 préc.

747 Didier Nourrissat « La promotion du titrement » au congrès IDEF 2008 à Lomé - Togo préc.

Cependant, cette nouvelle loi contribue à pallier aux insuffisances de l'ancien décret de 1906 qui a régi pendant longtemps le foncier en Afrique de l'ouest[748].

Aussi, elle permet au notaire de recevoir au rang de ses minutes des actes établis sous seing privé, et ensuite de constater certains actes et enfin d'accomplir certaines formalités d'immatriculation auprès des autorités compétentes[749].

Ces tâches sont aussi exercées sous sa responsabilité déterminée, quant aux sanctions qui peuvent en découler, en cas défaillance du notaire dans l'exercice de ses fonctions[750].

Cependant, l'exercice de ses fonctions met en relief le rôle étendu dévolu au notaire par le code foncier et domanial (paragraphe I), et permet de se rendre compte de ses responsabilités en cas de défaillance (paragraphe II).

Paragraphe I
Le rôle du notaire dans le nouveau code foncier

Le rôle du notaire est très bien connu, en sa qualité d'authentificateur de droit commun[751], le professeur Jeanne de Poulpiquet le qualifie d'orfèvre en droit immobilier[752]. En Afrique comme ailleurs les notaires exercent la même fonction, de créateur d'authenticité[753], il est le seul juriste ayant reçu mission et pouvoir à cet effet[754].

Cependant, en matière de propriétés collectives, les actes établis en la forme sous seing privé doivent être déposés au rang des minutes d'un notaire, pour être opposables aux tiers[755]. Ainsi, l'article 211 dispose en son alinéa 1er que « nonobstant toutes dispositions légales, règlementaires, statutaires ou conventionnelles contraires, tous actes, pièces, décisions, procès-verbaux, plans, à l'exception de ceux prévus par les articles précédents relatifs à la copropriété en la forme judiciaire, extrajudiciaire, ou par lettre valant notification, peuvent être établis en la forme sous seing privé, mais doivent pour devenir opposables au tiers, être dans les trois mois de leur date, déposés au rang des minutes d'un notaire togolais. Ce dépôt peut être fait par mandataire habilité par une procuration authentique [756]».

Ainsi, le notaire est également autorisé à recevoir les actes des officiers publics ministériels étrangers au rang de ses minutes, et ce, dans le cadre de la publication des droits réels au moment de la formalité

748 Loi n° 2018-005 du 14 juin 2018 préc.

749 Idem

750 Loi n° 2018-005 du 14 juin 2018 préc.

751 Roland de Valkeneer préc. P 89

752 Jeanne de Poulpiquet préc. P

753 Idem

754 Ibidem

755 Article 211 de la loi n° 2018-005 du 14 juin 2018

756 Idem

d'inscription[757] ; il est aussi autorisé à recevoir au rang de ses minutes tous les actes relatifs à l'apport des biens ou droits immobiliers en société[758]. Il a ainsi la possibilité d'introduire des demandes auprès de l'administration domaniales, pour l'immatriculation des immeubles[759].

Ainsi, son intervention est vraiment dense dans ce domaine de la constatation où de l'établissement des actes, et à cette immensité d'actions, s'accompagne pour lui une immensité de responsabilité[760].

Le notaire est ainsi au service de l'intérêt général. De plus, il est à tout moment au service du citoyen. Tout citoyen peut lui demander un service car toute personne a la liberté de choix de son notaire et cela est un principe véritablement d'ordre public, ce qui dénote qu'aucun notaire ne peut s'imposer de force à un client[761].

Aussi, dans le même ordre d'idées, la jurisprudence impose en effet au notaire d'expliquer aux parties la signification de toutes les clauses, et de leur assurer une protection[762]. À la fin, il recueille la signature des parties et atteste de ce consentement éclairé après avoir eu le temps nécessaire de leur avoir expliqué le sens de leurs engagements, et c'est en ce sens que la doctrine le désigne comme « l'instituteur de la loi ».[763]

Le rôle du notaire quant à l'analyse des documents est important, dès lors qu'il devra en tirer sous sa responsabilité toutes les conséquences et en informer les parties en s'assurant de leur parfaite compréhension. L'obligation de conseil du notaire est particulièrement rigoureuse en présence des clients illettrés ou peu instruits, inexpérimentés ou dépourvus de connaissances juridiques.

Le notaire reste ainsi un gage de sécurité juridique et économique, de par l'acte authentique qu'il dresse en matière de transaction immobilière ; toutes ces tâches aussi denses qu'il accomplit peuvent entraîner la mise en jeu de sa responsabilité en cas de défaillance.

Paragraphe II
La responsabilité avancée du notaire

Dans le nouveau code foncier, compte tenu de la densité des actions que le notaire mène sur le terrain[764], le législateur l'a affublé d'immenses responsabilités[765]. Celles-ci sont tout d'abord pénales, et sont assises sur les infractions relatives au régime de l'immatriculation aux livres fonciers[766].

757 Article 281 al 3 du code foncier et domanial préc.

758 Article 281 al 2 du code foncier et domanial préc.

759 Article 214 et 264 du code foncier et domanial préc.

760 Article 286 code foncier et domanial préc.

761 Article 3 de la loi du 25 Ventôse an XI

762 Jeanne de Poulpiquet, op. cit., P 225.

763 Jeanne de Poulpiquet, op. cit., P 190

764 Loi 2018-005 du 14 juin 2018 préc.

765 Idem

766 Article 703, 705 et 713 du code foncier préc.

Cependant, l'article 703 qui définit le stellionat comme un délit constituant à vendre ou hypothéquer à une personne au moyen d'affirmations mensongères ou de réticences, un bien qu'on avait déjà vendu ou hypothéqué à une autre personne[767]. Cet article précise également en son alinéa 2 que « les officiers ministériels ayant sciemment participé à la rédaction des actes entachés de stellionat sont poursuivis comme complices »[768].

Aussi, le notaire est concerné par cette disposition en sa qualité d'officier ministériel, étant habilité à rédiger des actes authentiques, et dès lors que de tels actes sont entachés de stellionat celui-ci sera passible de peines prévues par l'article 713 du même code[769] ; « qui précise que tout agent de l'État ou officier ministériel coupable de complicité d'occupation frauduleuse est passible d'une amende et d'une peine d'emprisonnement de deux mois à trois ans »[770].

En outre le même article prévoit les sanctions en cas de défaillance du notaire dans l'exercice de sa mission[771], et précise que « tout notaire ou greffier qui omet de requérir, dans un délai imparti à cet effet, l'exécution d'une formalité dont il a la charge est passible d'une amende de cinq cent mille (500 000) francs CFA ; dont le recouvrement est poursuivi dans la forme réglée pour les amendes de timbre et d'enregistrement, sans préjudice des dommages-intérêts envers la partie lésée, s'il y a lieu ».[772]

Aussi, les tâches immenses qu'accomplit le notaire s'accompagne pour lui de responsabilités étendues[773], il ne saurait se contenter d'exercer une fonction technique, mécanique de simple rédacteur d'actes, sans y mettre de son intelligence comme le rappelait le doyen Jean Carbonnier, il doit y mettre de son ardeur[774], en sa qualité de seul juriste investi de mission et pouvoir pour créer l'authenticité[775].

En outre, il se doit d'éclairer ses clients sur les projets qu'ils se projettent de réaliser, c'est-à-dire qu'il leur fournit des informations complètes sur tout ce qui pouvait venir menacer ou compromettre cette opération[776], en ce sens il les éclaire sur la portée et les effets de leurs engagements, ainsi que sur leurs obligations[777].

Ce qui fait très clairement apparaitre l'émergence du devoir de conseil, qui est bien lié à la mission d'authentificateur du notaire[778] ; et le caractère absolu de ce dernier y est plus prononcé, eu égard à l'étendue de

767 Article 703 al 1er du code foncier préc.

768 Article 703 al 2 du code foncier préc.

769 Article 713 du code foncier préc.

770 Idem

771 Article 705 du code foncier préc.

772 Idem

773 Article 703, 713 du code foncier préc.

774 Jean Luc-Aubert préc. P 112

775 Jeanne de Poulpiquet préc. P 108

776 Jeanne de Poulpiquet

777 Idem

778 Cecile Biguene-Maurel préc. P 15

l'intervention du notaire[779] sur le terrain foncier[780]. Aussi, comme le rappelait le doyen Aubert, la fonction d'authentificateur justifie sans doute la nature de la responsabilité du notaire[781] ; statutaire, légale, donc délictuelle[782], et l'article 1382 du code civil permet en tout état de cause de sanctionner les atteintes aux règles d'authentification, et tout manquement au devoir de conseil[783]. Aussi, à travers le nouveau code foncier et domanial, nous constatons que la responsabilité du notaire est multiforme : pénale, civile, professionnelle car il est au cœur de la gestion foncière[784] et accomplit d'importantes tâches.

En toute réalité, malgré ces différentes sanctions prévues par le code foncier[785] contre le notaire défaillant, nous pouvons affirmer que le notaire est investi d'une mission particulière qui vise à protéger l'intérêt général, en dehors des sanctions pénales, seule la responsabilité délictuelle et non contractuelle s'applique à ses manquements au devoir de conseil[786], il convient d'ajouter que ce régime se justifie du fait que le devoir de conseil est présent dans toutes les dispositions légales ou réglementaires qui régissent l'activité notariale[787].

Nous pouvons ainsi citer l'exposé des motifs de la loi du 25 ventôse an XI, qui qualifie le notaire de conseil désintéressé des parties aussi bien rédacteurs impartiaux de leurs clients.[788] Et en son article 68, elle prévoit que la nullité d'un acte rédigé par le notaire peut entraîner, s'il y a lieu, l'octroi des dommages-intérêts.[789] Ainsi, le notaire verra le plus souvent sa responsabilité engagée sur le fondement de l'article 1382 du code civil, en raison de sa qualité d'officier public[790], en cas de défaillance constatée dans l'exercice de sa mission sur le marché foncier.[791] Ainsi, la jurisprudence fait souvent appel au statut de notaire pour justifier la mise en jeu de sa responsabilité[792].

---

779 Idem

780 Article 703 du code foncier préc.

781 Jean Luc-Aubert préc P 118

782 Jeanne de Poulpiquet : la responsabilité civile du Notaire préc. P 89

783 Cass 1ère civ, 21 juill 1921 D 1925 1, P 29

784 Code foncier et domanial préc.

785 Loi 2008-005 du 14 juin 2018 préc.

786 D.Veaux, J. CL Contrats-Conseil fasc. 430 n° 121 et 122

787 Idem

788 Conseiller Real, exposé des motifs de la loi du 25 Ventôse an XI

789 L'article 68 de la loi du 25 Ventôse an XI

790 Voir cass 1ère civ, 13 janvier 1987, Bull I, n° 12

791 Loi 2018-005 du 14 juin 2018 préc.

792 Cass. 3è Civ, 10 juillet 1970, Bull, III n° 484

Chapitre III

LE NOTARIAT ET LES NOUVELLES RELATIONS SOCIALES EN DROIT DE LA FAMILLE ET DES SUCCESSIONS

L'homme naît grandit et meurt, laissant de passage des progénitures qui sont appelées incontestablement à lui succéder. Ce parcours de l'individu, sujet de droit nécessite le respect de normes qui lui sont imposées par la société en fonction d'un certain nombre de principes philosophiques qui déterminent les règles du comportement social individuel.

La règle de droit a donc pour fonction de déterminer dans le concret le comportement individuel dans la société en général, et dans un cadre beaucoup plus retreint c'est-à-dire la famille en particulier, depuis sa formation jusqu'à sa dissolution pour cause de mort.

Le système législatif togolais a daigné enlever toute protection à la femme togolaise dès lors que pour remédier au droit français qui nous régissait [793], il a entendu par l'ordonnance de 1980 imposer un nouveau droit des personnes et de la famille[794], celui-là instaure comme principe la séparation des biens et comme exception la communauté des biens dont on peut recourir par contrat de mariage[795], il abonde ainsi dans le sens du respect de la coutume, qui corrobore ce principe qui à la dissolution du mariage, méconnaît tout droit en faveur de la femme [796], qui dans ces situations quittait le foyer conjugal complètement démunie.

Cet état de fait implique l'immixtion du notaire en tant qu'officier public, ayant à charge de préserver une norme de conduite destinée à maintenir un certain ordre social imposé aux membres d'une société organisée, qui doivent la respecter sous peine de tomber sous le coup de sanctions infligées par l'autorité publique[797].

Au Togo le législateur a dans le code des personnes et de la famille modifié récemment par la loi organique N° 2012-014 prescrit des textes régissant le droit de la famille et des successions, donnant ainsi aux notaires le socle juridique leur permettant d'exercer efficacement et objectivement leur mission de conseil pour les familles, quelle que soit la nature du problème à laquelle ils sont confrontés d'une part, et d'autre part leur mission d'officier public investi du mandat de liquidateur de successions[798].

Le développement de ce thème nous amènera donc à appréhender dans la première section la législation en vigueur au Togo et dans la deuxième section les attentes et les perspectives politiques pour le Togo.

---

793 Code togolais des personnes et de la famille 1980

794 Idem

795 Ibidem

796 Code togolais des personnes et de la famille 1980 préc.

797 François Terré et Yves Lequette « Droit de succession » Ed Dalloz Préc P 188

798 Code des personnes et de la famille modifié par la loi n° 2012-014

Section I

La législation en vigueur au TOGO

De tout temps, les togolais ont-ils toujours voulu avoir une nouvelle législation car leur première loi véritable en matière de droit de la famille et des successions, vient d'une ordonnance de 1980[799] qui au fil des années ne permettait plus de répondre aux évolutions que connaisse notre société.

Aussi, il était déjà impérieux que le pays connaisse une nouvelle législation devant prendre en compte les attentes des populations, c'est ainsi qu'une loi organique a été promulguée en 2012 et qui est la législation en vigueur au Togo actuellement, elle a mis en place quelque peu le processus de transmission de patrimoine entre conjoints à cause de mort[800].

Le nouveau Code des personnes et de la famille du 6 juillet 2012 détermine le régime du mariage (Paragraphe I), de la filiation et de l'adoption (Paragraphe II), et de la vocation successorale[801] (Paragraphe III).

Paragraphe I

Le mariage

À la différence du code napoléon de 1804 qui ne donne aucune définition du mariage[802], le législateur togolais définit le mariage dans l'article 41 du code togolais des personnes et de la famille (CTPF), comme étant « l'acte civil et solennel par lequel un homme et une femme établissent entre eux une union légale et durable[803] ».

C'est une union solennelle de l'homme et de la femme[804], (ce qui le différencie du concubinage), dont le but n'est pas nécessairement la procréation[805], car si Pothier et Portalis visaient dans leur définition « la perpétuation de l'espèce [806]», la doctrine et la jurisprudence ont depuis abandonné cette idée[807]. La procréation est un effet normal du mariage, l'un de ses buts essentiels, mais ce n'est pas le but unique.

C'est une union qui fait l'objet d'une réglementation de la part du législateur qui détermine dans le code des personnes et de la famille, les conditions de formation et de dissolution du mariage[808].
Il est possible de dire que le mariage est une union solennelle de l'homme et de la femme qui consacre l'acceptation des droits et des obligations que la loi attache à la qualité d'époux[809].

---

799 Code togolais des personnes et de la famille 1980

800 Code togolais des personnes et de la famille 2012

801 Idem

802 Code civil français 1960

803 Article 41 du code togolais des personne et de la famille 2012 préc.

804 Idem

805 François Terré, Yves Lequette préc. P 219

806 Michel Grimaldi : « Droit des successions » édition Litec 2001 P115

807 Idem

808 Code togolais des personnes et de la famille 2012 préc

809 Idem

Le mariage est donc à la fois un contrat et une institution ; contrat dans la mesure où le consentement des époux apparaît comme la condition essentielle du mariage, institution dans la mesure où les époux ne sont pas libres de déterminer le contenu de leurs obligations, ni les conditions de formation et de dissolution du mariage[810].

Notons que le législateur togolais a posé des conditions pour la validité du mariage. Sur la forme, il faut une célébration du mariage, et sur le fond, le mariage ne peut être célébré que si les époux répondent à certains critères. L'inobservation de ces conditions de fond ou de forme peut être sanctionnée par la nullité du mariage[811].

S'agissant des conditions de fond, il convient de retenir que le législateur fixe à 18 ans l'âge auquel l'homme et la femme peuvent contracter mariage. Néanmoins, le président du tribunal ou le juge aux affaires matrimoniales du lieu de la célébration du mariage peut accorder des dispenses d'âge pour des motifs sérieux[812]

Encore faut-il que le mariage engageant le mineur soit célébré avec l'autorisation de ses père et mère ou à défaut, de la personne qui, selon la loi, a autorité sur lui.
En cas de dissentiment entre les père et mère, ce partage emporte refus d'autorisation[813].

Ce dissentiment entre les père et mère peut être constaté à la requête des futurs époux, par le juge compétent. Il peut également être constaté soit par une lettre dont la signature est légalisée et qui est adressée à l'officier de l'état civil qui doit célébrer le mariage, soit par un acte dressé par un notaire, le juge compétent, l'officier de l'état civil du domicile ou de la résidence de l'ascendant ou, si ce dernier réside à l'étranger, par un acte dressé par l'agent diplomatique ou consulaire togolais.

Le refus d'autorisation des père et mère ou leur dissentiment peut être déféré au président du tribunal, à la requête des futurs époux ou de l'un des parents[814].
Chacun des futurs époux, même mineur doit consentir personnellement au mariage. Le principe est celui de la validité du mariage de toute personne quel que soit son état de santé physique ou moral. Dans le cas contraire, le mariage est nul et tout acte sexuel imposé découlant de l'obligation de cohabitation charnelle incombant aux époux est assimilé au viol[815].

Par conséquent, le consentement n'est point valable s'il a été extorqué par violence, ou s'il n'a été donné que par suite d'une erreur sur la qualité physique, civile ou sur une qualité essentielle telle que l'autre époux n'aurait pas contracté s'il avait connu l'erreur.

810 François Terré et Yves Lequette p138.

811 Code togolais des personnes et de la famille préc.

812 Code togolais des personnes et de la famille article 43

813 Code togolais des personnes et de la famille article 45 al 1er

814 Code togolais des personnes et de la famille article 45 al 2 à 6

815 Code togolais des personnes et de la famille article 44

Soulignons enfin que le législateur prohibe le mariage entre parents en lignes directe à tous les degrés, entre parents en ligne collatérale, entre frère et sœur, oncle et nièce, tante et neveu, entre alliés en ligne directe, entre époux et les ascendants ou descendants de son conjoint, et entre alliés en ligne collatérale c'est-à-dire entre un époux et les frères et sœurs de son conjoint, que le mariage ait été dissout par divorce ou par décès, entre cousins jusqu'au quatrième degré[816]. Néanmoins, le président du tribunal ou le juge des affaires matrimoniales peut lever pour des causes sérieuses les prohibitions portées à l'alinéa 1er de l'article 54 lorsque les règles coutumières locales le permettent[817].

Paragraphe II

La Filiation et l'Adoption

Le législateur togolais de 2012 s'est démarqué du législateur français en prévoyant sur la filiation (A) et sur l'adoption (B), des dispositions qui découlent des réalités sociales et éthiques auxquelles il est confronté[818].

A. La filiation

La filiation est le lien de droit qui unit un enfant à ses père et mère. Mais il convient de relever ici que contrairement au législateur français qui prévoit deux types de filiation à savoir la filiation par le sang et la filiation créée en dehors du lien génétique[819], tandis que le législateur togolais ne retient que la filiation par le sang, que l'enfant soit né pendant le mariage ou hors mariage[820], rejoignant ainsi la vieille maxime du code civil de 1804, selon laquelle « bâtards ne succèdent »[821].

Cette maxime a sans nul doute inspiré le législateur togolais car l'article 171 du code des personnes et de la famille dispose dans son alinéa premier que « la parenté résulte de la filiation et d'elle seule. Les filiations successives forment une ligne de parenté[822] ».

Pour calculer la date de conception d'un enfant, il suffit de faire un compte à rebours à partir du jour de sa naissance. La conception de l'enfant se situe dans la période allant du 300e jour au 180e jour avant sa naissance[823].

L'enfant né hors mariage dont la filiation est légalement établie a les mêmes droits et obligations que l'enfant né pendant le mariage[824].

816 Article 53 et 54 du code togolais des personnes et de la famille

817 Article 54 du code togolais des personnes et de la famille

818 idem

819 Code civil français édition 1960

820 Code togolais des personnes et de la famille préc.

821 Code civil français édition 1804, Article 756.

822 Article 171 du code togolais des personnes et de la famille

823 idem

824 Code togolais des personnes et de la famille précité

L'enfant né hors mariage est légitimé de plein droit par le mariage subséquent de ses père et mère, et lorsqu'une filiation est établie par un acte ou un jugement, nulle filiation contraire ne pourra être postérieurement reconnue sans qu'un jugement établisse préalablement l'inexactitude de la première [825].

B. L'adoption

L'adoption en droit positif français est une institution découlant d'une décision de justice, et ne repose naturellement, à la différence de la filiation par le sang, sur aucun lien de sang[826].

En France, l'adoption est une institution extrêmement ancienne[827] puisqu'elle était connue et pratiquée à Rome[828]. Elle disparait dans l'ancien droit français pour resurgir dans le code civil sous l'influence de Bonaparte, mais sous une forme très limitée[829].

Au Togo, le législateur déclare dans l'article 217 alinéa 2 que « l'adoption crée par l'effet de la loi un lien de filiation indépendant de l'origine de l'enfant ».

Aussi convient-il de souligner que les législateurs français et togolais se rejoignent pour distinguer entre l'adoption plénière et l'adoption simple.

L'adoption plénière ne peut être demandée que pour les enfants de moins de douze (12) ans. Si ces derniers sont les enfants du conjoint, cette limite d'âge est portée à seize (16) ans, tandis que le législateur autorise l'adoption simple, quel que soit l'âge de l'adopté[830].

L'adoption produit ses effets à compter du jour du dépôt de la requête en adoption au tribunal[831].

L'adopté cesse d'appartenir à sa famille d'origine par le sang sous réserve des prohibitions au mariage de l'adopté avec les membres de sa famille d'origine, car l'adoption plénière confère à l'enfant une filiation qui se substitue à sa famille d'origine.

Retenons enfin quelle que soit la forme de l'adoption, l'article 225 de code togolais des personnes et de la famille retient que « l'adopté et ses descendants ont dans la famille de l'adoptant les mêmes droits successoraux qu'un enfant dont la filiation d'origine est établie à l'égard de l'adoptant, sauf stipulation expresse contraire formulée au moment de l'adoption simple. Cette stipulation contraire est réputée inexistante lorsqu'il s'agit d'une adoption plénière[832] ».

---

825 Article 216 du code togolais des personnes et de la famille

826 Code civil français édition 1804.

827 Idem

828 Les novelles de Justinien 492 avant J-C cité par François Terré et Yves Lequette préc. P 219

829 Idem

830 art. 222 CTPF

831 art.220 CTPF

832 Article 225 de code togolais des personnes et de la famille préc.

Paragraphe III

La vocation successorale : les droits du conjoint survivant et les droits des enfants

La vocation légale du conjoint survivant étant des plus réduites, le législateur togolais a laissé aux époux la faculté de se faire des libéralités, plus largement qu'en faveur d'autres personnes, ce qui est d'ailleurs tout à fait normal[833].

Il a institué une quotité disponible spéciale entre époux, ce qui réduit d'autant la vocation réservataire des descendants ou des ascendants privilégiés.

La quotité disponible spéciale entre époux est variable selon la concurrence du conjoint survivant[834].

L'article 427 (CTPF) dans son premier alinéa précise ainsi que « le conjoint survivant contre lequel il n'existe pas de jugement de divorce, passé en force de chose jugée, est toujours appelé à la succession même lorsqu'il existe des parents[835]. »

L'alinéa 2 du même article dispose que « lorsqu'il existe plusieurs veuves, les parts fixées se partagent entre elles par tête[836] ».

Lorsque le conjoint survivant laisse des enfants ou descendants d'eux, le conjoint survivant a droit à un quart (¼) de la succession[837], et lorsqu'à défaut de descendants, le défunt laisse un ou plusieurs parents ascendants, le conjoint survivant bénéficie de la moitié de la succession[838]. À défaut de descendants et de parents au degré successible, la succession est dévolue en totalité au conjoint[839].

En ce qui concerne les descendants, le législateur togolais définit dans l'article 426 du code togolais des personnes et de la famille les droits successoraux qu'ils tiennent du décès de leurs père et mère, aïeuls et aïeules ou autres ascendants, encore qu'ils soient issus de différents mariages ou nés hors mariage notamment l'adopté simple). Ils succèdent ainsi par égale portion et par tête, quand ils sont tous au premier degré et appelés de leur chef et par souche lorsqu'ils viennent tous ou en partie par représentation[840].

833 Michel Grimaldi « Droit de succession » préc.P167

834 Article 427 (CTPF)

835 Idem

836 Ibidem

837 art. 428 CTPF

838 Idem

839 art. 430 CTPF

840 l'article 426 du code togolais des personnes et de la famille

Paragraphe IV

Du lien de conjugalité et la transmission du patrimoine

Le nouveau code togolais des personnes et de la famille promulgué en 2012 n'a rien changé par rapport à celui de 1980, sur le lien de conjugalité et la transmission du patrimoine[841].

Aussi, le système législatif togolais par ce nouveau code des personnes et de la famille n'a rien apporté de nouveau au conjoint survivant, et particulièrement à la femme conjointe survivante, puisque dans notre pays, les familles des conjointes survivantes[842], n'acceptent en aucune manière que les hommes conjoints survivants succèdent à leurs filles prédécédées, et cela est entré dans les mœurs, alors que le droit togolais le permet[843].

Ainsi, il revient de mettre en évidence le sort de la femme en cas de transmission du patrimoine (A), et les obstacles à la transmission du patrimoine à la femme (B).

A. Le sort de la femme en cas de transmission du patrimoine

Il est à noter que seuls les rapports de famille sont pris en considération dans le cadre de la dévolution successorale ab intestat, que sont les rapports de parenté et de mariage, et les concubins qui sont des célibataires, peut être refusant les devoirs et les contraintes du mariage, pour des raisons qui leur sont propres, ont choisi de vivre ensemble sans rien se promettre au regard de la loi civile[844].

Cette étude de la dissolution du mariage par décès de l'un des conjoints, nous amène à aborder l'épineux problème de la part qui revient au conjoint survivant.

Aussi, il n'est plus à nier que la détermination de la place de la conjointe survivante dans l'héritage au Togo continue de susciter des discussions[845].

Le problème est plus récurrent dans les sociétés africaines, et encore plus au Togo, où la veuve est le plus souvent tenue à l'écart de la succession[846].

La situation de la femme togolaise dans ce cas y est étrange[847] : ni parent, ni allié du défunt, mais source de parenté, et d'alliance, formant à lui seul un ordre d'héritier, n'arrivant qu'en quatrième position dans la perspective des vacations en pleine propriété[848].

---

841 Loi organique 2012-14 ; décret de 1980 régissant le droit des personnes et de la famille préc.

842 Idem

843 Prosper Kokou Gadegbeku, "La part du conjoint survivant dans l'héritage" Revue togolaise des sciences juridiques janvier/juin 2011 p 101 préc.

844 Idem

845 Ibidem

846 Prosper Kokou Gadegbeku, "La part du conjoint survivant dans l'héritage" Revue togolaise des sciences juridiques janvier/juin 2011 préc. p 101

847 Idem

848 François Terré ,Yves Lequette préc. P 411

Mais en notre qualité de juriste-notaire rappelons-nous, que veuve, la conjointe survivante alimente depuis fort longtemps la réflexion juridique[849]. Dans les novelles de Justinien, la conjointe survivante était déjà sérieusement prise en compte, et on lui faisait bénéficier du quart de la succession : (le quarte du conjoint pauvre) ce quarte c'est-à-dire ce quart a été tantôt repris tantôt supprimé[850].

Aujourd'hui maintenu par notre code des personnes et de la famille, le quart reste largement insuffisant[851]. Ainsi, comme nous le disions plus haut, il serait intéressant que le législateur crée un droit successoral sur l'ensemble des biens du défunt pour la conjointe survivante, ce sera une avancée significative[852].

Alors qu'en reprenant en la matière intégralement les mêmes dispositions que le code de 1980, le nouveau code togolais de 2012 n'apporte aucune précision permettant de favoriser la conjointe survivante de succéder[853].

Aujourd'hui, le nouveau code togolais des personnes et de la famille dispose en son article 428 que lorsque le défunt laisse des enfants ou descendants d'eux, le conjoint survivant a droit à un quart de la succession[854].

Mais lorsqu'il ne laisse pas de descendants, mais des parents ou ascendants, le conjoint survivant a droit à la moitié de la succession conformément aux dispositions de l'article 429 du nouveau code[855].

Aussi, la législation nouvelle qu'on croyait pouvoir éradiquer la coutume la place dans l'article 403, dès lors qu'elle précise que la loi reconnait en matière de succession la coutume du défunt et les dispositions du présent code[856].
Cependant au Togo, si les textes étaient réellement appliqués, la conjointe survivante n'aurait pas connu une situation de détresse[857].

À vrai dire, la situation ainsi faite à la conjointe survivante reste injuste, car si l'on fonde la dévolution successorale sur une donnée sentimentale, l'affection présumée du de cujus place au meilleur rang l'épouse qu'il laisse à son décès, affirmait le professeur François Terré, et si on lui donne d'autres justifications, tirées d'une justice commutative, ou distributive, il apparaît bien que la conjointe survivante a droit à quelques

---

849 Prosper Kokou Gadegbeku "La part du conjoint survivant dans l'héritage" Revue togolaise des sciences juridiques janvier/juin 2011 préc. P 101

850 François Terré ,Yves Lequette préc. P 399

851 Loi organique 2012-14 ; décret de 1980 régissant le droit des personnes et de la famille préc.

852 François Terré ,Yves Lequette préc. P 399

853 Loi organique 2012-14 ; décret de 1980 régissant le droit des personnes et de la famille préc.

854 Article 428 du code togolais des personnes et de la famille préc.

855 Article 429 du code togolais des personnes et de la famille préc.

856 L'article 403 du CTPF

857 Prosper Kokou Gadegbeku "La part du conjoint survivant dans l'héritage" Revue togolaise des sciences juridiques janvier/juin 2011 P 101 Préc.

compensations et qu'il est tout le moins équitable de maintenir le train de vie qu'elle menait avec son mari[858].

Et ainsi, un autre problème y est sérieusement posé avec acuité, celui de la femme sans profession mérite d'être prioritairement protégée ; L'observation est d'autant plus fondée qu'il existe plus de veuves que de veufs et qu'il y a lieu de tenir compte particulièrement du sort des femmes mariées qui n'exercent pas de profession[859].

Ainsi, afin de confirmer cette idée de protection de la femme sans profession, il est impérieux de rappeler que, pour qu'une femme puisse hériter de son conjoint décédé, il ne faut pas qu'elle soit divorcée de lui, ou même séparée de corps de lui avant sa mort, précise le code togolais des personnes et de la famille[860].

Cependant, il est à préciser que la conjointe survivante était anciennement tenue loin de l'héritage que laisse le défunt parce que l'on voulait conserver les biens de ce dernier dans sa famille. Mais ce refus de l'inclure parmi les héritiers n'empêchait pas l'époux de son vivant de consentir des libéralités à sa conjointe[861]. Ainsi, comme nous l'affirmions plus haut, la médiocre situation successorale de la conjointe survivante était compensée par l'existence du régime matrimonial de droit commun[862].

Au Togo, cette médiocre situation est compensée par le régime de la séparation des biens, ou même le recours pur et simple à celui de la communauté des biens par un contrat de mariage[863].

B. Les obstacles à la transmission du patrimoine à la femme

Il est vrai qu'au Togo, l'application des dispositions du code togolais des personnes et de la famille est ralentie par l'enracinement de la coutume dans les mœurs, car les familles n'acceptent pas qu'une femme venue se marier chez elles puisse hériter des biens d'un des membres décédés, qu'elle va transporter dans une autre famille de mariage, ou dans sa famille d'origine[864]. Ce blocage découle ainsi de l'impact psychologique, que la coutume a naturellement imprimé aux esprits dans les familles.

Dans ces conditions, comment la loi peut-elle être appliquée, alors qu'une veuve mariée tant sous le régime de la séparation ou de la communauté se voit exhéréder de son quart ou de sa moitié des biens acquis par le mari décédé, alors qu'elle l'a assisté lors de la constitution de tout ce patrimoine[865].

858 François Terré et Yves Lequette préc. P235

859 Prosper Kokou Gadegbeku "La part du conjoint survivant dans l'héritage" Revue togolaise des sciences juridiques janvier/juin 2011 P 101 Préc.

860 Loi organique 2012-14

861 Loi organique 2012-14

862 François Terré et Yves Lequette Préc

863 Loi organique 2012-14

864 Prosper Gadegbeku, « la part du conjoint survivant » préc.

865 Idem

Il est aussi vrai qu'en dehors de la coutume, l'illettrisme conduit à l'inapplication de la loi, car la plupart des femmes ne sont pas instruites et ne sont pas assistées des conseils en la matière[866].

Il convient dans cette situation de souligner qu'en tout état de cause, quel que soit le régime matrimonial dont pouvait bénéficier la conjointe survivante, l'octroi d'un droit successoral à cette dernière sera plus intéressant pour celle-ci que la masse des biens communs, ou des biens du mari peut être faible alors que les biens propres laissés par le défunt restent plus ou moins substantiels[867].

Ainsi, c'est aux notaires africains qu'il revient de sensibiliser nos législateurs en Afrique, afin qu'un droit successoral couvrant l'ensemble des biens du défunt soit créé pour le conjoint survivant[868].

Ainsi ce sera chez nous une révolution capable de libérer la femme africaine.

Il est vrai que la conjointe survivante était anciennement tenue loin de l'héritage que laisse le défunt parce que l'on voulait conserver les biens de ce dernier dans sa famille.

Mais ce refus de l'inclure parmi les héritiers n'empêchait pas l'époux de son vivant de lui consentir des libéralités[869].

Section II

Les attentes et les perspectives politiques pour le TOGO

Toutes les sociétés au monde cherchent à se moderniser, raison pour laquelle le Togo pays qui a connu un code des personnes et de la famille depuis 1980, est aussi en droit d'en attendre du législateur qu'il crée des conditions de facilitations de la vie des populations quant à l'application de la loi de 2012 concernant les familles et les successions. Aussi, les attentes et les perspectives politiques d'elle, y sont fortes (paragraphe I), et quand elles tendent à être concrétisées peuvent induire des incidences majeures quant à la réticence des traditionalistes[870] (paragraphe II).

Paragraphe I

Les attentes et les perspectives

Au Togo, les populations attendaient beaucoup de la nouvelle législation de 2012, elles avaient trop attendu, des réformes pouvant contribuer à la facilitation de l'application de la loi, mais les évolutions escomptées (A) n'ont pas été notables du point de vue de lien de

866 Ibidem

867 François Terre Yves Lequette Préc P 325

868 Prosper Gadegbeku, « la part du conjoint survivant » préc.

869 Idem

870 Loi organique 2012-14

conjugalité, de la transmission de patrimoine (B), et aussi quant à la caractérisation des moyens de régulation qui sont restés en l'état[871] (C).

A. Les évolutions

Il est à souligner qu'au Togo, seul un nombre minoritaire de couples sont dans les liens légaux de mariage, ceci s'explique par le fait que les populations n'y trouvent aucun intérêt particulier. Aussi, les liens de conjugalité quant à la transmission de patrimoine entre conjoints à cause de mort (1) ne concernent qu'un nombre infime de personnes, et l'union libre c'est-à-dire le concubinage concerne la majorité de togolais (2).

1- Les liens de conjugalité

Vladimir Jankelevitch n'avait-il pas raison quand il affirmait que « tout ce qui est terrestre est appelé à mourir »[872], et c'est après le décès de toute personne, que le patrimoine qu'elle animait se transmet à ses héritiers au rang desquels on trouve à coup sûr son conjoint survivant[873]. Le législateur désigne ainsi avec précision les personnes susceptibles de recueillir la succession.

Et selon le droit latin, dont le Togo s'est inspiré, cette désignation repose en premier lieu sur la proximité du lien de parenté ou d'affection. C'est la dévolution légale[874]. Mais en tout état de cause, cette désignation ne s'impose pas forcément au de cujus, qui peut l'écarter raisonnablement au moyen d'une volonté contraire, c'est-à-dire par le testament, la donation ou institution contractuelle, dans les limites de la quotité disponible. Et c'est par ce biais que le conjoint survivant pourra trouver un compte acceptable, s'il n'a pas été oublié par le de cujus dans ses grâces[875].

Le nouveau code des personnes et de la famille n'a pas répondu aux attentes des populations, en ce qui concerne bien évidemment « la part de la conjointe survivante dans l'héritage de son mari défunt » [876] aussi il nous revient de nous interroger sur la qualité d'héritier de la femme, en tant que personne participant pleinement à la vie de la société.

Au Togo, pays qui a connu successivement deux colonisations, allemande et française, les vestiges des droits de ces pays auraient pu le marquer, même si la loi française avec ses différents agencements, y a été appliquée pendant un long moment[877], une particularité y a aussi connu son essor, le maintien des coutumes locales dans ses différentes régions empêchait ainsi la femme de succéder à son mari défunt[878].

871 Prosper Gadegbeku, « la part du conjoint survivant » préc.

872 Marie-Laure Coquelet, "Transmission universelle de patrimoine en droit des sociétés", thèse de doctorat, université de Paris X Nanterre 1994, Page 1

873 M. C. Catala de Roton, "Les successions entre époux" thèse Paris II, 1990, citée par F. Terré, Y. Lequette, Droit civil. « Les successions, les libéralités », Paris, Dalloz, 1996, p. 142, n° 160.

874 M. Grimaldi, « Droit des successions », Paris, Litec, p. 174, n° 68. Année 2001

875 M. Grimaldi, op cit. p. 176.

876 Art. 427 du code togolais des personnes et de la famille (CTPF).

877 R. Cornevin, « Le Togo », Paris, Presse Universitaire de France, 1973, Que sais-je ? Pages 5 ; 51 ; 71 ; 72

878 Art. 427 du code togolais des personnes et de la famille précité.

Aussi dès 1980, une ordonnance y généralisa le code des personnes et de la famille qui s'applique de façon omniprésente[879] suivie d'une loi organique de 2012, venant mettre en place un nouveau code, qui n'a pas remis en cause l'application de la coutume[880], et ce, de façon claire pour régler la succession du conjoint survivant[881].

La présence de la coutume dans notre législation a donné lieu à des discussions aussi longues que passionnées. Ces réactions sont compréhensibles, car elles touchent à deux points sensibles : la famille et la femme conjointe survivante sans profession[882].

Toute loi dans son application doit apporter un avantage certain à celui auquel elle s'applique[883]. Dans cette analyse il nous revient de nous interroger sur l'avantage que la coutume est susceptible d'apporter au conjoint survivant, et de là, il est à noter d'emblée que le droit coutumier exhérède de facto le conjoint survivant[884], et que le droit moderne tend à l'avantager considérablement[885].

Aussi comparaison n'est pas raison disait la sagesse[886], alors pouvons-nous comparer le contexte économique, social et politique de 1980 à celui de 2012.

À plus de trente années d'écart, le code des personnes et de la famille continue de s'appliquer au Togo, sans prendre en compte les évolutions susceptibles de faire avancer notre société. Aussi il est à souligner que cette loi de 2012 porte-t-elle aussi en elle les germes de la tradition aussi ancienne qu'anachronique[887].

La coutume aussi disparate que non uniformisée, tend ainsi à créer plusieurs droits différenciés applicables dans un même pays. Elle dessert ainsi la paix publique[888].

Et c'est en ce sens que la coutume enlève à la femme conjointe survivante sa part dans l'héritage de son défunt mari[889].

Alors que la succession est un juste titre[890], et que le code civil français en instaure un droit juste pour chaque héritier sans distinction[891]. Le code togolais des personnes et de la famille en prend le contrepied, et

879 Art. 427 du code togolais des personnes et de la famille précité.

880 Tous les auteurs coutumiers observent le même réalisme : leurs théories sont limitées et n'ont d'autre objet que de répondre à des cas particuliers, c'est ce qui a fait dire à Beaumarchais dans son ouvrage intitulé « les tendances du droit coutumier au XIIIème siècle » : « que la coutume est une seconde nature et doit la rester ». Pascal aussi écrivait que « la coutume ne s'adresse qu'aux peuples primitifs ».

881 Art. 427 du code togolais des personnes et de la famille précité.

882 Art. 427 du code togolais des personnes et de la famille précité.

883 P. Ourliac et J. de Malafosse, « Histoire du droit privé », coll. Thémis, 1971, p. 65. Ed. PUF

884 Ibid. p. 31

885 Code civil français, éd. 2008. Article 767 alinéa 1

886 M. Roy, 1929-1979 « D'une crise à l'autre » éd. Jean-Claude Simoën, P 7.

887 Art. 427 code togolais des personnes et de la famille

888 Idem

889 Ibidem

890 F. Terré et Y. Lequette préc. page 157 N°174 ; 175

891 Code civil français 1960 préc. art. 756 ; 757

renvoie la femme conjointe survivante à connaître la coutume de la localité d'origine de son mari défunt[892]. Puisque dans presque toutes les régions ou localités du Togo, la conjointe survivante ne peut hériter de son conjoint prédécédé[893].

Et c'est en perdant le droit qui devra lui revenir naturellement, que la femme conjointe survivante perd tout de l'affection, dont elle a bénéficié sa vie durant auprès de son mari défunt[894]. Alors que le statut moderne tend à la conforter dans ce droit à hériter[895].

Aussi, par le statut de droit moderne, la femme conjointe survivante se voit confortée dans son droit universel dont elle peut bénéficier sans détour et sans palabre[896], qui est assis sur la vocation héréditaire fondée sur l'affection présumée de son mari[897].

Ainsi, c'est plutôt de ce droit moderne issu des vestiges de la Rome antique sous un certain Justinien, unificateur du droit à Rome, que ce droit de succession reconnu à la femme conjointe survivante, prit son essence[898]. Il fut alors repris par tous les pays modernes, et le Togo se devra de le consacrer définitivement par l'abrogation pure et simple de notre législation de la coutume, qui crée tant de conflits dans les familles, et trouble ainsi la paix sociale[899].

Aussi, la femme tant rejetée dans son droit à hériter de son conjoint défunt, devra garder le même train de vie qu'elle menait avec ce dernier[900]. Elle connaîtra ainsi l'avantage de son juste droit naturel de succession.

Pourquoi le Togo à l'instar de ses voisins n'emprunterait-il pas le chemin de la modernité, alors que ces derniers ont compris il y a bien longtemps, que recourir à la coutume pour régler globalement les problèmes liés au droit de succession de la femme, conjointe survivante, vouerait les pays aux conflits surannés et réitérés, voire à la désorganisation de la société[901].

D'où la nécessité de supprimer définitivement la coutume pour ensuite en consacrer le droit moderne, comme principe unique s'appliquant à tous, dans une république laïque qui est une et indivisible. Et le conjoint survivant devra retrouver enfin le quart qui lui revient, mais aussi le législateur pour satisfaire les désidératas du peuple se devra de se pencher sur le cas de la majorité des togolais, en donnant un ancrage juridique au lien de concubinage[902].

---

892 Art. 427 code togolais des personnes et de la famille

893 Les coutumes sont différentes d'une région à une autre et ne donnent aucun droit d'hériter aux femmes au Togo

894 F. Terré et Y. Lequette, préc. P222

895 Art. 427 Code Togolais des personnes et de la Famille

896 Code civil français préc.

897 F. Terré et Y. Lequette préc. P142

898 P. Ourliac et J. de Malafosse, « Histoire du droit privé » préc. P222

899 Art. 403 et 427 code togolais des personnes et de la famille, préc.

900 F. Terré et Y. Lequette préc. P 222

901 Prosper Gadegbeku, « La part du conjoint survivant » préc.

902 F. Terré et Y. Lequette préc. P 222

2- L'omniprésence de l'union libre ou le concubinage

L'expression lien de famille est générique ; elle recouvre traditionnellement les rapports de parenté, le rapport de mariage, le rapport d'alliance. Le concubinage n'en fait pas partie, il ne donne naissance à aucune vocation d'hérédité[903]. Sans doute, certains pourraient-ils être tentés devant l'omniprésence de l'union libre au Togo d'inclure la concubine dans le cercle des successibles[904].

Le congrès des notaires de France de 1972 s'y est essayé bon gré, mal gré, certaines législations étrangères également, notamment celles de l'Israël, du Mexique, du Canada dans l'État de l'Ontario ; de l'État de New-Hampshire aux USA[905], et une partie de la doctrine française, en l'occurrence monsieur Poisson-Petit, en a conclu ainsi qu'un droit devrait être accordé à la concubine[906].

Ainsi, l'on entend faire entrer les concubins parmi les successibles. Et on fait en sorte qu'ils pouvaient hériter de leurs concubins tout naturellement, puis qu'aujourd'hui le seul moyen qu'ils ont pour se voir transmettre une petite part d'héritage, est la voie de la transmission à cause de mort, organisée dans le cadre d'un testament ou d'un legs ou donation sur la quotité disponible réservée au concubin défunt, dans certains pays comme la France, ils sont taxés pour les droits de succession dans l'ordre de 60%. Car ils sont considérés comme des étrangers[907].

Ainsi, inclure les concubins parmi les successibles sera une mesure révolutionnaire qui apparaîtrait comme la dernière pierre mise à l'édifice de la famille naturelle[908], mais le législateur togolais ne voit pas les choses sous cet angle, pour pouvoir être capable de consacrer une telle solution[909].

Mais il peut arriver que des concubins aient pu constituer un patrimoine en commun, logement, immeuble, mais également économies, valeurs mobilières, faute de stipulation particulière, en cas de décès de l'un d'entre eux, ce sont les héritiers en ligne directe qui vont recevoir pour partie le fruit du travail ou de l'épargne du concubin survivant[910].

Cette situation est choquante, et il est obligatoire que les concubins prévoient des modalités de transmission adaptées[911]. Ces modalités sont celles requises par le code civil : donation, libéralités, testaments[912], et par le nouveau code togolais des personnes et de la famille de 2012.

---

903 Idem P 315

904 Ibidem

905 F. Terré et Y. Lequette préc. P 222

906 Poisson-Petit thèse de doctorat Paris I en 1986, sur " L'union libre en droit international privé " cité par F. Terré et Y. Lequette préc. P 222

907 F. Terré et Y. Lequette préc. P 418

908 Idem

909 Prosper Gadegbeku, la part du conjoint survivant préc.

910 Poisson-Petit thèse de doctorat Paris I en 1986, sur " L'union libre en droit international privé " préc.

911 Idem

912 Code civ français1960

Il est aussi à souligner que le droit des successions ne tire fort logiquement aucune conséquence positive de cette absence de lien qui fait largement tort aux uns et aux autres, vivant comme des couples de mariés, ce qui montre que comme beaucoup de pays reprouvent à inclure les concubins parmi les successibles, il est à noter qu'en réalité la question de la transmission à cause de mort entre concubins ne peut trouver de solution comme nous le disons plus haut, que dans un aménagement volontaire de leur rapport, c'est-à-dire dans le droit des libéralités. C'était le vœu émis par le 84ème congrès des notaires de France en 1988[913].

Cependant, nous notaires en Afrique, nous devons aider nos législateurs à emboîter le pas aux pays cités plus haut qui se sont efforcés de donner un droit au concubin[914].

La France s'est quelque peu efforcée, en consacrant très légèrement un petit droit de succession au concubin, par l'article 14 de la loi du 6 juillet 1989, qui a prévu que le contrat de location est transféré à la mort du locataire au concubin notoire, à la condition qu'il ait vécu avec le de cujus au moins un an à la date du décès[915].

Ainsi, il est à souligner qu'en dehors de cette ouverture française[916], certains pays de récente mémoire, ont pris en considération l'union de fait ou libre en considération en la formalisant[917]. On parle alors de partenariats enregistrés et des unions de fait[918].

Aussi, des personnes en partenariat qui sont bien enregistrées, ne sont d'autres que des concubins enregistrés[919]. Ces derniers menant ensemble une longue vie[920], ressemblent très fortement au concubinage que connait l'Afrique à 80%, comme mode de vie en couple non enregistré[921].

Cependant, une question se pose par rapport à cette nouveauté juridique, la gestion ou la transmission de patrimoine du partenaire décédé ab intestat, car ce partenariat enregistré est reconnu dans plusieurs pays tels que la Belgique, le Luxembourg, la France, l'Espagne, les Pays-Bas, le Québec, l'Allemagne ; puisqu'il est conçu comme un substitut au mariage[922].

Ainsi, en Afrique l'on devra penser à s'en inspirer, car ce partenariat enregistré facilitera la vie des populations, et aidera à régler les problèmes liés à la transmission de patrimoine[923].

913 François Terré et Y. Lequette préc. P 222

914 Idem

915 Art 14 de la loi française du 6 juillet 1989

916 Idem

917 A. Devers, J.cl Dr. int. fasc., 546-60 concubinage

918 Idem

919 Ibidem

920 F. Grane « L'enregistrement des couples non mariés en Europe » Dr. de la famille de 1999 P. 58

921 Prosper Gadegbeku « La part du conjoint survivant » préc.

922 Mariel Revillard Dr. int. priv. et européen éd. Defrenois 2022 P 197

923 Prosper Gadegbeku « La part du conjoint survivant » préc.

Cette situation acceptable dans tous ces pays, permet d'alléger ainsi la vie des couples en présence. Ces pays rejettent par contre catégoriquement les partenariats polygamiques[924], car la polygamie ne correspond pas à leur conception philosophique[925]. Aussi, l'autorité habilitée à enregistrer ces partenariats varie d'un pays à un autre ; dans tous ces pays c'est celle qui est en charge de la célébration du mariage, ou une autre différente : greffier, officier d'état-civil, juge, notaire qui en sont capables de les recevoir. En outre, dans ces pays, le partenaire hérite de son partenaire décédé ab intestat comme le ferait un époux, et seules la France et la Belgique ont préféré que la transmission de patrimoine ne se fasse que par voie testamentaire[926].

Décidemment, l'Afrique où le concubinage est le mode de vie usuel dans la plupart des cas, se doit de reprendre ce système de l'enregistrement des partenariats, pour en faire une pratique capable de pallier aux insuffisances liées aux vies des couples, car les concubines ne peuvent pas hériter de leurs compagnons prédécédés ab intestat, et ce sera une avancée considérable[927].

B. La transmission de patrimoine

La vocation héréditaire, faut-il le souligner, est un thème qui a suscité et continue d'ailleurs de susciter beaucoup d'intérêts tant en droit positif français que togolais.

Ainsi, il ne suffit pas d'avoir la vocation pour devenir héritier. Le passage de la qualité d'appelé à celle d'élu suppose d'abord la survenance de la mort du de cujus[928].

Le législateur togolais ne se préoccupe pas des causes de la mort, mais accorde en revanche de l'importance au moment de la mort, instant précis où s'effectue le transfert du patrimoine du défunt à ses héritiers[929].

La transformation de successible en héritier suppose que le successible ait effectué son choix quant au jeu du mécanisme légal. La transmission légale ne se fait pas d'office, elle n'est que subsidiaire ; le successible désigné par la loi, qui bénéficie d'un droit d'option, peut user de cette liberté[930].

Cela nous amènera donc à aborder la transmission de patrimoine entre le défunt et les enfants (1) d'une part, et d'autre part, entre le défunt et le conjoint survivant (2), avec les aléas qui entourent cette transmission.

---

924 Mariel Revillard Dr. int. priv. et européen éd. Defrenois 2022 P 197 préc.

925 F. Terré et Y. Lequette préc. P 215

926 Mariel Revillard Dr. int. priv. et européen éd. Defrenois 2022 P 197 préc.

927 Prosper Gadegbeku « La part du conjoint survivant » préc.

928 François Terré et Yves Lequette préc. P108

929 Code togolais des personnes et de la famille préc.

930 François Terré et Yves Lequette préc. P 108

1- La transmission de patrimoine entre le défunt et les enfants

Il convient de retenir ici que le législateur togolais a dans le code des personnes et de la famille modifié par la loi organique N° 2012-014, ciblé les qualités requises pour succéder[931].

Ainsi, aux termes de l'article 408 du CTPF, pour succéder il faut exister au moment de l'ouverture de la succession. L'enfant simplement conçu a qualité d'héritier. Pour succéder, l'enfant conçu doit être né vivant et viable. Sont donc incapables de succéder les enfants qui ne sont pas encore conçus et ceux qui ne sont pas nés viables[932] ».

Par ailleurs, le législateur togolais dans ses dispositions retient que chaque successible dispose d'une double option : il peut purement et simplement accepter, ou sous bénéfice d'inventaire la succession,[933] ou alors y renoncer[934]. Le législateur togolais s'accorde par là avec le législateur français pour confirmer la position de la doctrine qui soutient que nul n'est tenu d'accepter une succession.

L'acceptation pure et simple suppose donc que l'héritier accepte la succession qui lui échoit sans discuter. Pourtant les effets de cette acceptation pure et simple sont très importants pour l'héritier.
L'acceptation peut être expresse ou tacite[935], elle est expresse quand le successible prend la qualité d'héritier dans un acte authentique ou privé.

Si la succession échoit à un enfant, il ne pourra l'accepter que sous bénéfice d'inventaire par l'entremise de son représentant légal. Aussi convient-il de préciser que cette acceptation suppose nécessairement que l'actif soit manifestement supérieur au passif.

L'acceptation est tacite lorsque le successible fait un acte juridique ou matériel qui suppose nécessairement son intention d'accepter, et qu'il n'aurait le droit de le faire qu'en qualité d'héritier[936]. Cependant, la jurisprudence française précise que, dès lors qu'il manifeste sa volonté d'accepter la succession, il prend la qualité d'héritier[937]. Ainsi, il appartient aux juges du fond d'en apprécier les faits exacts qui desquels découle cette acception tacite[938].

Ainsi payer les frais d'obsèques, ainsi que les actes conservatoires et de pure administration tels que la vente rendue nécessaire par l'urgence, des denrées périssables ou des récoltes arrivées à maturité, n'emportent pas acceptation pure et simple de la succession[939]. À moins que le successible n'ait pris à cette occasion la qualité d'héritier acceptant[940].

931 Loi organique n° 2012-014 préc.

932 Article 408 du code togolais des personnes et de la famille

933 Article 451 du code togolais des personnes et de la famille

934 Article 561 du code togolais des personnes et de la famille

935 Article 451 du code togolais des personnes et de la famille

936 Article 541 du code togolais des personnes et de la famille

937 Cass. civ. 1ère, 12 octobre 1969 ; J.C.P. 1970, éd. G, 16235

938 Idem

939 Ibidem

940 Article 453 du code togolais des personnes et de la famille

Il convient par ailleurs de préciser concernant l'acceptation sous bénéfice d'inventaire, que c'est le parti prudent pris par l'héritier qui veut échapper au paiement du passif successoral, ultra vires successionis. Il n'accepte que si la succession est positive. C'est aussi le parti recommandé lorsque la succession échoit à un incapable[941]. En France le législateur soumet cette forme d'acceptation à une déclaration au greffe du tribunal de grande instance et à une inscription sur le registre des renonciations[942].

En ce qui concerne la renonciation, il faut souligner ici qu'elle apparaît comme l'hypothèse marginale dans laquelle le successible renonce à recevoir le patrimoine familial. Cette renonciation peut être d'une part causée par la supériorité du passif successoral à l'actif, d'autre part pour des raisons psychologiques comme les conflits familiaux[943].

La renonciation doit être faite dans les conditions prescrites par le législateur[944]. Il convient de rappeler que la renonciation ne se présume pas et est soumise à une prescription décennale

La première conséquence logique que le législateur togolais retient de la renonciation est que « l'héritier qui renonce est censé n'avoir jamais été héritier[945]. Il perd donc rétroactivement sa qualité d'héritier ; il n'a été que successible. Sa part va accroître celle des autres héritiers et s'il est seul elle est dévolue au degré subséquent[946].

Après avoir appréhendé la transmission du patrimoine entre défunt et les enfants, c'est à bon droit que nous examinerons les difficultés qui entourent cette transmission entre conjoints

2- La transmission du patrimoine entre le défunt et la conjointe survivante : le poids de la coutume

La transmission du patrimoine du défunt au conjoint survivant en Afrique et plus particulièrement au Togo est des plus problématiques. Cela est dû au fait que la coutume tient une place prépondérante dans nos sociétés africaines et pèse malheureusement sur la transmission du patrimoine du défunt au conjoint survivant[947].

C'est là où certaines pratiques coutumières comme le lévirat interviennent en retardant la dévolution successorale reconnue à l'épouse devenue veuve. Au lieu de bénéficier du patrimoine de son mari défunt et éventuellement chercher à reconstruire sa vie, elle se voit plutôt donnée en mariage au frère du de cujus[948].

En dehors de cela, et nous le disions plus haut qu'au fond l'on n'accepte pas que les conjoints héritent entre eux, un homme ne peut

---

941 Article 461 du code togolais des personnes et de la famille

942 François Terré et Yves Lequette préc. P118

943 François Terré et Yves Lequette préc. P 128

944 Idem

945 Article 462 du code togolais des personnes et de la famille

946 Idem

947 Article 403 du code togolais des personnes et de la famille

948 Loi organique 2012-14

facilement hériter de sa conjointe prédécédée, il est de coutume que les parents au Togo n'acceptent pas cette situation. En tous les cas quant à ce qui concerne la conjointe survivante[949], les tribunaux, les notaires, ont d'ores et déjà commencé quelque peu à lui reconnaître son droit à hériter. Il s'avère alors judicieux de recourir aux divers acteurs, tant législatifs que judiciaires, pour endiguer ces tares qui ne comblent en aucune manière les attentes des populations[950].

C. La nécessité d'instruments de régulation

Ces instruments de régulation que sont le juge (1) et le notaire (2) ne constituent pas une nouveauté, en matière de droit de la famille et des successions. Le nouveau code de 2012 n'y apporte pas de nouveautés, il contribue uniquement à les confirmer dans leur mission d'intérêt public[951].

1- Le recours au juge comme régulateur

En tout état de cause, le juge apparait comme le seul rempart qui puisse aider la conjointe survivante à retrouver son droit c'est-à-dire ce quart (¼) dont nous parlions plus haut[952], qui à Rome était attribué à la conjointe survivante[953], et qui est presque aujourd'hui entré dans nos mœurs dans les pays de code civil[954].

Au Togo, l'article 427 du code togolais des personnes et de la famille l'attribue au conjoint survivant si et seulement si le juge était saisi et venait à l'appliquer pour octroyer ce droit à la femme, et surtout à la femme sans profession qui vient de perdre son mari, et qui peut se retrouver dans un dénuement total[955].

Ainsi, le juge tournera le dos à la coutume et confirmera définitivement son jugement par l'application pure et simple de ce droit moderne issu du nouveau code des personnes et de la famille de 2012.[956]

Ce n'est qu'à partir de là qu'il agit en sa qualité de régulateur par ses divers contrôles et par l'adaptation du droit aux réalités, ainsi il fait appliquer la loi[957].

2- Le recours au notaire

S'agissant du notaire, le tribunal peut le commettre ou les héritiers peuvent le requérir en vue de la liquidation des successions. Et c'est à ce titre qu'il fait appliquer le droit moderne. Il doit octroyer à la conjointe survivante le droit qui lui revient par l'application de ce droit moderne,

---

949 Idem

950 Prosper Gadegbeku « la part du conjoint survivant dans l'héritage » préc.

951 Loi organique 2012-14

952 Article 427 du CTPF préc

953 François Terré et Yves Lequette préc. P 208

954 Code civ 1804 préc.

955 article 427 du code togolais des personnes et de la famille préc.

956 Idem

957 Ibidem

sous réserve que les actes ne fassent pas l'objet de contentieux judiciaires[958]. Et s'il y parvient en appliquant la loi moderne, il devient le pacificateur qui œuvre au service de l'intérêt général[959].
Cependant, la concrétisation des attentes peut-elle aussi en toute vérité être amenée à heurter les sensibilités endurcies au Togo[960].

<u>Paragraphe</u> II
Les incidences de la concrétisation des attentes au TOGO

Les lobbies religieux ont largement influencé le législateur togolais pour qu'il ne revienne plus sur les dispositions du code des personnes et de la famille.

C'est pour cela que le législateur est resté flou dans le nouveau code des personnes et de la famille, quant aux recours à la coutume pour régler les difficultés liées à la transmission du patrimoine d'un mari à sa conjointe survivante[961].

Or l'évolution des mœurs, tant sur le plan coutumier que moderne, et l'intérêt du peuple, doivent avant tout guider le législateur dans ses dispositions, afin que ces dernières soient exemptes des mœurs coutumières et religieuses, aussi, disons-le le Togo est un état laïc qui a adhéré à la charte des droits de l'homme, qui déclare que tous les hommes naissent égaux en droit et en dignité. Cette dignité à laquelle a droit l'homme devrait être si nous devons franchement appliquer l'égalité homme-femme, la même que celle à laquelle la femme aussi peut prétendre[962].

C'est ainsi qu'un constat a été fait, que les lobbies religieux, certains hommes épris de traditionalisme, voient de mauvais œil la réforme tant attendue, qui favoriserait la femme conjointe survivante, dans son droit à être pleinement héritière dans sa famille de sang ou dans sa famille de mariage[963]. Et en donnant un encrage juridique au lien de concubinage, comme on le fait en occident, peut heurter les sensibilités masculines et religieuses, car le concubinage n'accorde aucun droit aux concubines qui leur vie durant, consacrent leur temps et dignité à leurs concubins[964].

Toutes ces réalités que tous les traditionalistes redoutent, tendent à créer des incidences sur la concrétisation des attentes au Togo, puisque la vraie attente en la matière, est que la nouvelle législation nous mette en présence d'une situation plus favorable à la conjointe survivante, et à la concubine, la loi nouvelle octroiera ainsi au grand dam des tenants de la coutume, un droit successoral plus intéressant sur l'ensemble des biens du

---

958 Art 427 du CTPF

959 Idem

960 Situation social prévalent au Togo

961 Prosper Gadegbeku Revue togolaises des sciences juridiques préc. p101

962 Idem

963 Ibidem

964 François Terre et Yves Lequette préc. P 318

conjoint ou concubin prédécédé à leurs partenaires, ce qui engloberait les biens communs et propres[965].

Ce sera en Afrique une révolution attendue qui libèrera définitivement la femme togolaise.

Le législateur togolais a dans le nouveau code des personnes et de la famille comblée quelque peu les attentes des populations et ce, de façon mitigée, car il existe bien de points sur lesquels le nouveau code de 2012 aurait pu apporter de l'eau au moulin des praticiens, et spécialistes du droit de la famille, dans l'exercice de leur profession. Mais il n'a pas pu véritablement insuffler ce dynamisme à la législation en vigueur, quant au règlement des successions et à l'amélioration de la situation de la conjointe survivante[966].

Car le droit de la famille et celui des successions sont incontestablement voués à subir des évolutions considérables dans l'avenir, compte tenu des mutations auxquelles sera sujette notre société, obligeant le législateur à prendre des dispositions conséquentes à savoir la disparition pure et simple de la coutume comme mode de règlement de transmission de patrimoine entre conjoints, et l'encrage juridique du concubinage qui a plus de 90% domine notre vie au Togo[967].

965 Situation sociale prévalent au Togo en matière de succession

966 Loi organique 2021-14

967 Prosper Gadegbeku, Revue togolaises des sciences juridiques p101

Chapitre IV

L'ACTE NOTARIE INSTRUMENT DE GARANTIE DANS LES ACTES D'INVESTISSEMENT

Investir n'est-il pas prendre des risques ? Alors que le risque est un principe organisateur de nos vies. Et c'est en apprenant à sécuriser les investissements qu'on apprend à contribuer au développement d'un pays[968].

Aussi, le développement n'est-il pas un processus qui nécessite la réunion d'un certain nombre de facteurs et de moyens. Et parmi les moyens les plus importants et préalables, l'homme doit citer entre autres les investissements[969].

En effet, si aucun développement n'est possible sans investissement, aucun investissement véritable, quel qu'en soit le genre ou la nature, ne peut se réaliser sans une réelle garantie, sans sécurité juridique. C'est-à-dire en définitive que tout investissement sérieux devant insuffler une dynamique au processus de développement doit se fonder sur des instruments de garantie et de sécurité juridique[970].

Parmi les divers instruments de sécurité juridique, surtout les plus importants, dont a besoin l'investissement pour se réaliser effectivement et efficacement, l'on peut citer nécessairement l'acte authentique notarial[971].

Cependant, l'acte authentique est un écrit établi par un officier public, notamment un notaire professionnel en la matière, dont les affirmations font foi jusqu'à inscription de faux et dont les grosses revêtues de la formule exécutoire sont susceptibles d'exécution forcée[972].

Ainsi la sécurité dans l'investissement justifie que celui-ci se fait en toute quiétude en prenant en compte tous les paramètres y afférents parce que le notaire officier public et ministériel y est professionnellement et suffisamment impliqué[973].

Car de manière générale et en raison de sa force probante, et de sa formule exécutoire l'on peut dire que l'acte authentique notarial, constitue l'un des meilleurs instruments juridiques de sécurité au service des investissements[974].

En outre, c'est alors que la question se pose de savoir dans ce cadre de sécurité juridique d'une part, si l'acte authentique notarié est un instrument de garantie entre les parties et de fiabilité des registres publics et d'autre part, si cet acte est un garant de la valeur économique au service de la sécurité des investissements[975].

---

968 Riad Obégi, Thèse Paris II préc. P 112

969 Idem

970 Ibidem

971 Rapport du notariat français au congrès de Marrakech préc. P 92

972 Jeanne de Poulpiquet préc. P 114

973 Marie-Anne Frison-Roche préc.

974 Idem

975 Rolland de Valkeneer préc. P 138

Pour répondre convenablement à cette question et cerner le contour de cette problématique de la sécurité juridique des investissements au travers l'acte notarié, il convient d'orienter la réflexion et l'analyse autour des problématiques suivantes, l'acte authentique notarial instrument de garantie entre les parties (section I), l'acte authentique assure-t-il aussi la fiabilité des registres publics (section II), en lui-même il possède certaines vertus dont la force exécutoire et la force probante (section III). Il assure une sécurité juridique qui seule reste insuffisante sans la fiabilité économique (section IV). Le notaire participe par son acte à l'amélioration du climat des affaires, et sécurise les actes d'investissements (section V).

Section I

L'acte notarié instrument de garantie entre les parties

Le Notaire assure une sécurité juridique des contrats qu'il authentifie (paragraphe I), son contrôle de l'égalité renforce par la même occasion la sécurité juridique des actes (paragraphe II), il assure ainsi une sécurité juridique par son impartialité (paragraphe III), et enfin il assure la sécurité juridique par la conservation des actes (paragraphe IV).

Paragraphe I

Le notaire assure la sécurité juridique par la prévention des conflits

Le notaire assure la sécurité juridique des actes de plusieurs manières : entre la période qui s'écoule entre l'accord des parties et la signature de l'acte authentique, le notaire effectue divers contrôles afin d'éviter des contentieux futurs, c'est en ce sens qu'il est le « juge de l'amiable ». Ainsi, en matière immobilière il doit se livrer aux contrôles suivants[976].

Analyser le titre de propriété du vendeur pour ensuite vérifier la désignation et la description des biens vendus et se rendre ainsi compte de l'absence ou de l'existence des servitudes, s'en assurer de la régularité de l'origine de propriété trentenaire, c'est-à-dire qu'il vérifie scrupuleusement la période qui n'est pas couverte par la prescription des éventuels droits des tiers[977].

Il va ainsi procéder au contrôle des droits des parties par trois ordres de vérification : Vérification de l'identité et de la capacité des parties.

Les mesures élémentaires : la vérification de l'identité des parties est pour les notaires une vérification élémentaire et indispensable. Le notaire n'est plus obligé d'avoir des témoins certificateurs[978].

Désormais, « l'identité, l'état et le domicile des parties », s'ils ne sont pas connus du notaire, sont établis par la production de tous documents justificatifs comportant une photographie : carte nationale d'identité, passeport, permis de conduire, il faut également que le notaire

976 Didier Nourrissat « Le Titrement » préc.

977 Idem

978 Ibidem

demande un acte de naissance. Le notaire doit éviter de se reporter aux documents dépourvus de photographie (livret de famille)[979].

Cependant l'imagination des contractants pour obtenir ce qu'ils souhaitent est fertile ! C'est ainsi qu'un mari commun en bien, désireux de vendre un immeuble dépendant de la communauté, ne pouvant obtenir le consentement de sa femme, eut l'idée de faire passer sa maîtresse pour son épouse légitime ! Il y parvint car les notaires qui reçurent cet acte se contentèrent pour contrôler l'identité des vendeurs, d'un livret de famille et du contrat de mariage[980].

Aussi quand l'épouse légitime s'aperçut du subterfuge, elle demanda et obtint sans peine la nullité de la vente en vertu des articles 1424 et 1427 du code civil. L'acquéreur évincé se retourna naturellement contre les notaires, et le mari vendeur. Ils furent tous trois condamnés in solidum à la réparation intégrale du préjudice subi, c'est-à-dire notamment au remboursement du prix de vente de l'immeuble[981].

En tout état de cause, le notaire se doit de procéder au contrôle de la capacité des parties ; il contrôle ainsi la capacité des parties contractantes qui est indispensable, car la validité des actes en dépend. Elle s'effectue naturellement au moyen des documents déjà produits pour contrôler l'identité des parties.

Ainsi entre la période qui s'écoule entre l'avant contrat et l'acte authentique, le notaire va profiter de ce temps pour demander et obtenir un certain nombre de documents[982].

Au Togo il fait la demande d'un état descriptif du bien immobilier, s'il est titré. Ce document est délivré par le service de la conservation foncière ; il permet de voir si l'immeuble en question n'est pas hypothéqué[983].

Cependant, un titre foncier ou un plan visé permet de vérifier l'identification de l'immeuble, et de s'assurer que le vendeur est bel et bien le vrai propriétaire de la parcelle ou de la maison vendue[984].

Aussi le rôle du notaire quant à l'analyse de ces documents est important, dès lors qu'il devra en tirer et sous sa responsabilité accrue, toutes les conséquences, et en informer les parties en s'assurant de leur parfaite compréhension[985].

Car l'obligation de responsabilité de conseil est particulièrement rigoureuse en présence des clients illettrés ou peu instruits, inexpérimentés ou dépourvus de connaissances juridiques[986]. La jurisprudence impose alors au notaire de les protéger malgré eux, en attirant leur attention sur

---

979 Jeanne de Poulpiquet préc. P208

980 Cf Cass 1ere civ, 6 fév. 1979 cité par Jeanne de Poulpiquet Préc. P208

981 articles 1424 et 1427 du code civil

982 Idem

983 État descriptif demandé par l'Étude de Maître Gadegbeku à la conservation des domaines

984 Didier Nourissat « Le titrement » préc.

985 Idem

986 Cécile Biguenet Maurel

l'acte authentique[987]. Aussi en présence d'un client juridiquement inexpérimenté, un notaire doit par conséquent lui expliquer même la signification des clauses claires et sans ambiguïté.

Il doit en quelque sorte, le tenir pour incapable de comprendre le sens des mots courants, en l'espèce, la signification des mots « en la comptabilité du notaire » il doit surtout l'informer des conséquences qu'il y aurait à ne pas respecter la clause qui les contient. Le devoir de conseil subit alors une extension certaine[988]. Il en va de même lorsque le notaire sortant du cadre légal de sa fonction se charge notamment de la négociation de l'acte qu'il va authentifier. Ainsi son devoir de conseil s'alourdit lorsque le notaire sort du cadre strictement étendu de sa fonction[989].

C'est ainsi que le notaire chargé d'authentifier une vente convenue entre les parties n'a pas à vérifier personnellement notamment par une enquête sur place, si l'immeuble vendu est libre de toute occupation ou location civile ou commerciale[990]. Il n'a pas non plus à se déplacer sur les lieux pour procéder à la vérification de la consistance des locaux faisant objet de la vente [991].

Cependant, Le notaire en tant que simple authentificateur peut se fier aux déclarations des parties : « On ne saurait obliger les notaires à des investigations qui sortent du cadre de leur mission »[992].

Aussi un devoir de vérification élargi s'impose-t-il au notaire, dès lors qu'il est chargé des pourparlers préliminaires et de la négociation de la vente, il ne peut sans vérification se fier aux déclarations des parties, il doit prendre toutes les initiatives utiles pour découvrir l'existence d'une location, ainsi un notaire en sa qualité d'officier public rédacteur d'un acte de vente est tenu de s'entourer de tous les renseignements concernant l'immeuble vendu, de les communiquer à l'acheteur[993].

Cette obligation est encore plus impérieuse s'il a été chargé par les vendeurs de les représenter dans les pourparlers avec l'acquéreur. C'est ainsi que le notaire négociateur d'un acte de vente répond de la solvabilité des acquéreurs et de la fiabilité des vendeurs[994].

Certes même lorsque son intervention se limite à l'authentification de l'acte, le notaire peut également être rendu responsable de l'insolvabilité de l'acquéreur mais c'est alors dans l'hypothèse où le défaut de paiement du prix lui est imputable du moins en partie, ainsi lorsqu'il a négligé de recevoir l'engagement de caution promis, sachant que l'acquéreur ne

---

987 cf cass civ 7 fév. 1984 bull civ I n°51.

988 Idem

989 Ibidem

990 cf (cass 1er civ 14 fév. 1962 cass pal 1962, I, 428)

991 cf (cass 1er civ, 7 fév. 1990, JCP 1990, II 21-533)

992 cf. Trib. civil Dunkerque, 20 oct. 1954, cité par Kuhn dans le manuel de la responsabilité notariale Dalloz 1962 (mise à jour 1er juin 1970)

993 Idem

994 cf (cass 1er civ, fev 1974 Bull civ I n°51)

dispose d'aucune réserve financière[995]. Même s'il prévient les conflits par son acte, le notaire est tenu de procéder à un contrôle ferme de légalité[996].

Paragraphe II

Le notaire assure la sécurité juridique par le contrôle de légalité

Le rôle du notaire est en effet de vérifier la conformité des contrats qu'il authentifie aux textes en vigueur, généraliste du droit, il doit connaître les lois nationales et internationales qui s'appliquent en la matière[997].

Il recueille la signature des parties et atteste de ce consentement éclairé après avoir eu le temps nécessaire de leur avoir expliqué le sens de leurs engagements.

Aussi, c'est en ce sens que le notaire est comme le désigne la doctrine est « l'instituteur de la loi ». En définitive, il appose sa signature sur l'acte, et c'est dès l'instant qu'il signe l'acte et qu'il atteste des engagements des contractants que l'acte acquiert son caractère d'authenticité[998].

Cependant, officier public le notaire en sa qualité de spécialiste traditionnel de droit immobilier, est investi d'une tâche particulièrement rigoureuse. Il lui incombe en effet d'assurer la sécurité juridique des actes translatifs de propriété auxquels il prête son ministère, pour se faire, il se doit d'être impartial et observer une obligation de neutralité absolue dans ses relations professionnelles avec ses clients. Il ne peut prendre parti ni pour l'un ni pour l'autre, il reste à ce titre impartial[999].

Il devient ainsi le notaire du contrat, et non le notaire des parties. Ainsi il éclaire ses clients sur le sens et la portée de leurs engagements, sinon dans le cas contraire, sa responsabilité peut être engagée. C'est pour cela que dans beaucoup de pays les notaires sont couverts par une assurance professionnelle collective et obligatoire qui couvre ainsi la responsabilité du notaire et qui est aussi le gage de la sécurité juridique apportée aux contrats[1000].

Cette profession au Togo essaie elle aussi de se doter de cette assurance, mais ce n'est que par une politique volontariste du gouvernement que nous pourrons y arriver[1001].

Son rôle d'officier public lui confère l'obligation d'observer une neutralité absolue dans ses relations professionnelles avec ses clients. Il ne peut pas prendre parti pour l'un plutôt que pour l'autre. Il doit être impartial. Il est le notaire du contrat et non le notaire de l'une ou l'autre des parties. il doit éclairer ses clients sur la portée de leurs engagements et

995 cf (CA Renes 28 mars 1988, JCP N 1998, II, 66).

996 Idem

997 Jeanne de Poulpiquet préc. P 168

998 Idem

999 Ibidem

1000 Cécile Biguenet-Maurel thèse préc. P 209

1001 Jean Luc Aubert préc. P 122

vérifier qu'ils correspondent bien aux objectifs qu'ils souhaitent atteindre, faute de quoi sa responsabilité pourra être engagée[1002].

C'est la raison pour laquelle, le notaire français est couvert par une assurance professionnelle collective et obligatoire qui couvre sa responsabilité civile, gage de la sécurité juridique apportée aux contrats qu'il reçoit[1003].

Paragraphe III

Le notaire assure la sécurité juridique par la conservation des actes

En outre, le notaire en sa qualité d'officier public a aussi pour obligation de conserver les minutes des actes, n'étant ni propriétaire ni possesseur de ses minutes. Aussi tout notaire doit par conséquent conserver dans ses archives toutes ses minutes pendant cent ans, il assure ainsi la sécurité juridique par la conservation des actes. Ainsi, cette obligation de conservation permet de garder la preuve des engagements des contrats passés[1004]. C'est en ce sens qu'il est le conservateur de la mémoire des familles[1005]. Cependant, l'acte authentique qui assure la sécurité juridique des actes, doit obligatoirement être enregistré car telle est la première obligation dont le notaire est investi[1006].

En revanche, au-delà de la sécurité juridique qu'il apporte, le notaire assure également l'efficacité économique du contrat qu'il établit et les différentes inscriptions auxquelles il procède aux registres publics et assure la fiabilité de ses actes[1007].

Section II

L'acte notarié instrument de fiabilité des registres publics

Comme nous avons pu le définir l'acte authentique notarié est un écrit établi par un notaire officier public et professionnel en la matière, dont les affirmations font foi jusqu'à inscription de faux et dont les grosses revêtues de la formule exécutoire sont susceptibles d'exécution forcée[1008].

Il faut noter ici que le rôle du notaire en tant qu'officier public instrumentant est primordial. Et à travers la définition de l'acte notarié, l'on peut déduire que celui-ci est un instrument de garantie entre les parties en tant que titre exécutoire et constitue un moyen privilégié de preuves en cas de conflit et au cours du jugement. L'acte authentique est également un instrument de fiabilité des registres publics[1009].

1002 Idem

1003 Cécile Biguenet-Maurel thèse préc. P 89

1004 Jeanne de Poulpiquet préc. P 429

1005 Article 100 de la loi du 16 novembre 2001 portant statut des notaires au Togo préc.

1006 Idem

1007 Idem

1008 Ibidem

1009 Roland de Valkeneer préc. P184

Paragraphe I

L'acte authentique notarié instrument de garantie entre les parties et preuve privilégiée au cours du procès

Tout contrat passé devant notaire en bonne et due forme a force exécutoire et est une garantie pour les parties.

Contrairement à l'acte sous seing privé qui est un écrit instrumentaire rédigé par un particulier et comportant la signature manuscrite des parties mais qui n'est pas revêtue de la formule exécutoire l'acte authentique notarié, quant à lui est revêtu de la formule exécutoire insérée dans l'expédition que délivre le notaire et permettant aux bénéficiaires, donc aux contractants de poursuivre l'exécution en recourant si cela est nécessaire à la force publique[1010].

Cependant, tout bail passé devant notaire est une garantie aussi bien pour le bailleur que pour le preneur ou le locataire[1011]. De même, tout nantissement instrumenté par un notaire en bonne et due forme constitue une sécurité aussi bien pour le débiteur que pour le créancier[1012].

Dans les régimes matrimoniaux, le contrat de mariage passé devant le notaire est une garantie nécessaire et supplémentaire au mariage des futurs époux. En effet, le contrat de mariage qui est un acte juridique accessoire à l'acte principal qui est le mariage est une convention par laquelle les futurs époux fixe le statut de leurs biens pendant le mariage et le sort de ces biens à la dissolution[1013].

Dans tous les cas, l'on doit relever que la garantie que l'acte authentique notarié assure aux paries traduit non seulement le rôle important, que joue le notaire en tant qu'officier public mais également les caractéristiques intrinsèques de l'acte le rendant apte à faire l'objet de publicité véridique et fiable dans les registres publics ; parce que revêtu de la formule de titre exécutoire et faisant foi jusqu'à inscription de faux, et constituant une preuve privilégiée en cas de conflit et dans les jugements[1014].

En effet, le notaire en tant qu'officier public et en sa qualité de délégataire de pouvoirs à lui conférés par l'État, contrôle la légalité en instrumentant et limite par voie de conséquence les contentieux judiciaires, qui pourront s'ensuivre. De même par son rôle d'expert conseil neutre ou impartial. Le notaire avec et à travers son acte authentique, et par la force probante particulière de cet acte notarié dans les jugements, garantit les parties, puisque d'ailleurs l'acte notarié constitue incontestablement un instrument de fiabilité des registres publics[1015].

1010 Idem

1011 Eric Dibas « Renouvellement du bail à usage privé » préc. P 118

1012 Patrick Courbe, Mathias Latina, « Droit des biens », Ed Dalloz 2014 P 10

1013 François Chenede « Droit de la famille » Ed Dalloz 2023/2024 P 31

1014 Jeanne de Poulpiquet préc. P 312

1015 Cécile Biguenet-Maurel Thèse préc. P 208

Paragraphe II

La fiabilité des registres publics et la publicité

L'acte notarié fait foi jusqu'à inscription de faux. La fiabilité d'un registre public qui en découle devient alors une valeur économique capitale dans la mesure où elle octroie une garantie inéluctable et « erga omnes » c'est-à-dire à l'égard de tous et qui se traduit par une sécurité indéniable pour les investissements en favorisant l'augmentation des financements dans les activités productives[1016].

Cependant, en matière de la conservation foncière, les « registres immobiliers publics » dont la fiabilité doit être garantie par l'État peuvent sécuriser les transactions immobilières et permettre d'utiliser les immeubles comme une garantie du crédit. Ce qui favorisera les investissements[1017].

En outre, dans la constitution des sociétés, en vue de garantir l'authenticité des actes et dans le but de sécuriser à terme les investissements dans les pays OHADA, les dispositions de l'article 10 de l'Acte Uniforme du 17 Avril 1997 relatif au droit des sociétés commerciales et du groupement d'intérêt économique, impose que les statuts des sociétés soient établis par acte notarié[1018] ; ce qui contribue ainsi à encourager les promoteurs et les investisseurs à s'engager en toute confiance sur le marché financier[1019].

Ainsi, l'on doit souligner que c'est cette confiance qui a poussé le législateur français à exiger que les baux emphytéotiques doivent être passés devant le notaire. Il en est de même de l'immatriculation des sociétés en vue de la protection du nom commercial, et de la cession des actions ou des parts sociales, qui doivent être des actes notariés garantissant l'authenticité dont la fiabilité constitue une protection des investissements, en raison de la force exécutoire de ces actes[1020].

Par ailleurs, la publicité des actes notariés, par l'information présente des avantages indéniables et renforce la fiabilité des registres publics. Puisque désormais tous ces actes sont opposables au tiers[1021]. Ainsi cela entraine un avantage important aussi bien pour les créanciers que pour les débiteurs et la limitation des conflits sur le marché financier.

En définitive, l'on doit noter que l'authenticité de l'acte notarié et la fiabilité des registres publics qui en découlent garantissent les parties et sécurisent véritablement les investissements[1022].

1016 Jeanne de Poulpiquet préc. P 212

1017 Riad Obégi Thèse Paris 2 préc. P 235

1018 Article 10 de l'acte uniforme relatif au droit des société

1019 Marie-Anne Frison-Roche

1020 Rapport du notariat français au congrès de Marrakech préc. P 79

1021 Idem

1022 Ibidem

Paragraphe III

L'inscription hypothécaire en tant que moyen assure le retour des investissements

La convention des parties étant seulement connue d'elles, elle doit tout d'abord être enregistrée pour ensuite être connue des tiers, il convient de les en informer, et par la publicité aux registres, les tiers sont ainsi au courant et à partir de là les actes conclus leur sont opposables[1023].

La conservation des hypothèques a pour mission, lors de la publication de tout acte de nature immobilière : d'identifier clairement le bien par l'établissement d'une fiche « bien », d'identifier avec précision la personne (physique ou morale), par l'établissement d'une fiche personnelle, d'annoter ces fiches en précisant la nature juridique de l'acte les concernant et les principales caractéristiques de celui-ci (vente, donation, servitude, hypothèque ou autres).

C'est à l'aide de divers documents fournis par le notaire que la conservation des hypothèques va créer ou compléter ces fichiers, opération qui aboutira à la publication de l'acte qui rendra celui-ci opposable aux tiers[1024].

En France, pendant longtemps, et jusqu'à une période très récente, ces fiches étaient établies de manière manuscrite[1025].

Section III

La force exécutoire et la force probante de l'acte notarié

Ainsi convient-il assurément d'énoncer qu'une fiabilité juridique d'un acte translatif de propriété immobilière reste insuffisante, si cette sécurité juridique ne s'accompagne pas par une fiabilité économique[1026].

Aussi, il est à souligner, que l'acte reçu par le notaire possède diverses caractéristiques telles que la force probante (paragraphe I) et la force exécutoire (paragraphe II) qui toutes deux constituent incontestablement un gage d'assurance économique[1027].

Paragraphe I

La force probante gage d'assurance économique

Aussi il n'est plus à démontrer que les actes authentiques sont des actes « vrais », en effet dans son sens littéraire, l'authenticité est ce qui est sincère, exact et qui possède le caractère d'un témoignage vrai des actes auxquels on peut se fier et par le temps qui court avec la crise des « subprimes », il vaut mieux s'en tenir aux actes authentiques[1028].

1023 Jeanne de Poulpiquet préc. P 239

1024 Roland de Valkeneer préc. P 149

1025 Idem

1026 Cécile Biguenet-Maurel Thèse préc. P 209

1027 Idem

1028 Ibidem

L'article 1319 du code civil précise que « l'acte authentique fait pleine foi de la convention qu'il referme entre les parties contractantes et leurs héritiers ou ayants cause »[1029].

L'acte authentique fait foi de son origine, de son contenu et de sa date jusqu'à inscription de faux ; c'est affirmer que l'acte notarié et surtout en matière immobilière où on doit s'entourer de grandes garanties. Il assure une certitude de ne pas être contesté par des cocontractants de mauvaise foi, c'est en ce sens qu'économiquement et financièrement sa fiabilité est éclatante[1030].

Aussi, il apparaît que l'acte authentique est donc un acte éminemment fiable, ce n'est que sa première vertu, car il porte également en lui-même la possibilité de son exécution forcée[1031].

Paragraphe II

La force exécutoire renforce le gage de fiabilité économique

Lorsqu'un acte notarié contient l'obligation de payer une somme d'argent, le notaire est investi de la faculté de délivrer au créancier une copie sur laquelle figure la formule exécutoire[1032].

Ainsi le créancier muni d'un titre exécutoire, constatant une créance liquide et exigible peut en poursuivre l'exécution forcée sur les biens de son débiteur, dans la condition propre à chaque mesure d'exécution, aussi la loi cite parmi les titres exécutoires « les actes notariés revêtus de la formule exécutoire[1033] ».

L'exécution forcée consacre ainsi une fiabilité économique, dès lors qu'elle permet au créancier de recouvrer aussi rapidement sa créance sans avoir recours à un juge[1034].

Ainsi après avoir mis en exergue les vertus juridiques et économiques de l'acte authentique en matière de vente immobilière, il est également important de mettre en évidence les structures pouvant mettre en œuvre la publicité foncière qui reste un moyen supplémentaire d'opposer les actes translatifs de propriété immobilière aux tiers. Ce qui montre que l'acte notarié possède ainsi d'énormes valeurs économiques, qui incitent à le choisir comme moyen de sécurisation des contrats d'affaires sur le marché financier[1035].

1029 L'article 1319 du code civil préc.

1030 Idem

1031 Jeanne de Poulpiquet préc.

1032 Idem

1033 Ibidem

1034 Rapport du congrès de Marrakech a cité Laurent Aynès préc.

1035 Marie-Anne Frison-Roche préc.

Section IV

La valeur économique de l'acte notarié

En tout état de cause, l'acte authentique notarié garanti la valeur économique entre les parties (paragraphe I) et sécurise sûrement les investissements (paragraphe II)

Paragraphe I

L'acte authentique notarié garant de la valeur économique

L'acte authentique notarié, comme nous l'avons défini plus haut, est un écrit établi par un notaire, officier public, et professionnel en la matière expert conseil impartial des parties, et garant de la fiabilité du système juridique dans son pays.

De ce fait, la valeur économique de l'acte notarié entre les parties et la fiabilité du système juridico économique ne font plus de doute[1036]. L'acte notarié assure la conformité à la loi et la transparence qui créent la confiance entre les parties ; Cependant, Il s'exprime librement et sans ambiguïté, les parties s'engagent à s'exécuter loyalement comme l'indique l'article 1134 du code civil français. Aussi, il renforce cette confiance mutuelle entre les parties. Il constitue un gain de temps et une économie d'énergie permettant d'éviter des procès qui engendrent inutilement des coûts excessifs aux parties et engorgent les tribunaux.

Ainsi l'acte notarié crée par voie de conséquence la paix sociale gage pour les investissements. En outre, en tant que preuve privilégiée dans les jugements, instrument de fiabilité des registres publics, et en tant que titres exécutoires, l'acte authentique notarial assure non seulement la valeur économique entre les parties mais également constitue un instrument de fiabilité du système juridique et économique dans un pays[1037].

Et puisque dans ce contexte, l'acte notarié est un instrument de prévention des conflits, du contentieux, et sert de preuve dans les jugements. Il joue enfin un rôle de médiateur ou de balancier entre libéralisation et sécurité juridique.

Tout cela procède d'ailleurs de la « civil law » qui exige pour tout acte une sécurité juridique comme base par opposition à la « common law » qui n'exige pour tout autre acte que la célérité qui n'est pas forcément synonyme de sécurité juridique[1038]. L'acte notarié garantit ainsi la valeur économique et par voie de conséquences sécurise les investissements.

Paragraphe II

L'acte notarié au service de la sécurité des investissements

Le contrat entre les parties est assuré par la confiance créée à travers l'acte notarié. Cette confiance les contraint à exécuter loyalement les

1036 Idem.

1037 Jeanne de Poulpiquet préc. P 114

1038 Idem

engagements pris conformément aux dispositions de l'article 1134 du code civil[1039].

Aussi le respect de tout le processus rédactionnel en passant par l'identité des parties, leur capacité à contracter, les formalités administratives et les bons soins apportés par le notaire à l'acte constitue une sécurité pour les investissements[1040].

Cependant grâce à la fiabilité des registres publics qui en résulte, et sa force exécutoire, l'acte notarié est non seulement un instrument de garantie et de sécurité dans les investissements, mais aussi un instrument de soutien du développement économique en raison également de la transparence et de la paix sociale qu'il instaure[1041].

Nous savions que le renforcement juridique que l'acte authentique apporte aux actes d'investissements des banques reste insuffisant, s'il ne permet pas à ces derniers d'atteindre leurs objectifs, c'est-à-dire, garantir la fiabilité de leur stratégie d'investissement, et en assurer sans heurts le retour d'investissement[1042].

Ainsi, l'enregistrement et la publicité qui sont indissociablement liés constituent des moyens qui rendent efficaces les actes d'investissements, dès lors qu'ils sont immobiliers, les inscriptions les concernant au service de la conservation des hypothèques constituent pour eux une sûreté de retour d'investissements[1043].

Ainsi la convention des parties étant seulement connue d'elles, elle doit tout d'abord être enregistrée pour ensuite être connue des tiers, il convient de les en informer, et par la publicité aux registres publics, les tiers sont ainsi au courant et à partir de là les actes conclus leur sont opposables[1044].

En définitive, l'on doit noter que l'authenticité de l'acte notarié et la fiabilité des registres publics qui en découle garantit les parties, et sécurise les investissements[1045].

Il ne fait aucun doute, que la rigueur et la transparence de ce dernier, permettent de garantir les équilibres entre les parties au contrat d'affaires, ou même les équilibres dans les familles, et ainsi les conflits en sont prévenus[1046].

En tout état de causes, ce sont les raisons principales de sécurité et d'équilibres et de rigueur qui poussent les acteurs du marché financier et bancaire à recourir à l'acte authentique comme moyen de sécurisation juridique des relations d'affaires[1047].

1039 l'article 1134 du code civil préc.

1040 Rapport du notariat français au congrès de Marrakech préc. P 78

1041 Idem

1042 Jeanne de Poulpiquet préc.

1043 Rapport du notariat français au congrès de Marrakech préc. P 78

1044 Idem

1045 Jeanne de Poulpiquet préc.P148

1046 Idem

1047 Marie Anne Frison-Roche préc.

Ce faisant, cette trilogie doigtée comme fondement réel de son recours, allié à la fiabilité des registres publics qui en découle contribue à l'instauration de la valeur économique[1048].

C'est ainsi que l'on peut affirmer que le système de droit civil est celui qui rassure, et contribue sans cesse à la sécurisation des situations dans lesquelles il s'implique, d'où la nécessité d'y recourir en toute garantie[1049] ; et le notaire contribue ainsi par ses actions à l'amélioration du climat des affaires.

Section V
Le notaire participe par son acte à l'amélioration du climat des affaires

Le professeur Émile Coué, maître de l'école de Nancy écrivait « que la première faculté de l'homme n'est pas sa volonté mais son imagination »[1050].

C'est pour cela qu'il faudra beaucoup d'imagination aux pays africains pour s'améliorer et améliorer les structures qui contribuent à leur développement socio-économique et qui permettent ainsi d'attirer ceux qui ont de l'argent à placer sur leurs marchés[1051].

Et la recherche de l'argent frais est permanente, car les entreprises africaines ont alors d'énormes difficultés en matière d'investissement[1052].

C'est pour cela que les États doivent être des stratèges ayant une vision claire et imaginative au service des opérateurs[1053].

Cependant leur rôle et celui de leurs organismes est de faciliter la pratique des affaires, anticiper la vague de modernisation, et de répondre aux attentes des citoyens en favorisant l'enrichissement de ceux qui ont la capacité et l'imagination d'entreprendre[1054].

Ainsi, ils aideront à accélérer la simplification des procédures et des formules administratives régissant « le climat des affaires ». Ils œuvrent en effet à améliorer le climat des affaires[1055].

Aussi, « améliorer » selon le robert, ne veut-il pas dire, « rendre meilleur en supprimant les défauts[1056] ». Ainsi, rendre meilleur et sans défaut le climat des affaires[1057], devient une obligation « erga omnes » pour le notaire, qui relève pour lui de son devoir de conseil, quelle que soit la

1048 Roland de Valkeneer préc.P104

1049 Idem

1050 « Étude de la vie » de Emile Coue, psychanaliste pharmacien, maître de L'école de Nancy.

1051 Prosper Gadegbeku « L'amélioration du climat des affaires quel rôle pour le notariat » ; Togo-presse N°11189 du 17 décembre 2021

1052 Idem

1053 Ibidem

1054 Abdoulaye Harissou préc. P 125

1055 Idem

1056 Dictionnaire Le Robert

1057 Prosper Gadegbeku préc. Togo-Presse N° 11189

nature de son intervention, qui est évidemment « absolue » ; que ce soit en matière civile ou commerciale[1058].

Ainsi, il est à souligner qu'un notaire ne peut être un simple scribe, témoin passif des accords contractuels ou d'affaires[1059]. Ses interventions sur le marché des affaires l'amènent à s'y ériger en tant que régulateur, il est ainsi au centre du climat des affaires par la sécurité et la confiance qu'il apporte aux investisseurs[1060].

Cependant, le climat des affaires n'est-il pas l'ensemble des facteurs politiques, juridiques, économiques, sociaux, culturels, tendant à attirer tout investisseur à s'installer dans un lieu ou dans un pays afin que ce dernier y entreprenne sans heurts, et en toute quiétude dans l'optique de gagner aisément son retour d'investissement[1061].

Ces facteurs sont multiples. Il s'agit entre autres de la qualité des règles de droit et de leur application, de la stabilité politique, de la stabilité macroéconomique, du coût de la main-d'œuvre, du régime fiscal, de la qualité des services bancaires et autres intermédiaires financiers, des coûts opérationnels des affaires, du coût de l'énergie, et de la disponibilité des ressources énergétiques et des ressources naturelles[1062].

La notion de « climat des affaires » englobe donc l'indice de la facilité de faire des affaires et on ne peut pas faire des affaires, sans conclure des accords contractuels qui mettent l'investisseur ou l'homme d'affaires sur la voie de la sécurité et de la réussite ; ce qui dénote l'importance des contrats en matière d'investissement[1063].

Et c'est à juste titre que le professeur Jacques Mestre précise que « le contrat est l'âme des affaires[1064] » ; ainsi, seul le notaire en sa qualité d'officier public dont la fonction est d'assurer la sécurité aux actes ou contrats d'affaires peut aider à enrichir le climat des affaires, par la confiance qu'il instaure sur le marché[1065].

Ainsi le rôle public du notaire se caractérise également par la prééminence de son statut en tant que tiers de confiance[1066], intervenant au cœur des contrats d'affaires, et conciliant les intérêts des parties entre elles, et facilitant leur rapport avec l'État, qui met à leur disposition des moyens pour atteindre leurs objectifs[1067].

Cependant, la banque mondiale a instauré « la célérité » comme principe qui préside aux installations sur le marché des affaires, aux conclusions des accords, aux réalisations des transactions, aux

---

1058 Jeanne de Poulpiquet « La responsabilité pénale des notaires » préc. P118

1059 Idem

1060 Marie-Anne Frison-Roche « La conception renouvelée du notariat » préc.

1061 Prosper Gadegbeku, Togo-Presse N° 11189 préc.

1062 Idem

1063 Ibidem

1064 Jacques Mestre, « le contrat est l'âme des affaires »

1065 Marie-Anne Frison-Roche préc.

1066 Idem

1067 Ibidem

comportements à adopter sur le marché des affaires [1068]; ce principe empreint de rapidité en toutes situations est le fondement même d'un libéralisme assez poussé et relevant du common law qui n'exige pour tout acte, que la célérité, la rapidité et le pragmatisme, et ce dans le seul et unique but de gagner[1069].

Aussi, les États africains ont été exhortés à emprunter cette voie de rapidité en affaires[1070], raison pour laquelle, ces derniers ont cru bon de devoir se saisir de cette occasion, pour mettre en place les moyens de leur politique de développement économique, dans cet ensemble que constitue « le climat des affaires ». Cette notion générique recouvre un ensemble de paramètres permettant, de fixer les baromètres d'un environnement propice aux investissements, aux affaires, et au développement économique[1071].

C'est d'ailleurs une telle logique d'attractivité, qui a justifié cet ensemble de réformes récentes dans les États africains allant des conditions d'établissement des investisseurs, à la prise en charge judiciaire de la sécurisation de leurs investissements[1072] ; à la création des guichets uniques : guichets uniques pour le foncier ; guichets uniques pour la création des entreprises ; pour accélérer la procédure d'obtention des titres de propriétés des immeubles, et celle de la création des entreprises ; dans l'espoir d'écourter les délais d'attente des opérateurs[1073].

Ces différentes réformes sont appréciées comme l'une des actions les plus fondamentales pour atteindre l'objectif de développement économique des États africains[1074]. L'objectif de développement économique, ainsi que les moyens mis en œuvre pour y aboutir ne laissent pas indifférents les notaires qui, à l'occasion de chacune de leurs rencontres studieuses échangent sur l'apport de la pratique notariale dans la réussite du processus de développement économique des États africains[1075].

Le développement économique fait ainsi référence à l'ensemble des évolutions positives dans les changements structurels d'une zone géographique, ou d'une population. De tels changements engendrent l'enrichissement de la population et l'amélioration des conditions de vie[1076].

Étant donné qu'il nécessite entre autres la création de richesses, le développement économique est ainsi associé au progrès en ce sens qu'il entraîne généralement une progression du niveau de vie des habitants. Il contribue ainsi à améliorer le niveau de vie des citoyens et à éradiquer quelque peu la pauvreté[1077].

1068 Prosper Gadegbeku Togo-Presse N° 11189 préc.

1069 Idem

1070 Prosper Gadegbeku préc.

1071 Idem

1072 Ibidem

1073 Situation de modernisation de climat des affaires en Afrique pour la création des guichets uniques, des titres fonciers.

1074 Rapport de synthèse du congrès des notaires d'Afrique d'Oron en Algérie en 2016

1075 Idem

1076 Thomas Pikety « Le Capital au XXI Siècle » préc. P 221

1077 Idem

D'où les interventions du notaire au service de l'intérêt général et de la sécurité juridique préventive, font de lui un « tiers de confiance » des parties, qui contribue à éviter les litiges et au développement économique et à la paix sociale[1078].

Ils deviennent ainsi de véritables acteurs du développement économique[1079], en ce qu'ils constituent des magistrats de l'amiable, permettent d'éviter la fraude à la loi et le préjudice aux personnes[1080] et recherchent la forme juridique la plus adaptée aux intérêts publics et privés pour lesquels leur intervention est sollicitée[1081].

La fonction notariale va donc au-delà de la croissance économique. En effet, les notaires protègent les droits de l'homme, l'environnement (propreté de l'eau et de l'air comme conditions élémentaires de la vie), la justice, la liberté, la vérité, l'honnêteté, la fiabilité, et gardent le secret professionnel[1082].

Ils participent à la lutte contre la corruption, la subornation, les accords de collusion et les autres actions nuisant aux personnes et au développement économique, ainsi que les actes qui même respectant le fond de la loi seraient contraires à son esprit, ou les actes manifestement préjudiciables aux parties[1083].

Cependant, le développement économique auquel il participe est un objectif pour tout État et une exigence professionnelle pour lui[1084].

Il constitue dès lors un sujet naturel de discussion entre eux, et soucieux de leur efficience, quant au respect de l'obligation professionnelle mettant à leur charge la contribution au développement économique. Cette obligation combinant valeur sociale du notariat et intérêt général de l'activité notariale, impose à ceux-ci une réflexion sur l'apport de la pratique notariale dans le processus de développement économique[1085]. Cette problématique est d'autant plus actuelle que se pose entre autres questions, et de manière plus accrue aujourd'hui, celle des avantages et inconvénients de l'intervention du notaire en matière d'affaires[1086].

Cependant, l'apport de la pratique notariale dans le processus de développement économique, entraîne une réflexion globale sur les champs d'intervention des notaires, leurs domaines de compétences sont nombreux, combinant satisfaction de l'intérêt général et des intérêts particuliers. Une telle attitude profitable aussi bien aux personnes publiques qu'aux personnes privées justifie dans cette réflexion

1078 Marie-Anne Frison-Roche préc.

1079 Idem

1080 Ibidem

1081 Jeanine de Poulpiquet préc. P 45

1082 Prosper Gadegbeku « l'amélioration du climat des affaires » Togo-Presse préc.

1083 Idem

1084 Rapport de synthèse du congrès des notaires d'Afrique d'Oran en Algérie en 2016 préc.

1085 Idem

1086 Ibidem

l'appréhension du développement économique sur le plan microéconomique[1087].

La réflexion combinant ces deux approches confirme que le développement économique ne peut être valablement obtenu qu'avec un secteur privé fort et un secteur public performant. Ainsi, afin de contribuer à un développement économique harmonieux, pour un équilibre économique[1088], la pratique notariale instaure ainsi sur le marché des affaires la confiance et la sécurité[1089].

Car, l'objectif de tout investisseur est d'assurer la sécurité juridique de son investissement[1090]. Cette sécurisation que le notaire est le seul à procurer sur le marché[1091], contribue ainsi à améliorer le climat des affaires en Afrique, car ce continent est considéré et à juste titre par les investisseurs étrangers, comme un continent à risque[1092]. Mais à force de moderniser les structures du marché tendant à les attirer, le risque tant redouté sur le marché africain tend ainsi à s'éloigner[1093].

Cependant, dans l'analyse les éléments novateurs qui confirment l'amélioration du climat des affaires, entrainent à coup sûr le développement économique attendu. Ils permettent en effet d'atteindre un niveau élevé de réussite économique et de là, la pratique notariale y apparait, comme un moyen salvateur par la confiance qu'elle porte en elle, elle contribue ainsi à la relance du secteur privé qui amorce la croissance économique[1094].

Cette attitude tend ainsi à renforcer les notaires dans leur mission d'intérêt public, en leur qualité de tiers de confiance. Leur apport au secteur privé contribue en tout état de cause à le stabiliser. Cette stabilité crée une affluence des investisseurs nationaux et internationaux sur le marché, attirés par un climat des affaires structuré et modernisé qui aide ainsi à leur réussite[1095].

« En outre, l'entreprenariat qui en est l'essence permet de mettre le monde des affaires au service des pauvres », et contribue en vrai à l'éradication de la pauvreté et à la naissance de nouveaux riches[1096].

Cependant, l'analyse des conditions de gouvernance de ce secteur privé marque la place du droit et de son application dans le processus de son développement[1097].

Ainsi, l'exigence des connaissances et des compétences élevées du notaire, permet en effet de prendre en charge la complexité des souhaits

---

1087 Rapport de synthèse du congrès des notaires d'Afrique préc.

1088 Kako Nubukpo l'urgence Africaine préc. P49

1089 Marie-Anne Frison-Roche préc.

1090 Idem

1091 Ibidem

1092 Prosper Gadegbeku : "L'amélioration du climat des affaires" Togo-Presse précité

1093 Idem

1094 Prosper Gadegbeku : "L'amélioration du climat des affaires" Togo-Presse précité

1095 Marie-Anne Frison-Roche précité

1096 Kako Nubukpo L'urgence Africaine précité P 72

1097 Marie-Anne Frison-Roche précité

des entrepreneurs, et la technicité des solutions à mettre en œuvre dans l'installation et dans l'expansion de leur entreprise[1098]. Ces exigences requises dans la profession notariale sont en réalité reconnues au notaire qui est un acteur incontournable dans la création des entreprises et de leur expansion[1099].

Cependant, le souhait de tout opérateur économique, investisseur, financier, n'est-il pas de connaître un marché, environnement d'affaires exempt de tout défaut. Mais en réalité, aucun marché, aucune relation d'affaires n'est exempte de risque. Aussi, pour minorer ce risque, quitte à le diluer, les opérateurs se doivent ainsi de recourir au service d'un notaire, qui est là pour leur prodiguer des conseils, donner un avis pour les déterminer à agir au mieux de leurs intérêts et en définitive authentifier leurs relations d'affaires[1100].

Ainsi, respectant les différentes législations qui assurent la validité des actes, car il est de son obligation de les connaître toutes, le notaire est ainsi au centre stratégique des affaires[1101]. De là il joue un rôle conséquent et devient l'interface sur le marché des affaires[1102] ; et peut en tout état de cause aider nos États à ramener en Afrique, les avoirs importants, s'élevant à plus de 118 millions de dollars, selon la banque mondiale que détiennent nos frères et sœurs de la diaspora qui ont des difficultés à investir chez nous. Ainsi, le notaire africain des pays d'origine collaborant avec son confrère des pays d'accueil de la diaspora, aidera à réduire la distance qui sépare les pays et à réduire les risques qui jalonnent ce processus d'investissement[1103].

En définitive, un climat des affaires de qualité doit disposer d'un système d'infrastructure abordable, permettant de faciliter l'accès au financement, et doit avoir une main d'œuvre de qualité élevée et des institutions efficaces, encadré par un système juridique efficient, capable d'aider les opérateurs économiques à maîtriser les risques liés à leurs investissements.

Cependant, c'est ce rôle de régulateur du marché des affaires que le notaire des temps modernes, est appelé à jouer avec abnégation, impartialité, efficacité, solidarité, pour ainsi contribuer à l'amélioration du climat des affaires[1104].

1098 Jeanne de Poulpiquet Précité P189

1099 Marie-Anne Frison-Roche Précité

1100 Cécile Biguenet-Maurel : " Le devoir cde conseil des notaires " Thèse Université de Toulouse préc. P 133

1101 Jeanne de Poulpiquet : " La responsabilité pénale des notaires ", préc. P98

1102 Idem

1103 Rapport d'Abdoulaye Harissou sur l'apport de l'investissement de la diaspora sur le continent Africain pour le compte du notariat francophone

1104 Prosper Gadegbeku : " L'amélioration du climat des affaires " Togo presse préc.

Chapitre V

PRATIQUE NOTARIALE EN AFRIQUE ET PERSPECTIVES

En Afrique et tout particulièrement au Togo avant l'indépendance il n'y avait pas de notaire au sens latin du terme, seuls les greffiers-notaires officiaient en tant que notaires, les actes notariés d'alors que nous avons eus ont été rédigés par des greffiers-notaires des tribunaux d'instance, tels les testaments authentiques[1105].

La vente des immeubles était faite par des actes sous seings privés[1106]. Le caractère libéral de la profession de notaire a été institué après l'indépendance par le décret N° 6029 du 13 février 1960 relatif aux notaires du Togo[1107].

Et ce n'est qu'à partir de ce moment qu'un notaire formé à l'école française a été nommé[1108], et ainsi naquit réellement la pratique notariale. Elle a aussi continué sans qu'aucun texte digne de ce nom puisse l'encadrer[1109].

Aussi, a-t-elle vécu sur des bribes de lois venues du colonisateur, la loi du 25 Ventôse an XI, les ordonnances de 1945 et de 1971[1110]. Et depuis le 16 novembre 2001, le notariat togolais s'est doté d'une nouvelle loi N° 2001-09[1111].

Dès 2001 cette loi est venue au Togo donner véritablement un cadre légal à l'exercice de la mission du notaire[1112]. Elle n'est que la réplique de la loi du 25 Ventôse an XI qui a été reprise par tous les pays de droit civil[1113].

Elle absorbe ainsi globalement ; les notaires et les actes notariaux, du régime du notariat, des interdictions et des incompatibilités, de la rémunération, de la comptabilité et des livres des notaires, de la garde, de la transmission des minutes, des répertoires et autres registres professionnels des notaires, des sociétés civiles professionnelles des notaires, des inspections des études de notaires, de l'honorariat et de la carte professionnelle, et enfin des dispositions finales[1114].

En définitive 229 articles ont été ainsi consacrés à l'exercice de la profession notariale, et à la raison d'être du notariat[1115]. Cependant, il convient d'affirmer que ce soit en Afrique ou ailleurs le notariat reste pour les temps modernes un précieux héritage du passé de l'Europe[1116].

1105 Testament de feu Emmanuel Ayivi Ajavon reçu par le greffier notaire du tribunal de Lomé en 1956 Par Mr Gaitano

1106 Contrat de vente de maison entre M. Ayivi Ajavon et M. Ajavon Anthon

1107 Décret N°6029 du 13 février 1960 relatif aux notaires du Togo

1108 Nomination du 1er notaire du Togo en 1960 César Amorin

1109 Situation notarial au Togo au début de 1960

1110 Loi du 25 Ventôse an XI et les décrets de 145 et 1971 régissant le notariat en France.

1111 Loi de 2001-09 du 16 novembre 2001 portant statut des notaires au Togo

1112 Idem

1113 Loi du 25 Ventôse an XI précité

1114 Loi de 2001-09 du 16 novembre 2001 portant statut des notaires au Togo précité

1115 Idem

1116 Prosper Gadegbeku préc.

Il correspond ainsi à une forme d'expression juridique ressentie universellement, quoique selon des modalités propres au génie de chaque peuple, aux nécessités de chaque époque et aux besoins conceptuels de l'économie politique, l'institution notariale des temps modernes a été exportée dans tous les pays influencés par le droit latino-germanique, y compris des pays aux régimes politiques ou économiques différents[1117] que ceux de l'Afrique[1118].

Aussi bien que le notariat moderne au Togo ne date que de 1960[1119], il est encadré par la loi du 16 novembre 2001 dont les différents titres ont été ci-dessus annoncés[1120].

Dans le cadre de cette étude il nous parait opportun de mettre en évidence le cadre de la pratique notariale en Afrique (Section I) pour ensuite étudier les données d'une meilleure pratique (Section II).

Section I

Le cadre de la pratique notariale en Afrique

Au Togo seule la loi du 25 Ventôse an XI régissait le notariat qui est en fait très jeune, car il ne date que du décret du 13 février 1960[1121], et ce n'est qu'à partir de 2001 qu'une nouvelle loi est venue l'encadrer, et pour autant que faire se peut, il y a lieu ainsi de respecter les normes régissant la profession (Paragraphe 1) pour réussir une pratique digne de ce nom, il lui faut acquérir des compétences diverses (Paragraphe 2)[1122].

Paragraphe 1

Les normes régissant l'organisation de la profession

La loi de Ventôse, quoique ancienne connue de l'époque révolutionnaire est un document législatif bien étudié, et porte la marque des grands juristes, il fit l'objet de nombreux rapports dont le principal rédacteur fut le conseiller Réal[1123].

Cette loi institue ainsi un notariat indépendant du pouvoir exécutif, qui procédait à la nomination des notaires, que du pouvoir judiciaire, se reconnaissait ainsi le caractère authentique des actes reçus par le notaire[1124].

La loi de Ventôse a pu subsister jusqu'à nos jours avec des modifications mais sans remise en cause fondamentale. Au cours des temps, au Togo, elle a été complétée par d'autres lois ou arrêtés[1125], et particulièrement la loi du 16 novembre 2001 qui n'est que sa réplique, qui

---

1117 Rolland de Valkeneer préc. P228

1118 Prosper Gadegbeku préc.

1119 Décret N° 6029 du 13 février 1960 préc.

1120 Loi de 2001-09 du 16 novembre 2001

1121 Loi du 25 Ventôse an XI, décret de 1960 relatif aux notaires du Togo préc.

1122 Loi N°2001-9 du 16 novembre 2001 portant statuts des notaires au Togo préc.

1123 Loi du 25 Ventôse an XI préc.

1124 Idem

1125 Loi du 25 Ventôse an XI, décret de 1960 relatif aux notaires du Togo préc.

a eu pour objet soit la sécurité des tiers, soit l'exercice de la profession d'une manière plus adaptée aux moyens modernes de travail, soit la protection sociale des notaires et de leurs collaborateurs[1126].

Le tout forme ainsi un ensemble homogène donnant au notariat africain une réelle autonomie dans les limites de l'intérêt général[1127]. Dans l'Afrique de la fin du 20ème siècle à nos jours où les influences latine et française sont restées prépondérantes[1128], nous constatons une délégation par le pouvoir central d'une parcelle de l'autorité publique au profit d'une personne privée[1129].

Ce transfert d'autorité limité dans son contenu, est donné au notaire, non au notariat, sous condition du respect de certains impératifs : l'efficacité du document juridique en tant que document essentiel de la preuve, est un élément primordial[1130], malgré la densité des structures des notariats africains[1131], l'élaboration de ces preuves forme entre eux un point qui reste une constante dans leur mission et leur raison d'être[1132].

Ainsi, il est à remarquer qu'à la règle de droit le notaire apporte une contribution appropriée[1133].

Il est vrai que de nos jours, le notariat en Afrique connait une pleine et entière mutation[1134], alors que l'activité essentielle du notariat est concentrée sur le droit de la famille, le droit immobilier[1135], un nouveau type du notariat apparaît, et est orienté vers le monde des affaires, mais il serait préjudiciable à la profession, de renoncer au rôle qu'il avait jusqu'à présent rempli sur le plan familial, aussi cette mission restera primordiale à une majorité de notaires, et y renoncer amènerait le notariat à un arrêt de mort sans précédent[1136].

Aussi tenant compte de l'évolution et de la sécurisation du climat des affaires, que deviendra alors le notariat africain dans sa pratique[1137], face à la loi du 25 Ventôse souvent modifiée par différentes autres lois subséquentes sans réelle modification[1138] ? Cette dernière suivie de certaines autres lois et règlements retrace le cadre législatif et règlementaire de la profession[1139]:

- Cadre législatif et règlementaire de la pratique notariale :

1126 Loi N°2001-9 du 16 novembre 2001 portant statuts des notaires au Togo préc.

1127 Jeanne de Poulpiquet préc. P88

1128 Rapport de Synthèse au congrès des Notaires d'Afrique d'Oran en Algérien 2016

1129 Jeanne de Poulpiquet préc. P116

1130 Idem

1131 Rapport de Synthèse au congrès des notaires d'Afrique d'Oran en Algérien 2016 préc.

1132 Roland de Valkeneer préc. P48

1133 Idem

1134 Prosper Gadegbeku préc.

1135 Jeanne de Poulpiquet préc. P120

1136 Idem

1137 Prosper Gadegbeku : " L'amélioration du climat des affaires" Togo-Presse préc.

1138 Loi du 25 Ventôse an XI préc.

1139 Loi 2001-9 du 16 novembre 2001 préc.

Dans un sens relativement restreint on peut qualifier d'abord le cadre législatif de la pratique notariale comme étant un ensemble de règles obligatoires régissant la profession et la conduite de ses membres[1140] ; et ensuite le cadre règlementaire comme l'ensemble des règlements qui ont en principe pour but de régler tous les détails auxquels l'exercice des fonctions de notaire peut donner naissance et qui n'ont pas été prévu ni par la loi de ventôse ni par aucune disposition législative ultérieure[1141]. Ils sont destinés ainsi à faciliter soit l'exécution de la loi, soit l'exercice de la profession en précisant les droits et les devoirs de chaque membre de la profession.

Aussi en matière notariale, plusieurs considérations constituent des règles, à savoir la loi notariale c'est-à-dire la loi du 25 Ventôse[1142] et au Togo la loi du 16 novembre 2001 prescrit et proscrit selon les cas, de poser certains actes, et qui sont supérieures à tous règlements, car le pouvoir règlementaire ne doit donc servir qu'à faciliter la vie en commun mais ne peut en aucun cas déroger à la loi[1143].

Ainsi les dispositions qui seraient prises pour étendre ou restreindre les attributions des notaires ou qui viseraient à modifier leur compétence ou qui les dispenseraient d'obligations légales ou au contraire leur interdiraient d'agir conformément à la loi, seraient des règlements inefficaces que le notaire ne pourrait être tenu de respecter[1144].

C'est ainsi qu'un règlement ne pourrait établir de nouvelles peines disciplinaires, ni autoriser les chambres à infliger des amendes exorbitantes, cette peine est réservée aux tribunaux[1145].

Cependant en matière de pratique notariale, la préoccupation impose à chaque notaire de conformer sa vie et ses activités aux exigences de l'intérêt général. Aussi, l'honneur personnel comme professionnel requiert certaines exigences qui incitent le notaire à ne pas faire courir sur lui des soupçons, et cependant il convient de ne pas donner prétexte à des interprétations de conduite[1146]. Aussi convenons-nous que certaines règles sont impératives, mais restent en la matière exclusivement professionnelles.

De telles approches de la déontologie sont considérées sur un plan général, et qui entraînent certaines conséquences telles que : la modération dans la rédaction afin de tenir compte des droits et des obligations pour ne pas porter préjudice aux intérêts des parties à l'acte[1147]. Ainsi il doit être admis qu'entre notaires l'entraide ne soit pas un vain mot, d'où le recours à la règle de communication des pièces utiles.

1140 Roland de Valkeneer préc. P231

1141 Idem

1142 la loi du 25 ventôse préc.

1143 loi du 16 novembre 2001 portant statut des notaires

1144 Jeanne de Poulpiquet préc. P 208

1145 Roland de Valkeneer préc. P 139

1146 Idem

1147 Ibidem

Cependant la déontologie ne se limite pas aux obligations dues aux autres, elle comprend aussi les obligations dues à soi-même, la plus importante professionnellement étant celle de sa propre formation, c'est pour cela que la dignité de se donner comme règle ; bien faire aussi ce qui doit être fait avec pour obligation de satisfaire à une formation continue, et à celle d'une spécialisation qui rapproche le notaire de l'évolution du droit théorique, et de l'évolution des techniques, et c'est pour cela qu'on a pour habitude d'affirmer que « la théorie ouvre la pratique »[1148].

Alors qu'au Togo la chambre des notaires a mis en place un processus de formation continue, et qui tend quelque peu à enrichir les notaires au point de vue théorique que pratique[1149].

Cependant, pour dérouler le cadre règlementaire de la pratique notariale, il convient de mettre en exergue le cadre légal de la déontologie, celui qui sous-tend la mise en œuvre du paradigme de la pratique, et le tout coordonné par une certaine discipline qui tend à faire du notaire un professionnel respectant les mœurs[1150].

A. La Loi

Cependant, Les règles déontologiques qui régissent la pratique notariale sont de deux ordres, toutes issues de la loi 25 Ventôse an XI et au Togo celle du 16 novembre 2001 qui ne l'a pour autant pas modifiée fondamentalement. Elles sont inhérentes aux droits et obligations régissant les rapports entre les notaires d'une même compagnie, et celle du notariat pris dans son ensemble[1151]. Ainsi sans nier les obligations morales qui s'imposent aux notaires dans leur application, elles ne sont pas contraignantes au-delà de la profession. Aussi le « cadre règlementaire général relatif aux règles de la pratique notariale » émanant tantôt de la loi du 25 Ventôse reprise par la loi du 16 novembre 2001 portant statut des notaires au Togo, lequel a un caractère contraignant aussitôt qu'il a été promulgué[1152].

Le cadre règlementaire est venu occuper le vide juridique qui a existé en la matière au Togo, et soumet dans tout le pays le notariat a des règles déontologiques identiques et les tiers et les notaires ne peuvent qu'y trouver leur compte[1153].

Cependant avant la réforme de la loi de Ventôse par la loi du 16 novembre 2001, un vide juridique existait, le notariat ne se débrouillait qu'avec les bribes de la loi du 25 Ventôse, les décrets français de 1945, 1973, et même si un décret du 13 février 1960 relatif aux notaires togolais

---

1148 Rapport du congrès des notaires de L'île Maurice préc.

1149 Roland de Valkeneer préc. P95

1150 Idem

1151 la loi 25 Ventôse an XI et au Togo celle du 16 novembre 2001 portant statut des notaires au Togo

1152 Idem

1153 Ibidem

a bien voulu donner le caractère libéral à la profession notariale, il n'avait pas pu spécifier le cadre règlementaire de la pratique au Togo[1154].

La profession s'était alors rabattue sur la loi du Ventôse qui était en quelque sorte son soubassement juridique, et qui a apporté un peu plus d'orthodoxie dans la profession. L'objet de ce cadre législatif ou règlementaire dont le texte se trouve dans la loi du 16 novembre 2001, en son article premier précise que : la présente loi est applicable aux notaires, aux clercs de notaires ainsi qu'aux notaires honoraires.

Elle en constitue le cadre législatif ou règlementaire général du notariat togolais, pour les règles relatives à la pratique notariale, et met ainsi en exergue bien de règles générales de déontologie relatives à la pratique notariale[1155].

Aussi sont ainsi mis en évidence : le concours de plusieurs notaires dans un même dossier ; le droit aux honoraires ; la répartition des tâches, la garde et la transmission des minutes, le partage des honoraires en cas de concours de plusieurs notaires, prêt de ministère[1156].

Aussi l'on ne peut s'empêcher de dire tout haut ici, en tenant compte de l'extension de la pratique en Afrique, et de la proximité des habitudes de vie existante entre africains francophones, que chaque pays ne peut avoir dans son coin, une loi fixant statut de ses notaires[1157].

Cela est réducteur des ambitions régionales que nous dessinons ensemble, raison pour laquelle la CAAf devra initier un projet du code africain de déontologie. Il doit ainsi préciser les conditions et modalités d'intervention du notaire dans un État d'accueil, dans l'optique d'un éventuel établissement dans les pays tiers[1158].

Aussi pour que ce document ait une valeur contraignante légale, les États doivent y prévoir des sanctions, à défaut de cela, il n'aura qu'un effet officieux, ainsi il remplacera les règles existantes dans chaque pays de façon parcellaire[1159].

Ce document pour qu'il soit exemplaire et efficace doit être conçu sous l'égide de la CAAf, bien étudié, il sera présenté aux gouvernements par leurs gardes des sceaux et sera adopté ensemble pour les États à l'instar des textes de l'OHADA, et ce sera une grande avancée pour la pratique notariale africaine[1160].

Cependant, il revient ainsi dans cette étude d'affirmer que la déontologie, même si elle est ressentie comme une règle régissant les habitudes de vie, parce qu'elle touche les aspects moraux de la profession, où les obligations et les droits se jouxtent , il ne s'agit pas des prétextes

---

1154 Prosper Kokou Gadegbeku ''La législation notariale au Togo de la colonisation à notre ère'' Guide du Participant, XVIème université du notariat d'Afrique Lomé 11 au 14 juillet 2023 P 15

1155 Loi du 16 novembre 2001 portant statut des notaires au Togo

1156 Idem

1157 Situation prévalant dans le cadre africain des pays membres de la CAAf

1158 Idem

1159 Ibidem

1160 proposition en vue de l'amélioration du cadre déontologique en Afrique

soulevés pour défendre tel ou tel droit à l'égard des autres membres de la profession, ou à l'encontre des tiers, mais une vraie règle s'imposant à tous[1161].

Le fondement de la déontologie est de permettre, voire d'organiser un exercice paisible de la profession notariale. Aussi, de nombreux aspects y sont pris en compte dans le but d'assurer tant que faire se peut, une harmonie aussi parfaite que paisible entre les notaires d'une part et d'autre part entre ceux-ci et des tiers[1162].

Cependant dans notre profession, il s'agit tout court bien plus d'obligations professionnelles que de droits[1163].

Ainsi, à titre expérimental, le notaire peut être membre d'un conseil d'administration d'un hôpital ou d'un établissement scolaire, et cela est licite à condition que sa mission y soit accessoire par rapport à la profession ; que l'exercice de cette mission soit gratuit, et qu'en aucun cas le notaire ne se porte caution de l'institution dont il est administrateur[1164].

1- Le notaire ne peut adhérer en tant que membre à une chambre de commerce, l'exercice de la fonction notariale est incompatible aux activités commerciales. Alors qu'en Afrique cela se fait[1165].

2- Dans l'exercice de sa profession, pratiquement deux obligations spécifiques incombent aux notaires, en matière financière :

a. L'exigence d'une provision avant la réception d'un acte pour en couvrir les frais afin de préserver l'équilibre financier de l'Étude.

b. L'interdiction d'effectuer des avances d'argent à titre personnel à un client est d'une importance capitale pour la sauvegarde de l'indépendance du notaire[1166].

3- La loi du 25 Ventôse consacre ainsi le principe de libre choix du notaire par toutes parties. Ce libre choix suppose la liberté de changer de notaire, non seulement pour l'avenir, mais aussi au cours de l'exécution d'un dossier.

Il revient aussi de dire que dans la pratique, un client ne peut être contraint de signer un acte chez un notaire qu'il n'a pas préalablement choisi, et les notaires ne peuvent en revanche refuser d'instrumenter et ce au terme de l'article 3 de la loi du 25 Ventôse an XI « tenus de prêter leur ministère lorsqu'ils en sont requis ». Cette obligation est imposée par le législateur en raison du caractère obligatoire de leur ministère[1167].

Cependant les actes notariés peuvent être reçus par un ou plusieurs notaires et hormis le cas où la désignation du notaire est par voie de

1161 Idem

1162 Roland de Valkeneer préc. P 208

1163 Idem

1164 Ibidem

1165 Situation prévalant en Afrique

1166 Jeanne de Poulpiquet préc. P 217

1167 L'article 3 de la loi du 25 Ventôse an XI préc.

justice[1168]. Chaque partie a aussi la liberté de choix d'un notaire parce que le notaire exerce une fonction publique à clientèle privée. La règle qui veut que chaque partie choisisse librement son notaire, est un principe d'ordre public[1169].

Il ne peut y être dérogé, même conventionnellement, et le notaire reste soumis pour toutes ses activités à un choix d'élection. Il n'est pas permis à un notaire de conclure des conventions qui lui assurent une clientèle forcée[1170]. Aussi, dans la pratique en Afrique, des dérives ou abus doivent être combattus, il est à remarquer que certains notaires s'imposent parfois de facto aux clients qui se voient dans l'impossibilité d'aller chez un autre notaire alors que cela est interdit[1171].

Dans certaines situations, les parties qui sont aussi en position de domination aidées par leur notaire, imposent ce dernier à leurs cocontractants en position de faiblesse, telle qu'en matière de contrat de crédit hypothécaire, de contrat de bail, de contrat de fourniture[1172]. Ainsi en tenant compte de ce principe, l'on peut aussi affirmer que le notaire ne peut se faire instituer exécuteur testamentaire dans un testament qu'il reçoit, ou s'y faire désigner pour procéder à la liquidation de la succession du testateur[1173].

Alors qu'en Afrique, certains notaires s'imposent d'eux-mêmes dans tous les types d'acte de base, ou de lotissement[1174], alors qu'il leur est interdit d'arriver à cette fin[1175]. Il ne peut aussi inclure une disposition lui assurant le droit de recevoir des actes de vente qui en découlent[1176].

Et même les héritiers d'un testateur ne sont pas obligés d'avoir le même notaire que leur auteur, les promoteurs lotisseurs[1177], et à plus forte raison, les acquéreurs sont aussi libres de s'adresser à un autre notaire pour les actes subséquents[1178].

Dans la pratique, l'on a tendance en Afrique, à substituer à un notaire commis par voie de justice un autre notaire[1179], alors que cela y est légalement interdit[1180]. Cependant il peut aussi advenir que le notaire refuse d'instrumenter pour juste motif[1181].

On ne peut l'obliger à signer n'importe quel acte, or en Afrique l'on a tendance à forcer le notaire à instrumenter, et certains d'entre nous se

1168 Loi du 16 novembre 2001 portant statut des notaires au Togo préc.

1169 l'article 23 de la loi du 25 Ventôse an XI préc.

1170 Jean Luc Aubert « La responsabilité des notaires » préc. p 117

1171 Situation prévalent en Afrique francophone

1172 Idem

1173 Roland de Valkeneer préc. P 95

1174 Situation prévalent en Afrique francophone

1175 L'article 23 de la loi du 25 Ventôse An XI préc.

1176 Jean Luc Aubert « La responsabilité des notaires » P 223

1177 Roland de Valkeneer préc. P 95

1178 Idem

1179 Situation prévalant en Afrique francophone

1180 Roland de Valkeneer préc. P 95

1181 l'article 3 de la loi du 25 Ventôse an XI préc.

prêtent à ce jeu et même à recevoir des actes qu'ils ne devraient pas recevoir[1182]. En effet un officier public se doit aussi bien entendu de refuser de rédiger un acte illicite, frauduleux ou contraire à l'ordre public[1183].

Aussi c'est ainsi, qu'un notaire doit refuser son ministère lorsque l'une des parties n'est pas saine d'esprit, ou lorsqu'elle n'est pas juridiquement capable de contracter, ou enfin lorsque l'acte qu'on lui demande de recevoir est suspect de fraude ou de blanchiment[1184].

- Cependant, il est à souligner qu'un notaire en raison de sa mission d'authentificateur, ne saurait participer à la rédaction d'un acte illégal et donc entaché de nullité[1185].
- Alors qu'en Afrique constat est largement fait que la profession feint d'ignorer le respect scrupuleux de ces interdits[1186].

La méconnaissance de ce devoir professionnel constant et inchangé est susceptible d'engager la responsabilité disciplinaire du notaire. À contrario, le notaire qui instrumente alors qu'il devrait s'en abstenir peut-être reconnu disciplinairement responsable : il en est ainsi notamment lorsqu'il rédige un acte illicite ou dans lequel il a un intérêt personnel[1187].

Il est à souligner que dans la pratique africaine, c'est le contraire de ce principe qui y règne, et les chambres de notaires dans leur formation disciplinaire ne sévissent guère. Les opérations spéculatives sont par principe interdites au notaire car il s'agit là encore d'une prohibition destinée à protéger l'intérêt général de la profession notariale[1188].

Cet intérêt général est souvent menacé par certains notaires qui prennent des écarts flagrants avec ce principe, en multipliant des opérations de spéculation. Le notaire contrevenant est ainsi passible d'une sanction disciplinaire[1189], mais les chambres en Afrique en sont muettes à ce sujet, peut-être par omission ou faiblesse ou par volonté de ne pas dénoncer[1190].

Car « spéculer » exige en effet que l'on multiplie des opérations dont l'unique motif est la recherche du profit. L'on peut ainsi affirmer que l'intérêt de la profession découle de cette interdiction qui est faite aux notaires, de se livrer à ces diverses opérations spéculatives quelque soit leur objet : qu'il s'agisse de spéculations sur la vente et la revente d'immeubles, sur la cession des créances, des droits successifs, des actions industrielles ou de tout autre droit corporel[1191].

En revanche, il n'est pas interdit à un officier public de se livrer dans le cadre de la gestion de son patrimoine personnel à quelques opérations

---

1182 Situation prévalant en Afrique francophone

1183 l'article 3 de la loi du 25 Ventôse an XI préc.

1184 Idem

1185 Ibidem

1186 Situation prévalant en Afrique francophone

1187 Jean Luc Aubert « La responsabilité des notaires » préc. P115

1188 Jeanne de Poulpiquet préc. P 208

1189 Idem

1190 Situation prévalant en Afrique francophone

1191 Jeanne de Poulpiquet préc. P 212

spéculatives, la recherche de profit n'est pas défendue au notaire en tant que personne privée, à la condition que le nombre de ces spéculations ne soit pas susceptible de faire peser une menace sérieuse sur ses propres biens. Le notaire pourrait alors être tenté de faire face à ses pertes en puisant les sommes qui lui font défaut dans les comptes de ses clients[1192].

Cependant, interdiction est faite au notaire d'avoir un intérêt dans les affaires qu'il va traiter. C'est pourquoi il est tenu à une obligation de loyauté et d'impartialité, aussi quelle que soit la tâche qu'il accomplit, le notaire est tenu de respecter les obligations qui découlent de sa fonction de délégataire de la puissance publique. Il est ainsi tenu d'accomplir sa mission avec loyauté[1193].

Cette exigence de loyauté et d'impartialité lui impose de négliger son intérêt personnel ou familial au profit de l'intérêt de ses clients[1194]. Le notaire a donc interdiction de recevoir un acte dont lui-même ou sa famille tirerait profit jusqu'au troisième degré[1195]. Aussi cette règle est souvent battue en brèche par certains notaires, faute de contrôle approprié à leur égard par les chambres[1196].

Mais il est à souligner que dans la profession, l'on n'arrive pas à trouver les limites de l'interdiction qui lui est faite de recevoir « des actes dans lesquels ses parents ou alliés pouvaient être intéressés, en ligne direct, à tous les degrés, et en ligne collatérale jusqu'au degré d'oncle ou de neveu inclusivement sont parties ». Bien que cette interdiction concerne aussi bien la parenté légitime ou naturelle, que la parenté adoptive[1197].

L'on doit convenir que le parent au degré le plus proche pour lequel un notaire puisse recevoir un acte est donc son cousin germain, s'agissant des alliés, l'interdiction est limitée à l'allié lui-même. Elle ne concerne pas en principe les parents de l'allié[1198]. Les notaires doivent respecter les textes qui organisent la sécurité de leur activité professionnelle.

Il en va ainsi de toutes les obligations qui se rattachent à la rédaction, à la conservation et à la diffusion des actes. Aussi, le rôle du notaire ne peut que se terminer qu'avec l'accomplissement des formalités d'enregistrement et de publicité foncière[1199].

Cela tient à la mission de service public, qui lui incombe et aux qualités exceptionnelles des actes notariés : parce que l'acte authentique a une valeur probatoire renforcée, l'officier public doit être son gardien[1200], il a l'obligation de conserver les actes, et doit aussi assurer leur protection pendant le temps prévu par la loi pour une durée de cent ans[1201].

1192 Cécile Biguenet-Maurel Thèse préc. P188

1193 Idem

1194 Cass. 1ère civ. 7 nov. 1966, Bull civ. I, n° 498

1195 Jeanne de Poulpiquet préc. P 198

1196 Situation prévalant en Afrique francophone

1197 Idem

1198 V. Pillebout P 74 n° 139 cité par Jeanne de Poulpiquet, « La responsabilité des notaires » Dalloz 2003 P 198 n° Ce 2151.

1199 Jeanne de Poulpiquet préc. P 119

1200 Idem

1201 Loi du 16 novembre 2001 portant statut des notaires au Togo

Il conviendra de souligner que la loi du Ventôse ou la loi du 16 novembre 2001 au Togo a tour à tour prévu des sanctions relatives à la contravention à la déontologie, cependant la violation des telles dispositions légales qui régissent le notariat, y compris celles relatives à la comptabilité et aux honoraires[1202].

Cependant toute forme de débauchage de collaborateur, quelle que soit la méthode utilisée est totalement à proscrire, a fortiori lorsque les moyens financiers sont utilisés par les notaires pour attirer le collaborateur en question[1203].

Il n'est pas exclu d'affirmer que chaque notaire reste libre comme il le veut, de se choisir comme il l'entend sa vie professionnelle, et de l'organiser en tout point de vue. De ce fait les perturbations au sein de son Étude restent à proscrire, et une certaine discipline doit être observée lors de la pratique[1204].

B. La discipline à l'épreuve de la pratique notariale

La profession que le notaire exerce ne le pousse-t-il pas à respecter de nombreuses prescriptions légales, règlementaires et morales, et toutes ces obligations sont assorties de surveillance et de sanctions. Au Togo, la loi du 16 novembre 2001 en trace la profondeur et les limites de ces obligations[1205].

Ainsi pour le notaire, au Togo, ces dispositions comportent aussi des mesures préventives comme le contrôle de la comptabilité, et des mesures répressives suivant la faute commise. Cependant la prévention reste le souci majeur des autorités de disciplines[1206].

Ainsi tout manquement aux règles professionnelles et morales entraine l'action disciplinaire, qui est différente de l'action civile, et dont le but est la réparation d'un dommage, ou l'action pénale dont l'objectif est la préservation de l'ordre social. Tout autant l'infraction disciplinaire consiste en tout acte commis par un notaire et contraire aux règles professionnelles, et la faute a un caractère moral résultant d'un comportement portant atteinte à la dignité de la profession[1207].

Au Togo, seuls quelques articles de la loi de 2001 imposent aussi soit des sanctions disciplinaires, soit des sanctions civiles, mais elle ne prend aucune peine pour définir la sanction disciplinaire. Même si la faute disciplinaire s'apparente parfois à la faute pénale, elle s'en distingue ainsi par son caractère professionnel[1208].

1202 loi du 25 Ventôse An XI préc. et Loi du 16 novembre 2001 portant statut des notaires au Togo

1203 Roland de Valkeneer préc. P 188

1204 Idem

1205 Loi du 16 novembre 2001 portant statut des notaires au Togo

1206 Idem

1207 Jean Luc Aubert « La responsabilité des notaires » préc. P 216

1208 Loi du 16 novembre 2001 portant statut des notaires au Togo

Cependant, la faute disciplinaire suppose la transgression de devoirs expressément prévus par la loi de 2001. Incontestable, c'est que la faute professionnelle existe parce que le fait qui lui donne naissance s'oppose à la déontologie professionnelle, certains éléments peuvent également venir conforter la faute professionnelle, telle que la récidive, comme certaines attitudes qui peuvent léser les intérêts des clients : la paresse, l'ignorance, l'oisiveté, la désinvolture, l'impolitesse[1209].

Il est à noter que l'on ne doit pas confondre les infractions disciplinaires avec une catégorie de manquement qui constituent des contraventions notariales, qui sont des fautes commises par les notaires à l'encontre de la loi notariale, notamment celles qui régissent la forme des actes, le respect des délais d'enregistrement, la tenue d'un répertoire, la garde des minutes, l'information comptable[1210].

Ce qui distingue ces contraventions notariales des infractions disciplinaires, est que les premières existent par le fait qu'elles sont établies, tandis que la faute disciplinaire suppose en général que le notaire n'a pas agi de bonne foi, ce qui laisse présumer une intention coupable, le même fait peut revêtir une double qualité selon qu'il y a négligence par inadvertance, ce qui entrainera une contravention à une disposition légale[1211].

Cependant le plus éclatant nous vient de l'article 16 de la loi de Ventôse qui punit d'une amende les surcharges, les interlignes et les additions dans les actes, en ajoutant que le notaire est passible de destitution en cas de fraude, ainsi il en est déduit que les surcharges, les interlignes les additions opérées délibérément par le notaire constituent des contraventions[1212].

Cependant, tout manquement commis de mauvaise foi, et dans une intention coupable à une obligation professionnelle des notaires est une faute disciplinaire. Car toute faute disciplinaire suppose la mauvaise foi, et il en va de même, dès lors que surviennent la légèreté, l'incompétence, l'ignorance constituant des manques qui émanent des notaires[1213].

Ces circonstances méritent d'être sanctionnées par la faute disciplinaire. En outre, l'on peut quand même affirmer qu'un notaire ne commet pas une faute disciplinaire, par le seul fait qu'il a manqué de prudence, d'attention, d'habileté dans l'exercice de ses fonctions[1214]. De façon plus générale, c'est aux chambres des notaires, qu'il revient de pouvoir disposer d'un pouvoir d'appréciation plus étendu quant à l'estimation de cette faute[1215].

1209 Idem

1210 Jeanne de Poulpiquet préc. P112

1211 Jean Luc Aubert « La Responsabilité des notaires » préc. P 112

1212 L'article 16 de la loi de Ventôse

1213 Jean Luc Aubert « La Responsabilité des notaires » préc. P 192

1214 Roland de Valkeneer préc. P 133

1215 Rapport du congrès des notaires d'Afrique de l'Île Maurice préc.

Ainsi, ne reste-t-il pas à la profession en Afrique de confronter les contraventions notariales, aux fautes disciplinaires ? Cependant, l'on a tendance peut-être parfois à confondre les deux situations qui sont en vérité disparates dans leur objectif[1216].

Celui qui commet une faute disciplinaire manque aux règles professionnelles que lui impose la profession[1217], ainsi les chambres des notaires sur notre continent doivent pouvoir se mettre dans leur réel rôle, celui de disposer d'un vrai pouvoir d'appréciation et d'estimation de ces fautes, et d'en être capable d'aider à les sanctionner[1218].

Cependant quand en Afrique, dans la pratique, le notaire qui fait des surcharges, les interlignes ou des additions insidieuses, ne commet-il pas une faute professionnelle susceptible de sanction disciplinaire ? C'est bien une faute de pratique, n'a-t-il pas été bien formé tant théoriquement que pratiquement par son stage ou est-il malhonnête[1219] ?

Les chambres des notaires doivent faire leur œuvre utile en faisant de la prévention capable de sensibiliser les notaires à cet état de fait, ainsi la pratique dont nous parlons s'en porterait mieux[1220].

Et face à ces réalités de la pratique notariale, l'article 16 de la loi du 25 Ventôse punit vraiment ceux qui utilisent ces procédés anti-professionnels dans une intention malicieuse, d'une amende, et précise que le notaire peut être destitué en cas de fraude établie : il y a la contravention et la faute disciplinaire qui sont ainsi punies par la sanction la plus sévère : la destitution[1221].

Cependant en Afrique, nous ne saurons être si bien éclairés sur les critères véritables d'existence de la faute disciplinaire, car faute d'existence jurisprudentielle et doctrinale du droit disciplinaire. Alors comment la pratique professionnelle peut-elle apprendre à se mieux tenir[1222] ?

Les chambres notariales doivent aussi prendre la relève en intensifiant la politique de prévention à l'adresse des notaires, pour que le droit professionnel soit compris et maîtrisé par tous, ainsi le paradigme de la pratique que constituent des situations similaires et leur réitération nous édifiera dans cette étude[1223].

C. Le paradigme de la pratique notariale

La pratique pensée théoriquement doit être à un moment donné à l'épreuve de la loi, du règlement, de la jurisprudence, de la doctrine, car le

1216 Idem

1217 Jeanne de Poulpiquet préc. P 112

1218 Rapport du congrès des notaires d'Afrique de l'Île Maurice préc.

1219 Idem

1220 Ibidem

1221 l'article 16 de la loi du 25 Ventôse

1222 Situation constatée en Afrique francophone

1223 Rapport du congrès des notaires d'Afrique de l'Île Maurice préc.

notaire est tenu de les appliquer tous[1224]. Un notaire peut-il s'imposer de force à un acquéreur d'immeuble qui voudra faire le choix de son notaire, alors que le vendeur, ou le prêteur lui impose d'aller d'autorité chez le notaire de leur choix. En tout état de cause, tout client a la liberté de choix de son notaire conformément aux dispositions de l'article 23 de la loi du 25 ventôse an XI[1225].

Cependant il est interdit au notaire de recevoir les actes de ses parents jusqu'au troisième degré et ce n'est qu'à partir du quatrième degré, c'est-à-dire des cousins germains qu'il est autorisé à agir[1226]. Alors que dans la pratique le notaire peut également appliquer la jurisprudence, la doctrine. Un notaire reçoit une vente d'immeuble dans laquelle les vendeurs sont des membres de sa famille maternelle, est-il en droit de recevoir un tel acte[1227]? Alors que la doctrine et la jurisprudence ont mis en place les limites à cette interdiction, lesquelles ? jusqu'au 3ème degré, et à partir du 4ème degré, il peut œuvrer, pour ses cousins germains[1228].

Un notaire commis par voie de justice a été substitué par un autre, alors qu'il est précisé que la nomination judiciaire est quelque chose de personnelle. Le notaire peut-il s'imposer aux clients et être impartial à leur égard [1229]?

Le recours au notaire dépend du libre choix des parties, sous réserve des commissions de justice où le notaire est désigné par le juge, mais souvent sur suggestion des parties ou de leurs conseils. Il n'existe pas alors de clientèle obligée ; entre notaire joue la libre concurrence[1230].

Les parties tiendront généralement compte, selon les cas, de la proximité de l'Étude, de la réputation du notaire, de la sympathie personnelle, des recommandations ou plus simplement de la confiance suscitée[1231].

En outre en matière de partage judiciaire, si les parties ont manifesté leur accord sur le choix du ou des notaires et le juge peut respecter ce choix[1232].

Cependant il retrouve son entière liberté de choix lorsqu'une contestation naît entre les parties sur la désignation. Le notaire agissant en auxiliaire de justice doit apparaître comme indépendant des parties et ne doit pas être perçu comme conseil de l'une d'elles[1233], celles-ci gardant le droit de se faire assister du notaire de leur choix au titre de conseil[1234].

1224 Jeanne de Poulpiquet préc.

1225 l'article 23 de la loi du 25 ventôse an XI

1226 Jeanne de Poulpiquet préc. P 198

1227 Idem

1228 Ibidem

1229 Roland de Valkeneer préc. P 188

1230 Idem

1231 Jeanne de Poulpiquet préc. P 108

1232 Roland de Valkeneer préc. P 104

1233 Cécile Biguenet-Maurel préc. P 115

1234 Idem

Cette liberté de choix entraine l'obligation pour tous les notaires d'accepter la liberté de choix du client sous réserve, que ce dernier se doit d'indemniser le notaire, à qui il a retiré son dossier, pour lui rembourser les frais qu'il a exposés, et les honoraires des prestations qu'il a fournies[1235].

Cependant au Togo, les juges tiennent toujours compte du choix opéré par les parties consensuellement. Ils ont pour habitude de faire leurs choix sur le tableau des notaires[1236].

Parfois il arrive aussi que certains notaires prennent parti ouvertement en faveur d'une des parties contre l'autre, alors qu'ils ne sont pas avocat, et ce au mépris du principe d'impartialité que leur imposent l'article 9 nouveau de la loi du Ventôse[1237].

Les notaires sont parfois victimes du fait de leur client, qui en cours de travail, leur enlève le dossier qu'ils vont confier à un autre notaire, qui le reçoit au mépris des règles déontologiques, sans lui payer les frais et honoraires d'ores et déjà engagés[1238].

La pratique notariale en Afrique est ainsi malaisée, car la loi n'est souvent pas respectée de part et d'autre. Comment faut-il comprendre cette mission de conseil impartial du notaire ? En application de l'article 9 alinéas 2 et 3 de la loi du 16 mars 1803 contenant organisations du notariat[1239].

Cependant, tout notaire est tenu d'attirer l'attention des parties sur la présence dans les actes passés devant lui d'intérêts contradictoires, ou de clauses manifestement déséquilibrées. De même il doit fournir à chacune des parties une information complète sur les droits, les devoirs et les charges découlant des actes juridiques[1240].

Ainsi l'une des tâches fondamentales du notaire a toujours consisté à fournir impartialement à chacune des parties une information complète, en fait et en droit sur la portée et les conséquences de l'acte qu'elles signeront devant lui[1241].

Ceci s'applique également à l'égard de la partie qui n'a pas consulté directement le notaire en question et qui est assistée d'un autre notaire. Et c'est pour cela que le législateur a jugé nécessaire d'instruire dans cette obligation générale qu'ont les notaires, de conseiller impartialement toutes les parties[1242].

Cependant, la doctrine affirme que le rôle du notaire se présente sur deux plans qui s'interpénètrent le plus souvent ; il remplit à la fois une mission légale ; donner force probante et force exécutoire aux actes qu'il

---

1235 Jeanne de Poulpiquet préc. P190

1236 Situation prévalent au Togo

1237 Article 9 nouveau de la loi du Ventôse

1238 Situation prévalant au Togo

1239 L'article 9 alinéas 2 et 3 de la loi du Ventôse

1240 Jeanne de Poulpiquet préc. P 119

1241 Idem

1242 Cécile Biguenet-Maurel Thèse préc. P209

reçoit ; et une mission privée non prévue par la loi ; homme d'affaires et de confiance, il agit au mieux des intérêts de ses clients[1243].

Certains ont vu dans cette dualité un vice majeur du notariat et ont souhaité y remédier légalement, car la conjugaison de ces qualités ne peut qu'entraîner des conflits sérieux. Et c'est à partir de là que le Notariat est confronté aux risques majeurs dont a parlé la doctrine[1244].

- **Mission légale**

L'article 1er de la loi de Ventôse impose au notaire quatre missions : conférer l'authenticité, assurer la date de la convention, conserver le dépôt des conventions originales, délivrer les grosses et expéditions des dites conventions[1245].

- **Mission privée**

Il assure aussi d'autres missions accessoires ou habituelles dans l'exercice de sa profession.

Elles se situent en gros sur divers plans comme nous l'avons affirmé plus haut : Le mandat, la gestion d'affaires, l'expertise, le séquestre, l'exécution testamentaire et autres missions.

Cependant pour être en mesure d'accomplir cette dualité de missions, le notaire doit être doué de véritables compétences.

Paragraphe 2

Les compétences

Alors, il faut procurer au notaire africain le savoir qui lui permette de valoriser sa fonction, sinon la situation peut s'avérer dramatique, il n'y a pas de temps à perdre. Mais oui c'est possible, le notariat africain est prêt et à la capacité de se transformer s'il est convaincu que c'est pour le meilleur car l'ère de l'exploration de nouveaux territoires du progrès immatériel a de quoi stimuler tous les enthousiasmes auprès des notaires en Afrique[1246].

Et pour y parvenir il faudra assurer une formation équivalente pour tous (A), qui renforcera le savoir-faire des opérateurs (B).

A. La formation

La mission d'un officier public n'est-elle pas irremplaçable, alors qu'elle est d'être au service du droit de l'État et de la sécurité juridique. N'est-ce là une tâche difficile mais stimulante [1247] ?

1243 Roland de Valkeneer préc. P88

1244 Jean Luc Aubert préc. P 139

1245 Article 1er de la loi du 25 Ventôse

1246 Rapport de synthèse du congrès des notaires d'Afrique de Port Louis Ile Maurice 2010

1247 Idem

La rectitude qu'elle impose, l'amplitude des devoirs professionnels qu'elle suscite sont les meilleurs facteurs du dynamisme et de la pérennité de la fonction notariale[1248].

C'est pour cela que « notaire » l'on se doit d'avoir une compétence pluridisciplinaire passant par une période de stage : période d'études pratiques exigées des candidats à l'exercice de la profession notariale,[1249] qui est de deux ans au Togo, conformément à la loi de 2001, cependant ce stage n'est pas uniquement une période d'étude mais tout autant une période d'adaptation à une profession généralement reconnue aux règles internes bien spécifiques[1250].

Aussi le notaire au cours de cette formation acquiert les compétences théoriques et pratiques, puisque titulaire d'une maîtrise en droit, d'un diplôme d'aptitude à la profession de notaire, ou d'un diplôme d'études supérieures spécialisées en droit notarial, il se frotte de part et d'autre à des habitudes, des modes de pensée, des règles de vie qui engagent tout son avenir en tant que candidat notaire[1251].

La durée de stage est de deux années entières effectué dans une étude notariale après avoir obtenu le diplôme de droit notarial. Ce stage doit en principe être effectué à titre d'activité principale dans une étude notariale. Cependant l'évolution du droit et des conditions économiques et sociales confortent aussi les candidats à une fonction de notaire à avoir une ouverture d'esprit et une formation plus large[1252].

Ainsi un candidat qui a aussi une formation diversifiée peut être amené à avoir des contacts dans différentes branches importantes du droit, et c'est un enrichissement pour la pratique notariale. C'est pour cela que limiter la formation qu'au droit notarial serait insuffisant[1253].

Cependant beaucoup d'autres branches sont en effet intéressantes en cette matière pour le devenir du notaire : droit des personnes et de la famille droit des obligations, droit des affaires, droit des sociétés, droit fiscal, droit des contrats civils et commerciaux etc.[1254]

Aussi, quoi de plus judicieux si l'on tient compte de la finalité du stage : acquérir une diversité de compétences, apprendre ce qu'est la fonction de notaire. Ainsi, à la fin du stage, le futur notaire sera détenteur du certificat de stage, se devra d'exercer son activité professionnelle dans une étude de notaire. Il porte ainsi le titre de « notaire » assistant, et sera nommé, ainsi toutes ses compétences lui procurent un savoir-faire[1255].

1248 Roland de Valkeneer préc. P88

1249 Jeanne de Poulpiquet préc. P 208

1250 Loi du 16 novembre 2001 portant statut des notaires préc.

1251 Jeanne de Poulpiquet préc. P 188

1252 Idem

1253 Ibidem

1254 Rolland de Valkeneer préc. P88

1255 Idem

B. Savoir-faire

Exerçant son métier, et doté de ses connaissances, compétences, il est alors capable d'estampiller la certitude juridique aux actes qu'il reçoit. Pour ne pas se faire surprendre dans l'exercice de sa mission de conseiller, car « conseiller, c'est de donner un avis pour déterminer une personne à agir au mieux de ses intérêts, en tenant compte de l'ensemble des éléments d'une affaire » écrivait le professeur Jeanne de Poulpiquet, il se doit sans cesse de renouveler ses connaissances, de même effectuer un travail de recherche juridique[1256].

Cependant, le notaire est un généraliste du droit, certes il doit connaître les règles de droit applicables aux cas pratiques qui lui sont soumis, et se doit également de projeter dans le temps son devoir d'informations. Et de là par sa maîtrise du droit positif, il assure la validité et la sécurisation des relations d'affaires. Cependant par le rôle stratégique qu'il joue dans les affaires il est non seulement un collecteur d'impôts pour l'État, mais aussi œuvre à ses côtés à assurer une sécurité multidimensionnelle et ce, dans l'intérêt des populations[1257].

Cependant l'importance des recherches et démarches juridiques qu'il doit mener avant de recevoir un acte authentique est à souligner, et est même à son crédit. Il doit aussi avoir la maîtrise des législations nationales et internationales facteur de validité et de sécurisation des actes. Cependant le notaire en Afrique joue ainsi un rôle stratégique dans les affaires[1258].

Rédacteur des contrats authentiques, il doit être en charge de la validité des actes qu'il reçoit. Aujourd'hui où l'on a tendance à éluder le respect scrupuleux de la loi, le notaire doit avoir la maîtrise de la loi lui-même, car toutes erreurs, fautes, lui sont impardonnables[1259].

Le notaire améliore aussi les solutions légales, et peut pour cela préconiser la rédaction d'un acte ou contrat plus avantageux pour les opérateurs qui investissent, en cela la solution qu'il doit conseiller doit toujours être « la plus favorable » à l'intérêt bien compris des opérateurs. Cependant le notaire doit agir exclusivement en application de la loi et de ses règlements professionnels[1260].

Raison pour laquelle, donnant un avis à une personne pour la déterminer à agir au mieux de ses intérêts, en tenant compte de l'ensemble des relations d'affaires, le notaire s'interdit aussi à méconnaître la règle de droit. Cependant, toute erreur juridique du notaire engage par conséquent sa responsabilité à partir du moment où elle provoque des conséquences dommageables[1261].

1256 Jeanne de Poulpiquet préc. P 188

1257 Idem

1258 Ibidem

1259 Jean Luc Aubert préc. P 139

1260 Cécile Biguenet-Maurel Thèse préc. P 222

1261 Jeanne de Poulpiquet préc. P 188

Dès lors que cette erreur entraine la nullité qu'elle porte sur une règle de droit ou son application jurisprudentielle. Puisqu'en toute affaire, le notaire doit être en mesure d'apprécier l'opportunité de l'opération juridique. Il doit aussi tenir compte de son utilité et même son coût. Il analyse la volonté des parties et l'insère dans la forme juridique la mieux adaptée pour les affaires ainsi projetées. Et pour se faire, il doit avoir la maîtrise de son environnement[1262].

Paragraphe 3

L'environnement du notaire

La situation globale du notaire dans son contexte trahit son décrochage en matière d'exercice de sa profession à partir du moment où il a peut-être un peu trop tendance à prendre un écart vis-à-vis de la loi. Il est inconnu en tant qu'opérateur du droit, car sur le continent, seuls les avocats, les huissiers sont mieux connus[1263].

Aussi, le peuple ne connait pas sa pratique, alors qu'elle est d'une importance capitale, et aussi faute de lisibilité dans sa situation, le peuple pense que sa pratique ne répond pas à ses besoins. La formation monodisciplinaire ne le prédispose pas à cerner vraiment avec acuité des préoccupations du pays[1264].

Et puis la formation qu'il a reçue tant en Afrique ou ailleurs ne cadre pas avec les besoins de son environnement, car il applique la pratique stéréotypée venue du pays où les actes ont été conceptualisés[1265], alors que la force de l'économie de la connaissance et des prestations intellectuelles reposent sur la création locale, surtout celle correspondante aux réalités africaines qui sont plus issues de la coutume et de l'oralité[1266].

Le notaire doit intégrer dans sa formation pratique une certaine pluridisciplinarité, qui doit le prédisposer à inventer localement la pratique juridique, qui est celle qui va correspondre aux réalités socioéconomiques de son environnement[1267].

Aussi, il n'existe pas de corrélation entre la pratique et les besoins de l'environnement africain, et pour que le notaire africain s'accommode des réalités de son pays, il doit apprendre à créer sa pratique qui ne sera pas totalement celle qu'il a copiée d'ailleurs en faisant le benchmark[1268].

Cependant, le notaire dans la société africaine joue un rôle quelque peu amenuisé, car là, l'on ne considère pas beaucoup les procédés probants qui tendent à établir la preuve, et la rendent viable et éternelle[1269].

1262 Idem

1263 Rapport de synthèse du congrès des notaires d'Afrique de Port Louis Île Maurice 2010

1264 Idem

1265 Rapport de synthèse du congrès des notaires d'Afrique de Port Louis Île Maurice 2010

1266 Idem

1267 Ibidem

1268 Situation prévalant dans l'espace de l'Afrique francophone

1269 Idem

Le notaire africain a parfois tendance à agir dans son environnement en faisant des choses qui vont quelque peu dans le sens de l'intérêt de ses clients ; il ne se pose pas la question de savoir si l'acte qu'il va poser va à l'encontre de la loi ou des règlements professionnels. C'est à ce titre que parfois son image déjà quelque invisible dans sa société se voit un peu entamée[1270].

Ainsi, pour que le peuple africain prenne conscience de l'existence du notaire, de son rôle et de son utilité, ce dernier devra s'assurer de sa maîtrise, sa connaissance de la loi, pour être en mesure de la respecter et de l'appliquer avec zèle dans tous les actes qu'il est appelé à recevoir[1271].

Cependant, il sera en position de mettre entre parenthèse ses intérêts et son ego personnels. Et ce n'est qu'à partir de là, qu'il peut apprendre à inventer l'avenir, en tenant compte des réalités de son pays. Il renoue ainsi avec le peuple qui saura qu'il joue un rôle prépondérant en sa faveur[1272].

Il y connaîtra ainsi considération et son image sera désormais bien acceptée et comprise de tous. Car dans une certaine mesure, sa chambre devra coordonner les différentes actions en vue de lui assurer une meilleure pratique[1273].

Section II

Les données d'une meilleure pratique notariale

Au terme de cette étude sur la pratique notariale au cours de laquelle un constat a été fait, que tant d'insuffisances, de blocages jalonnent l'exercice de cette pratique[1274]. Cependant, il est à souligner que le notaire africain a trop longtemps vécu sur deux pieds qui tendent aujourd'hui à le fourvoyer. Pourra-t-il encore très longtemps continuer à s'y éterniser sans prendre le risque de disparaître[1275] ?

Alors que lui reste-t-il à faire à cette heure de la synthèse et de la mondialisation ? Où les lawyers anglo-saxons grondent de toute part et cherchent sa chute. Que lui revient-il à faire ? Alors que son objectif ne se limite donc pas à porter simplement un éclairage nouveau sur une vision presque balbutiante de la pratique en Afrique, alors que cette dernière mérite tant d'attention et de réflexion[1276].

Le notaire en Afrique s'est pendant trop longtemps cantonné dans son rôle d'authentificateur, et se doit aujourd'hui de se projeter dans l'avenir, en tenant compte des faiblesses que recèlent l'exercice de son métier. Et pour éviter ces blocages qui le minent, il doit imaginer des

1270 Ibidem

1271 Rapport de synthèse du congrès des notaires d'Afrique de Port Louis Île Maurice 2010

1272 Idem

1273 Ibidem

1274 Jeanne de Poulpiquet préc. P 112

1275 Rapport de synthèse du congrès des notaires d'Afrique de Port Louis Île Maurice 2010

1276 Jeanne de Poulpiquet préc. P 112

mesures de transitions, capables de mettre en œuvre une stratégie globale et indispensable[1277].

Il est tout aussi indispensable de respecter la culture de la profession. Aussi pour y parvenir, le notaire africain doit s'efforcer de donner une prestation de qualité (paragraphe 1) et pour se faire, il doit mettre en place une bonne organisation[1278] (paragraphe 2).

Cependant, en tenant compte des difficultés existantes en matière de titrement, de la sécurisation du climat des affaires, et dans la préservation de l'économie, qui subit sans cesse des assauts des blanchisseurs[1279].

Paragraphe 1

La recherche d'un service de qualité

Aussi nous pouvons affirmer sans regret que le notariat africain qui a pratiquement plus d'un siècle a été profondément marqué par le mode de vie occidentale, puisque c'est sa pratique qui a sous-tendu celle de l'Afrique, et qui ne corresponde pas en vrai aux réalités patrimoniales sur le continent[1280].

De nos jours, le notariat se trouve ainsi à la croisée des chemins, et doit forcément connaître les mutations, qui s'imposent à lui, alors que l'activité essentielle de la profession en Afrique comme ailleurs reste centrée sur les branches du droit bien connues de tous : droit de la famille et le droit immobilier, deux matières devenues des vocations du notariat, peut-être même ses remparts de monopole. Alors qu'aujourd'hui un nouveau type de notaire doit naître en Afrique orienté de plus en plus vers le monde économique[1281].

Ainsi, même si le notariat prétend qu'il est appelé à faire des efforts surhumains pour assurer sa survie en tant qu'institution plus proches des familles[1282] ; l'on ne peut nier en aucune manière qu'il peut être fier du rôle qu'il a rempli en Afrique au cours des soixante années passées sur le plan familial[1283], et qui s'est tout d'un coup nettement atténué dans ce contexte de mondialisation.

Sa mission restera essentielle peut-être pour une majorité de notaires, qui ne savent pas prendre des risques, et y renoncer aussi équivaudrait à un arrêt de mort de la profession[1284].

Même si comparaison n'est pas raison, pouvons-nous nous permettre de comparer le chemin parcouru depuis les années 60, 80, 90, 2000 à celui qu'il vit de nos jours avec une révolution technologique

1277 Rapport de synthèse du congrès des notaires d'Afrique de Port Louis Île Maurice 2010

1278 Idem

1279 Prosper Gadegbeku, « L'amélioration du climat des affaires » ; Togo Presse 2021 préc.

1280 Idem

1281 Ibidem

1282 Roland de Valkeneer préc.

1283 Prosper Kokou Gadegbeku « la part du conjoint survivant dans l'héritage » : Revue Togolaise des Sciences Juridiques préc. P101

1284 Rapport de synthèse du congrès des notaires d'Afrique de Port Louis Île Maurice 2010

inouïe, la naissance de nouveaux droits, dont l'apprentissage doit s'avérer bénéfique pour le devenir de la profession[1285].

Ce qui fait la force et souvent la sécurité tant au barreau que dans les services juridiques des grandes entreprises, c'est le fait de pouvoir s'appuyer soit sur le travail individuel des vrais spécialistes, voire sur le travail collectif des services organisés. Et aujourd'hui, le notariat africain devra être soumis à ce benchmark des barreaux et cette révolution doit se faire en deux temps[1286].

1. La réforme de la formation et du stage

La volonté délibérée de mettre fin au système de formation non uniformisée des notaires, et qui dessert par conséquent la profession, alors que chaque pays a son mode de recrutement qui ne corresponde pas à l'attente de la profession qui recherche la qualité de la prestation dispensée.

Cependant dans certains pays l'on pouvait accéder à la profession avec une licence en droit, et dans d'autres avec une maîtrise en droit sans réelle formation notariale, uniquement suivie d'un stage pour être en situation d'être nommé[1287].

Sans vouloir mettre en exergue la formation requise dans tel ou tel pays nommément désigné, il y a lieu d'uniformiser la formation de notaires dans tous les pays de l'espace africain sous l'impulsion de la CAAf, en sa qualité de conseil des gouvernements[1288].

Au Togo, dès la réforme du 16 novembre 2001, une nouvelle vision à propos de la formation des notaires s'est alors imposée, est-elle la meilleure, alors qu'une exigence fondamentale de pluridisciplinarité en droit s'impose sur le marché. Aussi, outre la maîtrise en droit, il faut être titulaire du diplôme d'aptitude aux fonctions de notaire ou d'un diplôme d'études supérieures spécialisées de droit notarial[1289].

Cependant, comment une telle formation pouvait-elle se faire au Togo, alors que nos universités ne préparent pas aux diplômes requis, et les écoles pratiques de formation n'ont pas jusqu'alors été créées[1290].

Il y a lieu ainsi de se retourner vers la CAAf pour qu'elle puisse impulser sur la volonté des gouvernants, à créer des écoles africaines du notariat, où l'on devra y recevoir des candidats après un master en droit, sur dossier ou par concours, pour y effectuer deux années de formation notariale ; comme cela se fait déjà au Niger.

Aussi par nécessité, 4 écoles doivent être créées dans les 4 espaces économiques africains avec des critères d'équivalence des diplômes pour

1285 Idem

1286 Jeanne de Poulpiquet préc. P 315

1287 Situation constatée dans certains pays de l'Afrique centrale francophone

1288 Rapport de synthèse du congrès des notaires d'Afrique de Port Louis Île Maurice 2010

1289 Loi du 16 novembre 2001 portant statut des notaires au Togo préc.

1290 Situation constatée au Togo

donner lieu à une équivalence de formation dans tous les pays d'Afrique[1291].

Cependant, une école de formation notariale vient d'être créée au sein de l'université de Niamey au Niger, qui recrute les étudiants sur dossier, ceux qui ont une licence, un master, ou autres peuvent y effectuer deux années de formation pour avoir un master en droit notarial[1292]. Cette école a été créée par le Niger avec l'aide du notariat francophone, et la commission des affaires africaines du notariat, qui est composé de dix-neuf pays d'Afrique, et aussi avec le concours du conseil supérieur du notariat français.

Cette formation professionnelle est assurée sur la base des enseignements théoriques et pratiques, dispensés par des professeurs d'universités, et certains praticiens : notaires et autres. Elle est ainsi accompagnée d'un stage de deux ans au moins effectué dans un office de notaire existant dans des pays de l'espace africain membre de la CAAf[1293].

Ainsi un stage effectué dans un office au Togo devra être reconnu au Cameroun, au Sénégal, à l'Île Maurice, avec le concours et l'acceptation des gouvernements[1294]. Cependant une autorisation pouvait être donnée au candidat notaire d'effectuer un stage de six mois auprès d'autres professionnels : avocats, experts comptables, services juridiques des grandes entreprises, ou même auprès d'une administration publique, dans un organisme d'enseignement du droit[1295], il acquerra ainsi une pratique pluridisciplinaire, et ce sera une bonne chose que des examens de spécialisations soient organisés pour lui permettre d'accéder aux nouveaux savoirs[1296].

Aussi sous l'égide de la CAAf, cette formation notariale sera ainsi assurée soit par la voie professionnelle soit par la voie universitaire. La CAAf devra dans les années à venir déterminer avec les gouvernements les possibilités d'accéder à la profession des collaborateurs du notariat qui sans avoir de diplôme universitaire ont acquis sur le terrain l'expérience et les connaissances nécessaires à l'exercice de la profession[1297].

Aussi il apparait plus avantageux pour le notariat d'être plus qu'audacieux en créant des modules de spécialisations sous l'égide des universitaires africains lui permettant de rehausser le niveau de ses membres[1298].

1291 Rapport de synthèse du congrès des notaires d'Afrique de Port Louis Ile Maurice 2010

1292 Cette école notariale a été créer dans l'enceinte de l'université de Niamey au Niger avec le concours de l'État du Niger, de la CAAF et de l'association du notariat francophone et le conseil supérieur du notariat français

1293 Idem

1294 Proposition préconisée pour améliorer la formation des notaires en Afrique

1295 Jeanne de Poulpiquet préc. P 318

1296 Idem

1297 Proposition préconisée pour améliorer la formation des notaires en Afrique

1298 Ibidem

2. Mise en place des modules de spécialisations

Faire le benchmark des modes de spécialisations du barreau est devenu une impérieuse nécessité de survie pour le notariat[1299], alors comment y procéder. La CAAf devra constituer une équipe d'universitaires et de notaires pour inventer les modules de spécialisations[1300].

En organisant des examens de spécialisation, les candidats devront avoir suivi des enseignements théoriques et pratiques dans la discipline de leur choix, à l'instar des avocats des barreaux, des lawyers anglo-saxons, et une fois les formations terminées, ils devront passer des examens de spécialisation dans les différentes branches du droit dans lesquelles les prestations juridiques sont extrêmement demandées ou de leur choix : telles que celles du droit fiscal, du droit des sociétés : fusions-acquisitions, du droit bancaire, droit de la famille, droit immobilier etc [1301].

Aussi, cette réforme devenait encore plus urgente pour assurer la pérennité de la profession, et la prédisposer à vivre sans peine la concurrence sauvage qui règne sur le marché du droit[1302].

Ainsi, sur le plan professionnel le notariat a tout à gagner en rehaussant véritablement le niveau intellectuel de ses membres, à l'heure où les manœuvres du repli sur soi sont dépassées, nous l'avons déjà rappelé, et sur le plan humain et familial, la profession pourra ainsi bénéficier des nouveaux débouchés qui manifestement s'ouvrent d'ores et déjà à elle[1303].

Ainsi sous l'égide de la CAAf, et grâce à sa stimulation des gouvernements, les notaires d'Afrique pourront bénéficier à l'avenir d'une réglementation uniforme sur la formation, le stage, et la spécialisation des notaires, et aussi sur des règles professionnelles du point de vue de la déontologie connue du point de vue de la tenue et du contrôle de la comptabilité. Cependant le notaire africain est lui aussi confronté à l'utilisation des nouvelles technologies pour dresser l'acte notarié, comme ses collègues occidentaux, le peut-il sans un cadre juridique approprié[1304] ?

Paragraphe 2

Une meilleure organisation

En quoi consisterait une meilleure organisation du notariat africain ? Les besoins sont presque identifiés et la concurrence gronde de toute part. Le notariat doit imaginer des mesures qui lui permettent de moderniser sa pratique et de la rendre plus visible, accessible au grand peuple[1305].

1299 Jeanne de Poulpiquet préc. P 333

1300 Rapport de synthèse du congrès des notaires d'Afrique de Port Louis Île Maurice 2010

1301 Jeanne de Poulpiquet préc. P 333

1302 Idem

1303 Ibidem

1304 Rapport de synthèse du congrès des notaires d'Afrique de Port Louis Île Maurice 2010

1305 Prosper Gadegbeku, « L'amélioration du climat des affaires » ; Togo Presse 2021 préc.

Et pour y parvenir, il doit inventer à l'instar de la CEE le principe de la libre circulation des actes notariés dans les pays tiers en Afrique (1), prévoir la publicité collective du notaire (2) et mettre en place le renouveau de la tarification des actes[1306] (3).

1. La libre circulation et l'exécution des actes notariés dans les pays d'Afrique

Le droit à la liberté de circulation des actes notariés dans les pays tiers du même espace économique est devenu une nécessité vitale pour le notariat[1307]. Comme toutes les professions libérales le notariat africain a été marqué par les estampilles de la loi de Ventôse qui date du XIXème siècle et le mode de vie de cette époque : où régnait stabilité patrimoniale, d'où la prédominance du droit patrimonial[1308].

Ces réalités ont été toutes reprises par le notariat africain[1309]. Alors que de nos jours l'activité de notariat qui est en pleine mutation doit aussi vivre avec son temps. Celui du décloisonnement, car nul ne peut vivre sans tenir compte de l'évolution politique économique et sociale de son temps[1310].

Ainsi le marché de chacun de nos pays est encore trop restreint pour que s'y exerce le critère de territorialité pour les actes notariés. Il est vrai que les gouvernements africains doivent faire voter des traités qui libéralisent la circulation des actes notariés, ainsi que leur exécution dans les pays tiers, l'on n'aura plus besoin de passer par l'exéquatur ou la légalisation des actes et ce sera une avancée pour le notariat africain[1311].

L'Afrique fera ainsi le benchmark sur l'union européenne qui a d'ores et déjà émis cette intention ? Alors que nos réalités sociales politiques et économiques sont vraiment disparates. Même si en Afrique tout a été repris du droit français, de la pratique française ou européenne du notariat, le notariat africain est-il suffisamment préparé à cette épreuve, qu'est la libre circulation des actes dans les pays tiers dans un proche avenir ? [1312]

À l'heure où beaucoup pensent que c'est un mythe à cause du critère de territorialité anciennement avancé[1313]. Nous demandons à la CAAf d'aider les gouvernements à comprendre qu'en ce 21ème siècle, la libre circulation des actes notariés est devenue quelque chose de possible dès lors qu'il reviendra aux États de signer un traité instaurant la libre circulation des actes notariés dans tous les pays d'Afrique, ainsi l'on n'aura

1306 Prosper Gadegbeku, Proposition faite dans le rapport du Togo pour le congrès de Paris 2016

1307 Idem

1308 loi du 25 Ventôse an XI préc.

1309 Idem

1310 Roland de Valkeneer préc. P 112

1311 Prosper Gadegbeku, Proposition faite dans le rapport du Togo pour le congrès de Paris 2016 préc.

1312 Idem

1313 Ibidem

plus à exéquaturer les actes avant qu'ils ne soient exécutés. Et ainsi le critère de territorialité sera ainsi abandonné[1314].

Cependant nous croyons sincèrement qu'en pratiquant le benchmarking sur l'union européenne qui a d'ores et déjà annoncé cette initiative en son sein, nous parviendrons ainsi à concrétiser la libre circulation des actes notariés dans les pays tiers en Afrique, et ce sera même mieux dans les espaces économiques régionaux tels que UEMOA, CEMAC etc.[1315]

Aussi, l'on admettra une reconnaissance de plein droit de l'acte notarié et son exécution conformément aux conventions internationales multirégionales ou même bilatérales qui vont être signées dans les États d'accueil. Cependant, ces mêmes conventions dispenseront ainsi de légalisation et d'exéquatur tous les actes notariés[1316].

Le notariat africain sera ainsi sensible à l'ouverture sur le monde économique et social régional. Et pour ce faire, il doit adopter les moyens de publicité collective.

2. Les moyens collectifs d'accès à la notoriété

La profession notariale en Afrique doit prendre conscience des nouvelles mutations économiques auxquelles elle est appelée à être confrontée[1317], même si depuis des lustres la publicité est interdite aux notaires[1318], la proposition qui est faite ici aura le mérite de mettre en exergue la publicité de groupe faite par les chambres des notaires[1319], même si la loi du Ventôse et les lois modificatives ont scrupuleusement interdit la publicité, c'était alors dans une vision du XIVème et XXème siècle[1320].

Aujourd'hui à l'heure de la mondialisation, où le marché du droit est truffé de juriste anglo-saxon faisant partie des majors, assez spécialisés vantant leur mérite par des canaux internationaux de publicité[1321] ; le notaire ne peut faire état de sa qualité professionnelle avec discrétion, tout en veillant qu'il n'en soit pas fait un usage abusif[1322]. La publicité devient ainsi le ressort de la vie économique[1323]. Cependant dans les annuaires ou autres publications qu'elles soient nationales ou internationales, la même tenue d'usage non abusif doit être observée[1324].

Ainsi la publicité à caractère commercial est aussi tolérée pour les annonces de vente aux enchères publiques, notamment la photo du bien à vendre afin de faciliter le choix des acheteurs. Puisque dans ce XXIème

1314 Prosper Gadegbeku, proposition faite dans le rapport du Togo pour le congrès de Paris 2016 préc.

1315 Idem

1316 Ibidem

1317 Rapport de synthèse du congrès des Notaires d'Afrique de Port Louis Ile Maurice 2010

1318 loi du 25 Ventôse an XI préc.

1319 Idem

1320 Roland de Valkeneer préc. P 311

1321 Jeanne de Poulpiquet préc. P 311

1322 Roland de Valkeneer préc. P 218

1323 Idem

1324 Ibidem

siècle, il serait de mauvais augure d'interdire que les chambres fassent connaître au public les compétences pluridisciplinaires des notaires, et la spécialisation aidant, à la radio ou la télévision comme sur l'internet[1325].

De nos jours, il s'agit d'une matière en constante évolution, et doit permettre au notariat de vivre et de se faire connaître selon les méthodes de son temps. Vivre aussi sans user des moyens modernes d'accès à une certaine notoriété est aberrant, encore faut-il préférer une publicité collective plutôt qu'individuelle [1326] ?

Et après avoir fait connaître les compétences dont il dispose, le notariat doit pouvoir être en mesure de tarifer les prestations qu'il a données et pour ainsi dire il doit avoir un nouveau tarif[1327].

3. La mise en place d'un nouveau tarif : une nécessité impérieuse pour la profession

Dans cette catégorie de rémunération, il convient de distinguer les actes tarifés pour lesquels le notaire perçoit des émoluments, et des actes non tarifés qui font l'objet des honoraires libres.[1328]

Cependant, l'on doit aussi souligner que le tarif des notaires au Togo date de 1960 et ne correspond plus en aucune manière aux réalités économiques et sociales de notre temps, alors le notaire se voit ainsi obligé d'appliquer un tarif dubitatif, ce qui contribue tout naturellement à créer un climat de suspicion entre lui et ses clients[1329].

Qu'y a-t-il lieu de faire ? Sinon demander au gouvernement d'ordonner un nouveau tarif pour les notaires[1330]. Nous ne saurons proposer un tarif africain, car nos réalités de vies sont disparates d'un pays à un autre[1331].

Et pour le notaire il conviendra de proposer que la rémunération des actes puisse s'adapter à la complexité et la longueur de l'acte, et ce serait un moyen de tenir compte du facteur économique, car un tarif au pif d'un acte aussi lourd soit-il défavorise le notaire, tel un prix de revient, il serait ainsi permis d'introduire dans le calcul de l'honoraire l'appréciation du facteur « responsabilité »[1332].

Ainsi justice sera faite. Cependant, le notaire défenseur de l'intérêt général au côté de l'État, se doit de souscrire auprès de ce dernier à divers engagements pour l'aider à assurer sa mission de service public[1333].

De nos jours, le notariat africain se sait en pleine mutation, alors que l'activité essentielle de la profession reste centrée sur deux domaines que

1325 Jeanne de Poulpiquet préc. P 212

1326 Roland de Valkeneer préc. P 189

1327 Décret de 1960 portant statut des notaires aux Togo

1328 Roland de Valkeneer préc. P 212

1329 Décret de 1960 portant statut des notaires aux Togo.

1330 Proposition de tarif soumis par la chambre des notaires au gouvernement Togolais depuis 2020

1331 Situation prévalent dans les pays membre de la CAAf

1332 Idem

1333 Jeanne de Poulpiquet préc. P 89

sont le droit de la famille et le droit immobilier, le notaire africain est aussi confronté au défi de la mondialisation[1334], et se doit d'aller au-delà de ses connaissances traditionnelles, et viser l'idéal moral du droit[1335].

C'est pourquoi le doyen Ripert le considère comme un juriste qui ne doit pas seulement être le technicien habile, qui rédige ou explique avec toutes les ressources de l'esprit des textes de loi, il doit s'efforcer de faire passer ainsi dans le droit son idéal moral, puisqu'il détient une parcelle de la puissance intellectuelle[1336].

Et c'est au moment où il doit utiliser cette puissance dans la pratique notariale, en faisant prévaloir l'esprit d'efficacité et de validité dans les actes qu'il rédige, qu'il doit lutter pour atteindre ses croyances[1337]. Alors, qu'il se voit confronter à l'intrusion insidieuse d'autres professionnels du droit, qui le concurrencent de toute part, et plus particulièrement des juristes du Common Law[1338].

Ce constat pose le problème non moins important de l'influence du système anglo-saxon, fondé sur des actes sous seings privés[1339], sur le devenir du notaire africain[1340].

Conscient de ses insuffisances professionnelles, est-il bien préparé à ce choc d'un avenir proche et préparé psychologiquement par la connaissance des langues étrangères, et juridiquement par la connaissance des autres branches du droit : le droit international privé, droit fiscal, droit des groupes : fusions acquisitions[1341], et surtout le droit OHADA [1342] etc. ?

En effet toutes ces menaces tendent ainsi à spolier les actes notariés dont il est le rédacteur, au profit des actes sous seings privés rédigés par les autres professionnels du droit, car dans beaucoup de domaines de sociétés, ces actes sont ainsi très bien acceptés.

Cependant le notariat est né de la volonté d'assurer la sécurité juridique[1343] ; ce qui est une motivation suffisante, alors ne reste-t-il pas un souci majeur de nos jours pour les notaires africains[1344] ?

Seuls les moyens à mettre en œuvre qui varient aussi d'une époque à l'autre, peuvent mettre un coup d'arrêt à cette intrusion, qui tend ainsi à faire douter le notariat de ses remparts de monopole que sont : la force probante et la force exécutoire ; qui encore aujourd'hui sont considérées comme dépassées ou une fausse sécurité[1345].

1334 Rapport de synthèse du congrès des notaires d'Afrique de Port Louis, Île Maurice 2010

1335 Le doyen Georges Ripères considère le notaire comme un juriste qui doit s'efforcer de passer dans le droit son idéal morale

1336 Idem

1337 Ibidem

1338 Jeanne de Poulpiquet préc. P 312

1339 Idem

1340 Rapport de synthèse du congrès des notaires d'Afrique de Port Louis, Île Maurice 2010

1341 Roland de Valkeneer préc. P 116

1342 Traité et actes uniformes OHADA

1343 Cécile Biguenet-Maurel Thèse préc. P 219

1344 Rapport de synthèse du congrès des notaires d'Afrique de Port Louis, Île Maurice 2010

1345 Jean Luc Aubert préc. P 215

C'est tout l'intérêt de cette étude sur la pratique notariale de proposer des mesures et moyens appropriés en vue d'améliorer la pratique notariale en Afrique[1346].

Aussi, il reviendra aux notaires de chercher à élargir leur domaine de compétences par la réitération des stages, de formations en management stratégique des activités de consultant en droit, dès lors que cette formule leur permettra de développer et de pérenniser, d'optimiser les activités des études, telles que les techniques de négociations, et de vente des produits de conseil.

Ainsi, l'on contribuera à l'amélioration de la qualité des prestations pour mieux anticiper et répondre aux attentes des nouveaux clients[1347].

En outre, les notaires connaîtront l'environnement des entreprises et le rôle de leur action pour pouvoir être en mesure de les accompagner. Et ce n'est que par ce biais qu'ils assureront ainsi avec efficacité la gestion et le développement des activités des études notariales[1348].

Cependant, la participation aux différents séminaires, congrès, et stages, permettra ainsi d'élargir la réflexion sur les nouvelles activités qui s'offriront au notariat et amènera les notaires à aller vers de nouveaux savoirs et nouveaux concepts gages de pérennité de leur profession[1349].

Et c'est ce qui fait la force et souvent la sécurité tant au barreau que dans les services juridiques des entreprises, c'est le fait de pouvoir s'appuyer sur toutes ces compétences acquises au cours des formations de spécialisations. Et tôt ou tard le notariat africain y sera soumis au même dilemme[1350].

Section III

L'éloignement du cadre normatif de la pratique notariale en Afrique

Le conseiller Real définissait déjà cette fonction en ces termes : « conseils désintéressés des parties, aussi bien que rédacteurs impartiaux de leurs volontés, leur faisant connaître toute l'étendue des obligations qu'elles contractent, rédigeant ces engagements avec clarté, leur donnant le caractère d'un acte authentique et la force d'un jugement en dernier ressort, perpétuant leur souvenir et conservant leur dépôt avec fidélité, ils empêchent les différends de naître entre les hommes de bonne foi : ces conseils désintéressés, ces rédacteurs impartiaux sont les notaires »[1351].

Cette définition décrit les règles fondamentales et les objectifs de la profession notariale tels qu'ils devraient être appliqués[1352].

1346 Rapport de synthèse du congrès des notaires d'Afrique de Port Louis, Île Maurice 2010 préc.

1347 Rapport de synthèse du congrès des notaires à Marrakech 2010 préc.

1348 Idem

1349 Rapport de synthèse du congrès des notaires d'Afrique de Port Louis, Île Maurice 2010 préc.

1350 Jeanne de Poulpiquet préc. P 312

1351 Jean Yaigre ; Jean François Pillebois « Pratique notariale » ed Litec 2000 P 116 et 123

1352 Idem

Malheureusement le cadre normatif ainsi que la pratique contemporaine de la profession, notamment en Afrique, tend à s'éloigner de ces règles (paragraphe I). En outre, l'organisation structurelle qui a été mise sur pied pour encadrer les praticiens du notariat tend elle ainsi à montrer ses limites[1353] (paragraphe II).

Paragraphe I

Encadrement normatif de la profession notariale en Afrique

L'examen du cadre normatif de la profession notariale en Afrique revient à rechercher et apprécier les règles qui régissent la fonction sur le continent. Les textes organiques de la profession notariale dans les pays membres de la Commission des Affaires Africaines attribuent au notaire le statut « d'officier public »[1354]. À ce titre, ce professionnel du droit reçoit délégation de la puissance publique pour conférer l'authenticité aux actes qu'il établit par sa signature et l'apposition de son sceau[1355].

Nous insisterons par conséquent sur la pratique et les vertus de l'authenticité (A). Cela nous permettra d'apprécier les règles qui gouvernent la pratique notariale avant de relever les éléments qui pourraient constituer des obstacles à la mise en œuvre efficiente de l'authenticité[1356] (B).

A) Pratique et vertus de l'authenticité

Le notariat est généralement considéré comme une magistrature de juridiction volontaire, de préconstitution d'une preuve inattaquable et d'organisation contractuelle d'un jugement négocié détenant l'ensemble des attributs d'un acte juridictionnel. Il apparaît alors d'évidence que dans nos environnements fortement demandeurs de sécurité juridique et contractuelle, cette formule de justice préventive et obligatoire peut valablement répondre à ce souci de sécurité. La pratique de l'authenticité telle que décrite ci-haut assure la crédibilité du commerce juridique (1) et lui confère certaines vertus (2)[1357].

1. Garantie de la crédibilité du commerce juridique

Être notaire c'est pratiquer l'authenticité avec toute la rigueur qu'elle impose, non seulement au plan formel, mais aussi sur le fond. Cette authenticité procure au commerce la sécurité et la garantie indispensables aux affaires[1358].
Bien évidemment, l'obligation d'instrumenter ne se conçoit pas sans le conseil. En effet, le notaire doit dans le cadre de sa mission de conseil,

1353 Rapport de synthèse du congrès des Notaires d'Afrique de Port Louis, Île Maurice 2010

1354 Idem

1355 Roland de Valkeneer préc. P 118

1356 Idem

1357 Jeanne de Poulpiquet préc. P 209

1358 Marie-Anne Frison-Roche préc.

éclairer ses clients sur le contenu et les effets des engagements qu'ils ont souscrits[1359].

Au-delà du devoir de conseil, le notaire est aussi le confident nécessaire des usagers de la profession. Cependant, l'accomplissement de l'ensemble de ces missions exige le respect strict de la déontologie et de la discipline telles qu'elles résultent des textes en vigueur[1360].

Ainsi sont résumées les règles qui régissent le notariat et que les notaires d'Afrique s'efforcent d'appliquer sur le continent. Ce sont toutes ces conditions réunies qui permettent au notaire de crédibiliser les actes qu'ils établissent et de leur permettre de produire tous les effets dont on est en droit d'attendre[1361].

2. Vertus de l'authenticité

L'acte authentique renferme des qualités intrinsèques qui sont entre autres la force probante et la force exécutoire. En effet, l'acte authentique fait pleine foi de la convention qu'il renferme entre les parties contractantes et leurs héritiers ou ayants cause. Il fait foi tout à la fois de son existence et de son contenu, non seulement « inter partes », mais aussi « erga omnes »[1362]. Cette force probante de l'acte authentique tient à ce qu'il fait foi jusqu'à inscription de faux. Quant à la seconde qualité de l'acte authentique qui est la force exécutoire elle permet au créancier muni de son titre exécutoire, établi par le notaire de poursuivre le recouvrement de sa créance certaine liquide et exigible[1363].
Ces sont ces qualités qui marquent la nette séparation entre l'acte authentique et l'acte sous seing privé[1364].

B) Entraves à la pratique efficiente de l'authenticité

Les vertus de l'acte authentique notarié sont indéniables. C'est ce qui justifie l'intégration du notariat de type latin dans l'ordre juridique national des pays membres de la commission des affaires africaines[1365].

Cependant, la mise en œuvre de cette profession sur le continent fait face à de nombreux facteurs défavorables à son efficience. Ces facteurs sont soient endogènes (1) soient exogènes (2) à la profession notariale[1366].

1- Facteurs endogènes défavorables à la pratique efficiente de l'authenticité

Les lois organiques nationales réglementent l'accès à la profession notariale. À cet égard, le niveau requis pour présenter sa candidature à

1359 Cécile Biguenet-Maurel Thèse préc. P 195

1360 Idem

1361 Rapport de synthèse du congrès des notaires d'Afrique de Port Louis, Île Maurice 2010 préc.

1362 Jeanne de Poulpiquet préc. P 215

1363 Idem

1364 Ibidem

1365 Rapport de synthèse du congrès des notaires d'Afrique de Port Louis, Île Maurice 2010 préc.

1366 Idem

l'entrée en stage de notariat oscille entre la licence, la maîtrise[1367], un diplôme d'études supérieures spéciales en droit ou un diplôme juridique reconnu équivalent par l'autorité compétente de l'État[1368].

Malheureusement, les nombreux manquements relevés chaque jour dans les actes établis par les notaires et les contentieux qui sont soulevés sur la base des actes notariés révèlent qu'il se pose un problème au niveau de la formation de certains praticiens de cette profession[1369].

Il en est de même de la formation continue. Une fois nommés, certains notaires ne fournissent plus les efforts nécessaires pour la mise à jour de leurs connaissances. Cet état des choses rejaillit sur la qualité de la pratique notariale au quotidien[1370].

Par ailleurs, il existe un réel problème lié au mimétisme juridique dont font preuve les textes régissant la profession notariale en Afrique. Ces textes sont généralement une copie des textes français en la matière et ne correspondent pas toujours aux réalités des pays auxquels ils s'adressent[1371].

En outre, les notaires dans l'exercice de leurs fonctions outrepassent parfois leurs prérogatives, en se lançant dans les activités où leurs responsabilités risquent fortement d'être engagées.

En plus des facteurs inhérents aux praticiens de la profession notariale, d'autres difficultés issues de l'environnement dans lequel évolue la profession notariale s'annoncent et tendent à saborder la force de l'authenticité.

2- Facteurs exogènes défavorables à la pratique efficiente de l'authenticité

Les facteurs extérieurs à la profession qui représentent un frein à la pratique efficace de l'authenticité concernent l'environnement administratif, judiciaire, législatif et culturel. En effet, le notaire évolue dans un environnement difficile, concurrentiel et peu sécurisant[1372]. Ainsi, l'acte notarié subit les pesanteurs et lourdeurs administratives, et il fait aujourd'hui l'objet de remise en cause au niveau des juridictions. La persistance de ces difficultés conduisent à vider les actes notariés de leur substance et amoindrit leur efficacité[1373].

Par ailleurs, sur le plan législatif, il faudrait relever l'inadaptation et le manque de clarté des textes ainsi que le caractère relativement prohibitif du coût fiscal des actes notariés[1374].

1367 Situation constatée en Afrique centrale

1368 Loi du 16 novembre 2001 portant statuts des notaires au Togo

1369 Situation constatée dans les pays francophones membres de la CAAf

1370 Idem

1371 Loi du 16 novembre 2001 portant statuts des notaires au Togo

1372 Jeanne de Poulpiquet préc. P 99

1373 Idem

1374 Situation constatée dans les pays francophones membres de la CAAf

De fait, l'essor du notariat se trouve compromis par la lourdeur de la fiscalité qui grève les produits de l'authenticité ; ce qui rend ce produit impopulaire. Tout ceci ne favorise pas l'enracinement de la culture du recours au notaire ; l'usager du droit préférant recourir aux actes sous seing privé[1375].

Au-delà de ces difficultés, la pratique notariale fait l'objet d'atteintes dans ses prérogatives juridiques provenant non seulement des autres professions du droit mais aussi d'institutions internationales[1376], qui perçoivent la profession comme une entrave financière à l'épanouissement des affaires, qui tendent à lui faire douter de ses remparts de monopoles jusqu'alors à lui conférés.

Tous ces facteurs mènent inéluctablement à une perception minimaliste réductrice de la profession notariale par ses éventuels usagers[1377].Toutefois la pratique notariale subit en dehors de ces réalités administratives une concurrence grandissante d'autres professionnels du droit[1378].

Les notaires subissent alors une concurrence de plus en plus rude dans la maîtrise des structures d'entreprise. La réduction de cet écart dans l'ingénierie juridique impacte lourdement sur le marché du conseil[1379].

En effet, les conseils juridiques et fiscaux, les experts-comptables et les avocats locaux, augmentent de plus en plus des parts de marché dans le conseil de la structure d'entreprise[1380]. Ils améliorent leur niveau de confiance à l'égard des investisseurs dont la preuve peut être rapportée notamment par le nombre d'actes de constitution de sociétés commerciales déposées au rang des minutes d'un notaire avec reconnaissance d'écritures et de signatures[1381].

Les détracteurs de la fonction notariale avaient d'ailleurs invoqué cette situation pour fragiliser, à l'occasion de la réforme du droit des sociétés de 2014, la place du notaire dans la vie des sociétés[1382]. Mais pourquoi une telle tendance ? Est-ce dû à l'insatisfaction des investisseurs, aux modalités de l'intervention du notaire ou à la pertinence de l'intervention de ces professionnels [1383]?

Quoi qu'il en soit, la question mérite d'être posée pour que le notariat et les notaires prennent leurs dispositions et responsabilité pour le rayonnement de la profession notariale en matière de conseil. Cette attitude

---

1375 Idem

1376 Jeanne de Poulpiquet préc. P 308

1377 Idem

1378 Jeanne de Poulpiquet préc. P 222

1379 Loi N° 2011-333 du 28 mars 2011 de la modernisation des professions réglementées

1380 Jeanne de Poulpiquet préc. P 222

1381 Idem

1382 Loi sénégalaise n° 2014-09 du 20 février 2014 relative au contrat de partenariat ; journal officiel de la république sénégalaise n° 6781 du 25 mars 2014

1383 Marie-Anne Frison-Roche, " La conception renouvelée du notariat par la perspective de régulation économique ", Rev. Droit et Économie, P 1. 2010.

ne serait que naturelle et dans l'intérêt des investisseurs si l'on sait que cette tendance risque « d'augmenter le chiffre d'affaires au marché du contentieux »[1384], et cette augmentation sera ainsi dangereuse pour le développement économique.

C'est seulement avec une telle redynamisation de la pratique notariale en matière de structures d'entreprise que le notaire pourra efficacement aider l'investisseur dans le choix de la structure appropriée[1385].

Il est semble-t-il de bon ton dans les moments difficiles de rechercher les boucs émissaires, aussi en est-il des professions réglementées, et selon certains, elles auraient par définition tous les torts[1386].

En toute réalité, les notaires en Afrique subissent au cours de leur pratique des assauts de divers organes internationaux : Banque Mondiale, Doing Bussiness, Union Européenne[1387], instrumentalisent les organismes régionaux UEMOA, CEMAC, OHADA, tous ces organismes affirment, que le notaire constitue dans sa pratique, un frein à l'avancée des affaires, expliquant que les coûts des prestations notariales sont prohibitifs et contribuent ainsi au ralentissement de la bonne marche des affaires.

Cependant, toutes ces allégations tendent à rabaisser la prestation des notaires, et contribuent à la dégradation de leur image, et leur créent une situation économique catastrophique[1388].

Aussi, cette vision éradicatrice des professions réglementées, telles que s'apparente à une volonté délibérée de chercher à tout prix la disparition de cette profession[1389].

Et faire ainsi du notaire un frein à la bonne marche de l'économie, nous amène à comprendre très aisément, que ces organismes préconisent en tout état de cause, la disparition à coup sûr de cette profession, et cette disparition causera plus de torts aux justiciables qu'aux notaires eux-mêmes[1390].

Cependant, pour éluder une telle situation, les chambres des notaires devront œuvrer avec imagination dans les années à venir, afin d'accompagner les notaires dans cette lutte pour la préservation de leur survie dans notre société.

1384 Stéphane Berre, Jean-Yves Camoz, Evelyne Elmalek et Marine Kaddouch : notariat volume 3 ; édition défrénois 2013 ; p. 147 et suivant

1385 Philippe de Page in rev not. 1984, p. 13

1386 Pierre Mayer et Vincent Heuze : droit international privé ; édition Montchrétien 2010 n° 207

1387 Idem

1388 Jeanne de Poulpiquet préc. P 229

1389 Prosper Gadegegbeku : "L'Amélioration du climat des affaires : quel rôle pour le notariat ? " Togo-Presse N° 11359 du 24 Août 2022.

1390 Jeanne de Poulpiquet préc. P 225

Paragraphe II

Encadrement organique de la profession notariale en Afrique

Les notaires exerçant dans chacun des États membres de la CAAf/UINL forment une communauté regroupée au sein d'une chambre professionnelle nationale des notaires. Ces chambres sont dotées d'un rôle précis pour la gestion de la profession au niveau national (A). Même si elles rencontrent quelques difficultés dans ce domaine[1391] (B).

A - Rôle des chambres nationales dans l'organisation structurelle de la profession notariale

Les communautés professionnelles créées au niveau national, ont ordinairement pour objectifs non seulement d'assurer la garantie et le respect des règles et usages de la profession, ainsi que la défense des droits et intérêts de l'ensemble des notaires en exercice. Elles veillent aussi au respect de l'éthique professionnelle[1392].

Certaines chambres se sont dotées de moyens spécifiques pour assurer le contrôle disciplinaire des notaires de la chambre. Des visites d'inspection des études sont organisées non seulement par le syndic de la chambre, mais aussi par le parquet général.

Malgré toutes ces mesures prises pour assurer le bon fonctionnement des chambres nationales et une mise en œuvre aisée de la profession, quelques difficultés perdurent et entravent l'action de ces structures[1393].

B - Faiblesse structurelle des ordres professionnels notariaux en Afrique

Malgré les objectifs qui leur sont assignés en pratique, force est de constater que les ordres professionnels notariaux nationaux éprouvent quelques difficultés. Certains notaires violent en effet, et ce, de façon délibérée les règles déontologiques professionnelles[1394].

À ce niveau, les organes disciplinaires des ordres professionnels nationaux ne sont pas dans la capacité d'appliquer les mesures disciplinaires prévues en pareille circonstance[1395].

Une autre faiblesse des ordres professionnels notariaux nationaux est l'incapacité des notaires membres à lever des fonds. Les notaires ne satisfont pas régulièrement à leur cotisation mensuelle ou annuelle. Ce qui affaiblit quelquefois le fonctionnement ainsi que l'efficacité de ces ordres[1396].

1391 Situation constatée dans les pays francophones membres de la CAAf

1392 Loi du 16 novembre 2001 portant statuts des notaires au Togo préc.

1393 Situation constatée dans les pays francophones membres de la CAAf

1394 Idem

1395 Ibidem

1396 Situation observée dans les chambres de notaires en Afrique

Il existe également au sein des chambres nationales un manque de communication et de lisibilité dans les actions menées par la chambre. Cette situation a deux conséquences principales : le désintérêt de certains notaires membres de la chambre pour toute action menée par cette dernière et la méfiance du public à l'égard de la profession[1397].

Paragraphe III

Perspectives de la profession notariale en Afrique

Face au constat ainsi fait, il s'avère indispensable de rechercher les voies et moyens pour améliorer la profession notariale en Afrique[1398]. À cet effet, les notaires membres de la commission des affaires africaines de l'union internationale du notariat en coopération avec les pouvoirs publics, doivent tout d'abord œuvrer à la mise en place d'un environnement approprié à l'exercice de la profession (A) ; en vue du renforcement de son rôle dans le développement de l'Afrique (B)[1399].

A. Contribution à l'amélioration d'un environnement approprié pour la profession

Concevoir un environnement plus approprié pour la prestation de la sécurité préventive, c'est ouvrir les voies utiles et sécurisées pour la pratique notariale en Afrique aujourd'hui et demain[1400].

Cela consiste pour le notaire à aller vers l'usager pour lui expliquer le bien-fondé de sa profession et son utilité dans la société, son rôle dans la protection de sa famille et la sécurité de son patrimoine[1401], l'importance pour tout usager de s'acquitter des taxes qui seront prélevées par le notaire chaque fois que l'établissement d'un acte authentique est requis.

Ces éléments et d'autres encore sont nécessaires pour la construction d'un environnement adéquat à l'exercice de la profession notariale[1402].

Ceci ne sera toutefois totalement réalisé que si les notaires africains, pris individuellement prennent la ferme résolution de s'impliquer davantage dans la recherche des solutions aux problématiques nationales et continentales.

1) Contribution à la mise en place d'un environnement adéquat

La réalisation d'un environnement adéquat passe par la création d'un cadre social adéquat, l'assainissement du climat interne de la profession notariale, l'amélioration des rapports notaires-administration[1403].

1397 Idem

1398 Ibidem

1399 Rapport de synthèse du congrès des notaires d'Afrique préc.

1400 Idem

1401 Ibidem

1402 Préconisations conçues pour la CAAf, en vue de l'amélioration de l'environnement notarial en Afrique 2018

1403 Idem

La pérennisation de la profession requiert que le notaire place ses prestations dans une perspective sociologique au cœur de laquelle surgit l'interrogation suivante : est-ce que les citoyens africains apprécient et bénéficient des avantages de l'activité notariale ? La réponse à cette question est fondamentale pour déterminer l'intégration du notariat dans notre culture non seulement juridique mais et surtout, sociologique[1404].

Le notaire dans l'exercice quotidien de son office est tenu de se mettre au service de toute la population. Or, dans nos pays africains enclavés pour la majorité et où les populations sont largement analphabètes, les usagers rencontrent d'énormes difficultés pour accéder à un notaire[1405].

Dans certains pays, les notaires se concentrent dans les grandes métropoles laissant ainsi en arrière-pays une bonne tranche de la population, qui méconnaît totalement la sécurité juridique et ses vertus[1406]. C'est pourquoi, dans le souci de mettre en pratique un service public de proximité, il revient à l'État de créer d'autres charges de notaires qui seront installées dans les zones reculées où le service notarial est également nécessaire ; comme cela a été fait au cours de ces dernières années au Togo, en matière de maillage du territoire[1407].

Cette action étatique doit être soutenue par celle des notaires. Il leur revient en effet, de procéder réellement à la promotion et à la vulgarisation de la profession sur toute l'étendue des territoires nationaux. Toutes les couches sociales ayant droit à la sécurité juridique[1408].
Les notaires doivent par ailleurs au-delà de l'information sur la promotion notariale, éduquer les populations sur le droit proprement dit et l'importance pour la société et pour l'économie de la mettre en pratique[1409].

Les efforts à consentir par les professionnels du notariat auront pour effet principal, d'instaurer un climat de confiance entre le notaire, les usagers et les pouvoirs publics[1410]. Grâce à l'étendue du champ d'action, les conflits liés à l'exiguïté du marché seront nettement réduits[1411]. L'utilité sociale du notaire sera plus perceptible et par conséquent moins critiquée. En effet, « un notariat enraciné dans la société et qui inspire confiance et sécurité aux citoyens constitue en soi une valeur économique »[1412] .
Les efforts fournis par les notaires sur le plan social doivent également l'être sur le plan administratif [1413].

1404 Ibidem

1405 Situation observée dans la pratique notariale en Afrique

1406 Idem

1407 Situation observée dans la pratique notariale en Afrique et particulièrement au Togo, où le maillage n'est pas bien réalisé

1408 Idem

1409 Présentation des journées portes ouvertes au seins de chaque chambre notariale et dans chaque pays en vue d'éduquer les populations

1410 Idem

1411 Ibidem

1412 Marie-Anne Frison-Roche préc.

1413 Idem

2) Amélioration des rapports notariat-administration pour une meilleure sécurité juridique préventive

Le notaire délégataire de la puissance publique a comme premier interlocuteur l'administration ; à cet égard, il est extrêmement important d'avoir les meilleures relations avec elle. C'est pourquoi, les pouvoirs publics en collaboration avec les chambres nationales de notaires doivent impérativement procéder à la réforme des textes organiques[1414], dont l'obsolescence et la vétusté sont évidentes[1415] ; en outre dans certains pays les nouvelles lois portant statuts des notaires portent en elles un esprit d'ouverture et de modernité.

Au-delà de la révision des textes de lois relatives à la profession de notaire[1416], l'administration doit s'atteler à fluidifier et à sécuriser le circuit administratif de l'acte notarié[1417]. Il s'agit de résoudre le problème de la lenteur administrative qui est décriée dans presque tous les pays membres de la CAAf/UINL et injustement attribuée au notaire. Ceci contribuera à améliorer le rendement de l'acte notarié et à accroître la sécurité dans l'exercice de la profession notariale[1418].

En outre, il est impératif que l'administration veille à la fiabilité de ses propres documents administratifs dont l'authenticité conditionne la validité et l'efficacité de l'acte notarié[1419].

Pour accomplir valablement sa mission, le notaire doit avoir une parfaite maîtrise de l'environnement juridique dans lequel il évolue et être à jour des évolutions du droit[1420]. Face à une société en pleine évolution, le notaire se doit d'entretenir ses connaissances, afin d'assurer la meilleure qualité du service possible à ses clients[1421].

L'entretien des connaissances par le notaire, ses clercs et collaborateurs aura pour première conséquence, l'amélioration de la pratique notariale. Une amélioration qui devrait être notée tant sur le plan déontologique que sur le plan disciplinaire[1422].

C'est le lieu ici d'insister sur la nécessité pour les chambres nationales des notaires de créer des écoles supérieures de formation notariale au niveau national. Ces écoles seront un instrument juridique d'harmonisation de la formation dans tous les pays. Car les considérations sociales et les réalités ne sont pas les mêmes dans les pays de la CAAf/UINL[1423].

1414 Jeanne de Poulpiquet préc. P 234

1415 Situation constatée au sein des pays d'Afrique francophones membres de la CAAf

1416 Idem

1417 Préconisation en direction des Pays d'Afrique par la CAAf

1418 Idem

1419 Roland de Valkeneer préc. P 103

1420 Jeanne de Poulpiquet préc. P 208

1421 Idem

1422 Ibidem

1423 Recommandations de la CAAf en direction des chambres de Notaires d'Afrique Francophone

La restauration de l'environnement interne de la profession passe aussi par la modernisation des études notariales qui doivent se mettre au diapason des nouvelles technologies de l'information et de la communication, par la dotation des Études de moyens modernes de travail[1424]. Un régime juridique spécifique et une politique sociale doivent être aménagés en faveur des collaborateurs et employés des notaires et respectés par ces derniers.

Afin d'améliorer la confiance de l'État et du public dans le rôle du notaire, le régime de responsabilité et de l'assurance des notaires doit être strictement observé dans les pays où cette dernière existe[1425]. Les notaires d'Afrique devraient également œuvrer en vue de réaliser une plus grande sécurisation des actes des clients par l'archivage numérique[1426].

En outre, face au développement des technologies, la dématérialisation de l'acte authentique devrait être introduite dans la pratique de la profession en Afrique[1427].

La mise en place de l'acte authentique sur électronique présente ainsi de nombreux avantages pour le notaire et son client, parmi lesquels, une consultation facilitée et une mise à disposition accélérée des actes notariés.

Comme nous le disons plus haut[1428], l'accomplissement des propositions faites ci-dessus redonneront au notariat sa force originelle, et permettra à l'acte notarié de réaliser pleinement ses effets dans la société africaine, du point de vue de la sécurité juridique[1429].

La pérennisation de la profession notariale exige toutefois que celle-ci fournisse davantage d'efforts en s'impliquant toujours plus dans la recherche de solution aux problèmes auxquels fait face la société africaine[1430].

Suite à la résolution des problèmes qui minent la profession sur le continent, et des efforts à consentir pour améliorer la pratique notariale, les notaires doivent impérativement poursuivre leurs actions en faveur de la recherche des solutions idoines pouvant leur apporter une amélioration conséquente dans toutes prestations[1431].

Cependant, l'implication des notaires dans ce sens, doit se faire d'abord par la promotion de l'utilité sociale du notaire, et ensuite par sa contribution au développement économique et social[1432].

1424 Idem

1425 Jeanne de Poulpiquet préc. P 98

1426 Règlement de l'UEMOA approuvant les actes électroniques dans l'espace UEMOA

1427 Idem

1428 Ibidem

1429 Rapport de synthèse du congrès des notaires d'Afrique de Port Louis, Île Maurice 2010 préc.

1430 Idem

1431 ibidem

1432 Rapport de synthèse du congrès des notaires d'Afrique de Port Louis, Île Maurice 2010 préc.

B. Promotion de l'utilité sociale du notaire et renforcement de son rôle dans le développement de l'Afrique

L'utilité sociale du notaire découle principalement de sa fonction d'authentification des contrats, et autres actes juridiques. Le notaire c'est aussi la paix sociale, la prévention des litiges, le conseil et des avis éclairés, la transparence des transactions[1433], la lutte contre le blanchiment et le financement du terrorisme[1434]. L'activité notariale n'est donc pas réduite à la rédaction et à la signature de l'acte authentique. Ce sont donc ces fonctions sociales que les notaires devraient promouvoir sans relâche[1435].

Au-delà de cette fonction sociale, le notaire, par la pratique rigoureuse et efficiente de sa profession doit davantage participer au développement économique du continent[1436].

La sécurisation des investissements est un facteur de paix sociale certes, mais l'amélioration de l'environnement des affaires est un indicateur de bonne gouvernance et de développement économique[1437]. Le notariat est étroitement lié à l'idée de la sécurité dans les affaires, et devrait définitivement intégrer dans ses actions cet état de chose.

Habilités à authentifier la quasi-totalité des actes relatifs aux transactions économiques, les notaires jouent un rôle crucial dans leur sécurisation[1438]. De la pratique rigoureuse ou non de leur fonction dépend largement le comportement de l'économie dans chaque pays. En raison de cette responsabilité qui pèse sur le notaire africain, ce dernier doit redoubler d'efforts dans l'accomplissement de ses missions, afin que son action en faveur de l'assainissement du climat des affaires soit plus perceptible[1439].

Ainsi, en matière immobilière, tout acte translatif de propriété ne peut être valablement conclu en dehors de l'intervention du notaire[1440]. Ce qui signifie que la sécurité foncière dans les pays membres de la commission des affaires africaines dépend du notaire.

Il en est de même en matière de constitution des sociétés[1441]. Même si l'Acte Uniforme relatif au droit des sociétés commerciales et du groupement d' intérêt économique relativise le passage par le notaire en laissant le choix d'établir les actes sous seing privé, l'intervention du notaire n'en est pas moins indispensable pour assurer la sécurité du commerce juridique relatif aux sociétés commerciales[1442].

1433 Jeanne de Poulpiquet préc. P 218

1434 Pascale Haye-Rossell « Le rôle du notaires dans la lutte contre le blanchiment de capitaux » éd. Défrénois P 91

1435 Cécile Biguenet-Maurel préc. P 216

1436 Marie-Anne Frison-Roche « La Conception renouvelé du notariat » préc.

1437 Idem

1438 Ibidem

1439 Prosper Gadegbeku « l'amélioration du climat des affaires, quel rôle pour le notariat » Togo-Presse 2020 préc.

1440 loi N°2018-007 portant code foncier et domaniale au Togo

1441 Article 101 de l'AU portant statut des sociétés OHADA préc.

1442 Idem

Le notaire joue également un rôle important dans l'administration des entreprises dont il peut assurer le secrétariat juridique et apporter son aide aux dirigeants sociaux afin que ces derniers gèrent la société dans le respect des règles qui s'imposent[1443].

Le notaire jouit également d'un rôle important en matière de crédit. Ici son intervention a pour principal effet de garantir l'octroi du crédit et la certitude du remboursement au terme convenu ou au moins la possibilité de recourir à une exécution forcée.

En effet, le notaire peut lors des vérifications préalables qu'il réalise avant la réception de l'acte, identifier tous les problèmes liés à la propriété ou à la capacité de contractants qui pourraient constituer des entraves à l'efficacité de l'acte à établir. L'acte authentique se présente dès lors comme un outil majeur de pérennisation de la confiance entre les contractants et les établissements financiers[1444].

La contribution au développement économique doit également concerner le soutien à l'investissement, notamment l'investissement de la diaspora. En effet l'investissement de la diaspora représente un pourcentage considérable pour le produit intérieur brut de certains pays d'Afrique[1445].

C'est la raison pour laquelle il est impératif que les pays membres de la CAAf/UINL mettent en place des mécanismes de sécurisation de ce type d'investissement. Il est question pour les notaires en rapport avec les acteurs de ce secteur et les pouvoirs publics de rechercher et de mettre en place un cadre juridique qui permettra que ces investissements contribuent réellement au développement du continent[1446].

La profession notariale en Afrique est en perpétuelle évolution. Toutefois elle doit prendre en compte les réalités propres aux Etats. Mettre l'acte authentique au service de la société entière et organiser la pratique notariale de manière à satisfaire tous les objectifs du notariat. Ceci induit bien évidemment des enjeux considérables pour la profession notariale[1447].

Paragraphe IV
Enjeux de l'existence d'un environnement approprié pour la prestation de la fonction de sécurité juridique préventive

Les efforts des notaires d'Afrique pour contribuer à l'évolution sociale et économique des États pourront permettre de confirmer le notariat en tant qu'expert au service du continent (A) et consolider l'influence de la profession notariale sur ce continent (B).

1443 Alain Xavier Briatte « Financement et pratique du crédit » Ed Lexis Nexis 2020 P 505

1444 Idem P505 et suivant

1445 Abdoulaye Harrissou « La Terre un droit humain » préc. P 92

1446 Rapport de synthèse du congrès des notaires d'Afrique de Port Louis, Île Maurice 2010, préc.

1447 Idem

A- La confirmation du notariat en tant qu'expert au service de l'Afrique

Spécialiste du droit, le notaire apparaît comme un expert indispensable pour la résolution des problèmes juridiques dans la société. Dans les pays membres de la CAAf/UINL, la sécurité foncière est un problème majeur qui constitue un frein aux investissements et qui nécessite impérativement l'intervention des notaires (1). En outre, la CAAf/UINL est un ensemble constitué des pays issus de régions différentes. On comprend alors qu'une franche collaboration entre le notariat africain, I'OHADA et les communautés économiques régionales est nécessaire[1448] (2).

1- Contribution à la solution des problèmes fonciers du continent

Le notaire a le monopole des actes auxquels les parties ou la loi décident de conférer le caractère authentique. Cette position le met au centre du dispositif juridique des transactions immobilières[1449], des actes de sociétés et du règlement des successions, qui comptent parmi les canaux les plus importants des opérations de blanchiment[1450].

Nul n'ignore que la maîtrise du foncier constitue autant que la paix et la sécurité publique un atout important dans la mise en œuvre de toute politique de développement[1451].

Le professeur Jeanne de Poulpiquet estime à ce propos, que le notaire est « l'orfèvre du titre de propriété, le spécialiste de la sécurité foncière »[1452].

Face aux multiples problèmes liés à la sécurité foncière, les notaires ont proposé « le titrement » qui est l'action par laquelle un individu voit l'appropriation qu'il a faite d'un bien-être confortée par un titre de propriété[1453].

En effet, un système foncier performant permet de fixer les agriculteurs sur leurs terres en les incitant à les mettre en valeur : ils pourront ainsi réaliser des travaux et acquérir du crédit pour les mettre en valeur car ils auront la certitude de rentabiliser leur investissement[1454].

Les transactions immobilières sécurisées rassureront les entreprises qui souhaitent réaliser des investissements à long terme de nature industrielle ou touristique. En plus, il faut reconnaître que l'essor économique des pays en développement comme ceux de la CAAf/UINL passe par l'accès de tous au crédit[1455].

1448 Ibidem

1449 Jeanne de Poulpiquet préc. P88

1450 Prosper Gadegbeku « le rôle du notaire dans la lutte contre le blanchiment des capitaux » RJST Juillet- décembre 2012 P 197 Togo-Presse 2020 préc.

1451 Abdoulaye Harrissou « La Terre un droit humain » préc. P 92

1452 Jeanne de Poulpiquet préc.

1453 Idem Didier Nourrissat « Le Titrement » préc.

1454 Hernando de Soto « Le Mystère du capital » préc.

1455 Idem

Or, l'octroi d'un crédit nécessite des garanties. La garantie première étant la sûreté réelle immobilière, il est essentiel de doter les individus des titres de propriété. Il en est ainsi car le développement de la propriété immobilière est un élément pacificateur de toute société ; en outre les citoyens seront nombreux à être propriétaires de leur maison, de leur terre, de leur bâtiment d'exploitation, plus grande sera la stabilité politique du pays dans lequel ils vivent[1456].

Les notaires doivent également intensifier leur contribution à la réforme foncière engagée dans les pays membres de la CAAf/UINL. Leur intervention dans les commissions créées à cet effet doit être effective pour apporter leur expertise[1457].

2- La participation à la construction de l'ordre juridique africain

Dans sa pratique quotidienne, le notaire est appelé à mettre en œuvre les règles juridiques établies non seulement par les lois nationales, mais aussi par les règles communautaires[1458]. C'est notamment le cas avec les actes uniformes OHADA[1459].

La première tâche incombant aux notaires ici est d'appliquer les lois lors de l'élaboration des actes authentiques de la manière la plus efficace possible. Ceci permettra à ces textes de produire les effets juridiques pour lesquels ils ont été adoptés.

Le deuxième consiste à attirer l'attention des pouvoirs publics sur la qualité et l'opportunité de certains textes. En effet, face à l'évolution des affaires et de l'activité économique en général, certaines règles deviennent inadaptées aux situations nouvelles. C'est dans ce sens que I'OHADA a mis en place des commissions chargées de la révision de certains actes uniformes[1460].

Pour exercer son rôle d'expert, le notariat africain doit occuper une place importante dans ces commissions. Le droit uniforme étant en perpétuelle mutation, le notaire sera de plus en plus amené à jouer un rôle important dans la mise en œuvre de cet instrument d'intégration juridique pour le continent africain[1461].

L'implication des notaires dans la rédaction et la révision de ces actes uniformes vise non seulement la défense des intérêts de la profession, mais aussi à attirer l'attention des pouvoirs publics sur la nécessité d'adopter des lois qui s'adaptent au contexte africain et qui peuvent réellement produire des effets positifs dans notre ordre juridique[1462].

1456 Ibidem

1457 Rapport de synthèse du congrès des Notaires d'Afrique de Port Louis, Île Maurice 2010

1458 Jeanne de Poulpiquet préc. P112

1459 Code OHADA

1460 Rapport de synthèse du congrès des notaires d'Afrique de Port Louis, Île Maurice 2010

1461 Idem

1462 Préconisation des instances de la CAAf à l'adresse des notaires africains et des pouvoirs publiques

Cette attitude doit être la même en ce qui concerne les rapports avec les organisations sous régionales et internationales. Il est important de noter que le notariat africain est obligé de s'ouvrir aux autres organisations internationales ou régionales voir sous régionales pour renforcer la coopération et rester au premier plan des acteurs du développement continental.

Parmi ces organismes socioéconomiques et de financement, nous pouvons citer entre autres la banque mondiale, la banque africaine de développement, la banque centrale des états de l'Afrique de l'ouest, la banque des états de l'Afrique centrale, la banque ouest-africaine de développement, qui peuvent contribuer financièrement à la mise en œuvre des programmes de développement initiés par le notariat[1463].

À travers cette coopération, la CAAf/UINL parviendra à imposer l'influence de la profession notariale sur le continent africain et maintenir ainsi la place de l'acte authentique a un niveau plus acceptable.

B- Consolidation de la force de l'acte authentique

Nous avons relevé plus haut que l'acte notarié est doté d'une double force probante et exécutoire. Ces deux caractères de l'acte authentique lui permettent d'être exécuté comme tout jugement définitif rendu par un juge[1464].

Dans le commerce juridique, l'acte notarié doit jouer trois rôles essentiels : la protection des droits des parties, le respect de l'objet de la transaction, toute chose qui garantit une bonne sécurité juridique[1465].

Cependant, les nombreuses campagnes de désinformation auxquelles fait face le notariat de type latin a pour but ultime de mettre en avant le système de Common Law et son outil de travail qui est l'acte sous seing privé. Pourtant nul n'ignore que cet acte et les nombreuses conséquences néfastes et litigieuses qu'il engendre sont à l'origine de la crise des subprimes qui traverse le monde depuis 2008[1466].

L'un des effets positifs de cette crise a été de lever le voile sur les inconvénients de l'acte sous seing privé[1467]. L'occasion est donc donnée aux notaires à travers le monde et en Afrique en particulier, de pratiquer la profession notariale de la manière la plus fidèle possible, dans le respect de ses valeurs fondamentales. L'acte notarié produira ainsi les effets positifs escomptés et assurera par là sa place dans les ordres des pays dans lesquels il existe déjà[1468].

Ainsi, en prenant en compte les réalisations positives de l'acte notarié, d'autres États manifesteront la volonté d'intégrer le notariat de type

1463 Idem

1464 Roland de Valkeneer préc. P108

1465 Jeanne de Poulpiquet préc. P223

1466 Robert J. Schiller « The Subprime Solution » préc.: Le professeur à préciser que si les notaires avaient existé aux USA, la crise des Subprimes ne serait jamais arrivé.

1467 Idem

1468 Rapport de synthèse du congrès des notaires d'Afrique de Port Louis, Île Maurice 2010

latin dans leur système juridique et la profession notariale du système latin en sortira rehaussée et la primauté de l'acte authentique sera maintenue[1469].

1469 Robert J. Schiller « The Subprime Solution » préc.

Conclusion générale

Au terme de cette étude, un constat s'impose : la profession notariale est une profession incontournable, en ce sens qu'elle s'intéresse à toutes les activités de l'homme[1470].

Cependant, le notaire, authentificateur de droit commun, est l'homme des contrats. Sa seule présence sur le terrain contractuel donne aux contrats et aux actes une garantie véritable, car il est garant de l'incontestabilité, la confiance entre les cocontractants, est un élément indispensable à la stabilité et à la pérennité des relations contractuelles[1471].

C'est en cela que les notaires ont une puissance toute particulière, et deviennent ainsi leur tiers de confiance, car l'infaillibilité inhérente à leurs actes leur colle à la peau ; même si ces actes sont parfois décriés, ils ne le sont qu'à tort[1472]. En ce temps même où la mondialisation fluctue l'économie à tout va, la profession de notaire apparaît comme le seul rempart, ou un outil efficace, capable d'apporter l'équilibre aux acteurs de la vie économique. Il est en mesure de contribuer en effet à la régulation des marchés qui eux-mêmes sont adossés au droit[1473].

Ils ont encore plus besoin de cet élément essentiel : la confiance. Cette confiance se dirige vers trois éléments. Tout d'abord, les objets qui circulent sur les marchés, ensuite les personnes en cause sur les marchés, enfin le marché lui-même. Les notaires ont dans cette perspective un rôle particulier, à y jouer par la sécurisation juridique[1474].

Aussi, les notaires sont les seuls en tant qu'experts du droit, disposant de compétences spécifiques, qui peuvent participer au mouvement général de régulation du fonctionnement de ces marchés[1475].

En tant qu'experts du juridique, ils sont efficaces, donc mieux placés dans cette économie de marché, pour aussi garantir son équilibre ; et c'est partant de là, qu'ils en deviennent des tiers de confiance[1476].

Cependant, de nos jours, le notariat africain se sait en pleine mutation, alors que l'activité essentielle de la profession reste centrée sur deux domaines que sont le droit de la famille et le droit immobilier, le notaire africain est aussi confronté au défi de la mondialisation, et se doit d'aller au-delà de ses connaissances traditionnelles, et viser l'idéal moral du droit[1477].

C'est pourquoi le doyen Ripert le considère comme un juriste qui ne doit pas seulement être le technicien habile, qui rédige ou explique avec toutes les ressources de l'esprit des textes de loi, il doit s'efforcer de faire

1470 Jeanne de Poulpiquet préc.

1471 Cécile Biguenet-Maurel préc P 139

1472 Marie-Anne Frison-Roche préc.

1473 Jean Luc Aubert préc. P 112

1474 Marie-Anne Frison-Roche préc.

1475 Cécile Biguenet-Maurel préc. P 122

1476 Marie-Anne Frison-Roche préc.

1477 Jean Carbonnier « La part du droit dans l'angoisse contemporaine in flexible du droit » cité par Nicolas Ronthevsky préc. P 333

passer ainsi dans le droit son idéal moral, puisqu'il détient une parcelle de la puissance intellectuelle[1478].

Et c'est au moment où il doit utiliser cette puissance dans la pratique notariale en faisant prévaloir l'esprit d'efficacité et de validité dans les actes qu'il rédige[1479] ; et qu'il se voit confronter à l'intrusion insidieuse d'autres professionnels du droit, qui le concurrencent de toute part, et plus particulièrement des juristes du Common Law[1480].

Conscient de ses insuffisances professionnelles, est-il bien préparé à ce choc d'un avenir proche et psychologiquement, pour l'apprentissage des langues étrangères, des autres branches du droit : le droit international privé, droit fiscal, droit des groupes : fusions acquisitions[1481], et surtout le droit OHADA[1482] etc. ?

Cependant, il reviendra aux notaires africains de chercher ainsi à élargir leur domaine de compétences par la réitération des stages, de formations en management, stratégique des activités de consultant en droit, dès lors que cette formule leur permettra de développer et de pérenniser, d'optimiser les activités des études, telles que les techniques de négociations, et de vente des produits de conseil, d'améliorer la qualité des prestations, pour mieux anticiper et répondre aux attentes des nouveaux clients[1483].

Ainsi ils apprivoiseront l'environnement des entreprises, et seront en mesure de les accompagner. Et ce n'est que par ce biais qu'ils assureront avec efficacité, la gestion et le développement des activités des études notariales[1484].

Cependant, la participation aux différents séminaires, congrès, université et stages, leur permettra ainsi d'élargir la réflexion sur les nouvelles activités qui s'offriront au notariat, et amènera les notaires à aller vers de nouveaux savoirs et nouveaux concepts, gages de pérennité de leur profession[1485].

Et c'est ce qui fait la force et souvent la sécurité tant au barreau que dans les services juridiques des entreprises, c'est le fait de pouvoir s'appuyer sur toutes ces compétences acquises au cours des formations de spécialisations. Et tôt ou tard le notariat en sera soumis au même dilemme[1486].

Cependant, il est à souligner que toute tentative de modification du statut des officiers publics garant de confiance, qui irait dans le sens d'une

---

1478 Idem

1479 Ibidem

1480 Jeanne de Poulpiquet préc. P 105

1481 Roland de Valkeneer P 115

1482 Code OHADA

1483 Roland de Valkeneer P 128

1484 Idem

1485 Rapport du congrès des notaires d'Afrique de l'Île Maurice préc.

1486 Jeanne de Poulpiquet préc. P 88

libéralisation des fonctions ; dont ils sont investis, serait dommageable pour les justiciables que pour les notaires eux-mêmes[1487].

C'est pour cela que le souhait du notariat africain devra être que tous les notaires du continent devront conserver leurs statuts spécifiques d'officiers publics. Puisqu'ils sont les seuls institués contrairement aux autres professionnels du droit, pour conférer l'authenticité aux actes. Ils ont ainsi reçu mission et pouvoir pour agir sur le marché au nom de l'État[1488].

Toutefois, comme tout évolue et la science juridique n'échappe pas au mouvement universel du progrès, l'approfondissement des réglementations concernant le notaire[1489], et surtout les découvertes entretiennent une mutation économique permanente, faisant du droit une science sociale éprise de flexibilité[1490].

La profession notariale participe ainsi en son intégralité à ce vaste souffle de réformes voire de révolutions inspirées par de nobles idées[1491].

Ainsi, ces réformes permettent de faire du notaire un tiers de confiance de ses clients et de l'État[1492]. Car, institué par le législateur pour créer l'authenticité, il détient ainsi les pleins pouvoirs qui lui permettent d'agir sur le marché des affaires en qualité de régulateur[1493].

C'est pour cela qu'il y accomplit[1494] en effet ses missions légales et privées[1495], car sa fonction habituelle d'authentificateur est bien connue[1496], mais sa fonction privée de négociateur, d'expert, d'exécuteur testamentaire, de gérant d'affaire, et de séquestre, est à découvrir[1497].

Cependant, le notaire africain dans l'exercice de ses fonctions : traditions et modernités retrace ainsi le chemin à parcourir par ce dernier pour atteindre la modernité[1498]. Car les manifestations les plus spectaculaires de cette évolution, que cherche à optimaliser le droit notarial, est l'appréhension de cette profession sous une conception nouvelle[1499]. Et son rôle actuel et futur est d'être un opérateur public[1500] qui a obligation de s'adapter aux systèmes juridiques de la dématérialisation des moyens de travail. Car aujourd'hui partout en Afrique, la preuve électronique est admise[1501].

1487 Idem

1488 Rapport du congrès des notaires d'Afrique de l'Île Maurice préc.

1489 Jean Luc Aubert préc. P 122

1490 Idem

1491 Marie-Anne Frison-Roche préc.

1492 Idem

1493 Jeanne de Poulpiquet préc. P 118

1494 Marie-Anne Frison-Roche préc.

1495 Roland de Valkeneer préc P 109

1496 Idem

1497 Ibidem

1498 Rapport du congrès des notaires d'Afrique de l'Île Maurice préc.

1499 Idem

1500 Jeanne de Poulpiquet préc. P 115

1501 Règlement n° 15/2002/CM/UEMOA préc.

Il connaitra en définitive à travers ses actions la modernité dans l'exercice de ses fonctions, et mettra ainsi de nouveaux outils et solutions au service des usagers du droit[1502]. Et c'est alors que l'utilité sociale du notariat sera ressentie sur le continent, et sa pérennité sera ainsi garantie[1503].

1502 Rapport du congrès des notaires d'Afrique de l'Île Maurice préc.

1503 Idem

PROPOSITIONS

1- Modules de spécialisation

Nous devons pratiquer le benchmark des modes de spécialisations sur le barreau des avocats, en créant des conditions d'examen sous l'égide de la CAAf, qui devra constituer avec les gouvernements une équipe d'universitaires qui va organiser des examens de spécialisation fondés sur des enseignements théoriques et pratiques dans la discipline du choix de chaque candidat.

2- Les moyens collectifs d'accès à la notoriété : la publicité

La profession notariale en Afrique doit prendre conscience des nouvelles mutations économiques auxquelles elle est confrontée, et si même depuis des lustres la publicité est interdite aux notaires, la proposition qui est faite ici aura le mérite de mettre en exergue la publicité de groupe, faite par les chambres, même si la loi de Ventôse interdit la publicité c'était dans le contexte du XIVème et XXème siècle.

La publicité devenant le ressort de la vie économique, elle se fera dans les annuaires ou autres publications, qu'elles soient nationales ou internationales.

Au cours de ce XXIème siècle, les chambres des notaires doivent faire de la publicité pour faire connaitre au public les compétences dont regorge la profession, elle se fera à la radio et à la télévision.

Ainsi le notariat africain va vivre avec son temps, et cette publicité sera collective et non individuelle.

3- La Libre circulation et l'exécution des actes notariés dans les pays d'Afrique

Le droit à la liberté de circulation des actes notariés dans les pays tiers du même espace économique est devenu une nécessité vitale pour le notariat. Comme toutes les professions libérales le notariat africain a été marqué par les estampilles de la loi de Ventôse qui date du XIXème siècle et le mode de vie de cette époque : où régnait stabilité patrimoniale, d'où la prédominance du droit patrimonial.

À l'heure où beaucoup pensent que c'est un mythe à cause du critère de territorialité anciennement avancé.

Nous demandons à la CAAf d'aider les gouvernements à comprendre qu'en ce 21ème siècle, la libre circulation des actes notariés est devenue quelque chose de possible dès lors qu'il reviendra aux États de signer un traité instaurant la libre circulation des actes notariés dans tous les pays d'Afrique, ainsi l'on n'aura plus à exéquaturer les actes avant qu'ils ne soient exécutés. Et le critère de territorialité sera ainsi abandonné.

Cependant nous croyons sincèrement qu'en pratiquant le benchmarking sur l'Union Européenne qui a d'ores et déjà annoncé cette initiative en son sein, nous parviendrons ainsi à concrétiser la libre circulation des actes notariés dans les pays tiers en Afrique, et ce sera même mieux dans espaces économiques régionaux : exemple UEMOA, CEMAC etc.

Aussi, l'on admettra une reconnaissance de plein droit de l'acte notarié et son exécution conformément aux conventions internationales multirégionales ou même bilatérales qui vont être signées, dans les États d'accueil. Cependant, ces mêmes conventions dispenseront ainsi de légalisation et d'exéquatur tous les actes notariés.

4- La mise en place d'un nouveau tarif : une nécessité impérieuse pour la profession

L'émolument ou l'honoraire du notaire n'est-il pas la rémunération des services qu'il a rendus : ce terme s'applique ainsi généralement à la rémunération des actes authentiques ou des consultations données par ledit notaire. Il en constitue l'émolument proprement dit des personnes exerçant libérales.

Cependant, il est important de déplorer que le tarif des notaires au Togo date de 1960 et ne correspond plus en aucune manière à nos réalités économiques et sociales de notre temps, alors le notaire applique un tarif dubitatif, ce qui contribue tout naturellement à créer un climat de suspicion entre lui et ses clients.

Qu'y-a-t-il lieu de faire ? Faire voter un nouveau tarif que la chambre des notaires a soumis au gouvernement depuis bientôt trois ans.

Nous ne saurons avoir un tarif africain, car nos réalités de vies sont disparates d'un pays à un autre.

Et pour nous, il conviendra de proposer que la rémunération des actes puisse s'adapter à la complexité et la longueur de l'acte, et ce serait un moyen de tenir compte du facteur économique, car un tarif au pif d'un acte aussi lourd soit-il défavorise le notaire, tel un prix de revient, il serait ainsi permis d'introduire dans le calcul de l'honoraire l'appréciation du facteur « responsabilité ». Ainsi justice sera faite.

5- La mise en commun des moyens d'exercice de l'activité notariale : la société de notaires

Même si en Afrique nous n'avons pas pour habitude de travailler ensemble, la loi de base du notariat qu'est la loi de Ventôse a par son article 33 al 2 traité des cas des sociétés de notariat en précisant que « dans le cas où les notaires exercent leur profession au sein d'une société, et de là une seule comptabilité doit être tenue au nom de la société ».

Sur ce point la loi de ventôse qu'elle soit du XIVème siècle, a été quand même en avance sur son temps car aujourd'hui nous comprenons qu'il nous est impossible de fédérer dans une seule étude tous les compétences demandées sur le marché du droit : droit fiscal, droit groupes : fusions-acquisitions, droit des sociétés, droit des affaires, droit de la famille, droit immobilier, droit bancaire.

Alors que le marché en demande, que peut faire un seul notaire dans une Étude ?

C'est pour cela que nous proposons que la CAAf intensifie ses actions auprès des chambres locales en Afrique pour qu'elles aident à accentuer le travail en association, et ce sera le salut de la profession.

Un constat est ainsi fait auprès des africains, et qui tend à décourager une telle entreprise ; le non-respect de la parole donnée tend y créer sincèrement une crise de confiance à laquelle par des efforts incessants des chambres, nous parviendrons à y remédier.

INDEX ALPHABÉTIQUE

A

Agent
(-) normatif **13**
(-) financiers **29**
(-) immobiliers **82**
(-) diplomatique **100**

Assurance
(-) professionnelle collective **124, 125**

C

Caractère
(-) Authentique **12, 43, 140**
(-) Ferme **20**
(-) Impérieux **23**
(-) Conciliatoire **28**
(-) Particulier **28**
(-) Délictueux **55**
(-) Hybride **70**
(-) Contraignant **143**
(-) Obligatoire **145**
(-) Moral **149**

Charge 153, 175

Clauses
(-) contractuelles **162**
(-) exorbitantes **60,62**

D

Droit
(-) Affaire **33, 156, 190**
(-) Civil **28, 50 132, 139**
(-) Commun **15, 16, 83**
(-) Corporel **148**
(-) De la famille et des successions **11**
(-) De propriété **61, 84, 89, 92**
(-) Latin **22, 85, 109, 140**
(-) Moderne **66, 110, 111, 117, 118**
(-) Notarial **155, 161, 186**
(-) Personne **l44**
(-) Positif **32, 102, 114, 156**
(-) Privé **60**

J

Juge
(-) D'instruction **48**, **54**
(-) Des contrats **48**
(-) Des affaires **101**

N

Nature
(-) Des obligations **17**

O

Obligation
(-) d'assurer **31**
(-) portant sur une somme d'argent **15**
(-) d'adapter **18**
(-) d'établir **34**
(-) de conseil **37, 40, 94**
(-) de refuser **43**
(-) de secret **50**
(-) de dénonciation **52**
(-) de révéler **56**
(-) juridique **66**
(-) fondamentale **74**
(-) de conservation **88, 125**
(-) de déclarer **53**

Public **60**
Réel **86**

(-) de cohabitation **101**
(-) de responsabilité **123**
(-) de neutralité **18, 124**
(-) d'observer **18, 125**
(-) de payer **53, 129**
(-) professionnelle **136, 145, 150**
(-) de satisfaire **143**
(-) spécifiques **145**
(-) de loyauté **148**

E

Économique **129**

F

Faute
(-) Professionnelle **150, 151**
(-) Disciplinaire **150, 151**
(-) de Pratique **151**
(-) Préjudiciable **46, 48**
(-) De contrôle **148**
(-) De preuves véritable **69**

Fraude
(-) Au Crédit **10**
(-) Fiscale **47**
(-) A la loi et préjudice aux personnes **739**

R

Rédacteur
Actes particuliers **12**
Conventions des parties de vente **16**
Contrats authentiques **156**

Réforme
(-) Foncière et domaniale **83**
(-) De la loi de ventôse **143**

Refus
(-) d'instrumenter **44**

Responsabilité
(-) civile **43, 55**
(-) pénale **49**
(-) de conseil **123**
(-) disciplinaire **147**

P

Préjudice
(-) Subi **122**
(-) Aux personnes **135**
(-) Aux intérêts **142**

Prêt
(-) Hypothécaire **22, 85**
(-) Avec garantie **23, 89**

Preuve
(-) inattaquable **170**
(-) de confiance **22**
(-) légitime **38**
(-) du mandat **71**
(-) électronique **74, 81, 187**

G

Garantie
(-) de la crédibilité du commerce juridique **170**
(-) Véritable **184**

H

Huissier **193**

I

Impartialité **14, 27, 65, 84, 121, 148, 153**
Information **9, 26, 29, 49, 58, 62, 63, 66, 73, 76, 90, 91, 128, 153, 175, 177, 183**

Intérêt
(-) Des personnes **14**
(-) Général **13, 17, 21, 47, 61, 63, 64, 66, 69, 92, 94, 96, 118, 135, 136, 141, 142, 147, 167**
(-) Collectif **26**
(-) Des clients **59, 150**
(-) Des parties **37**
(-) De recours aux actes notariés **152, 157**
(-) Du bénéficiaire **44**
(-) Particulier **65, 136**
(-) Public **18, 69**

Interdiction
(-) De vente **51**
(-) D'effectuer **145**
(-) De recevoir **145**

U

Urgence **115**

V

Validité
Des actes **31, 122, 138, 156**
Des documents **74**
De l'inscription **82**
Du mariage **100, 101**

Vérification
(-) de la qualité **89**
(-) de l'identité **121, 122**
(-) de la consistance **123**

Table des matières

Remerciements ... 3
Avant-Propos ... 4
Préface ... 5
Abréviations ... 8
Sommaire ... 11
Introduction Générale ... 13
Chapitre I : Le notaire tiers de confiance des citoyens, des entreprises et de l'État ... 18
I. La conception classique du notariat ... 20
II. La conception renouvelée du notariat ... 23
Sous-Chapitre I : Le notaire intervient dans le monde des affaires privées en tant que tiers de confiance ... 24
Section I : Le rôle des notaires au regard de l'impératif de confiance dans le marché des affaires ... 25
Paragraphe I : Le notaire garant de l'authenticité de l'acte dans les affaires en qualité de tiers de confiance ... 26
Paragraphe II : Le notaire un régulateur de la vie économique en tant que tiers de confiance ... 31
A. Le notaire régulateur des contrats sur le marché des affaires ... 32
B. Le notaire garant de la valeur économique de l'incontestabilité ... 34
Section II : Le renforcement du rôle du notaire contribue à l'efficacité de ses interventions sur le marché des affaires ... 37
Paragraphe I : Le recours au notaire en tant qu'authentificateur assure la garantie et l'efficacité des actes ... 39
A - Le renforcement du rôle du notaire en tant qu'expert du droit ... 39
B - Le choix de l'acte authentique pour la conclusion du bail à usage professionnel ... 43
Paragraphe II : Le notaire et la protection des tiers ... 49
A. La jurisprudence et la protection des tiers ... 49
B. La déontologie notariale et la sécurité des tiers ... 51
Paragraphe III : Le notaire intervient au côté de l'État dans la lutte contre le blanchiment . 55
A. L'ordre de la loi relève le notaire de son obligation de secret ... 57
1. L'obligation de dénonciation imposée aux notaires ... 58
2. La déclaration de soupçons ... 60
B. L'ordre de la loi relève le notaire des sanctions relatives à la violation du secret professionnel ... 61
Paragraphe IV : L'adaptation du notariat aux nouvelles réalités économiques, techniques et sociales ... 63
A. L'adaptation aux nouvelles réalités sociales ... 63
B. L'adaptation aux nouvelles réalités technologiques ... 63
Sous-Chapitre II : Le notaire intervient auprès de l'État en tant que tiers de confiance ... 65
Section I : Le notaire, nouveau partenaire des collectivités publiques ou décentralisées 65
Paragraphe I : Assistant des collectivités locales dans la gestion du patrimoine ... 65
Paragraphe II : Le notaire et les logements sociaux des collectivités locales ... 68
Paragraphe III : Le notaire en tant que conseil en matière de l'environnement ... 68

A- Le rôle du notaire dans la protection de l'environnement 69
B- Le notaire comme conseil en financement de la protection de l'environnement 69
Paragraphe IV : Le notaire contribue au développement économique durable.....70
Paragraphe V : Le notaire conseil et rédacteur des collectivités locales 73
Section II : Le notaire : partenaire de l'institution judiciaire 75
Paragraphe I : Le recours au notaire lors de la liquidation des successions 75
Paragraphe II : Le notaire et la prévention des conflits 75
Paragraphe III : Le notaire et le traitement amiable des litiges 76
A) La médiation 77
B) La conciliation 77
C) La négociation 77
Sous-Chapitre III : Le notaire assure des missions inhabituelles d'intérêt public et prive en tant que tiers de confiance 78
Section I : La mission publique du notaire 78
Section II : La mission privée du notaire 79
1.Le Mandat 79
2.Le Notaire gérant d'affaires 80
3.Le Notaire expert 80
4.Le notaire séquestre 81
5. Exécution testamentaire 81
Sous-Chapitre IV : Le notariat se forme aux nouvelles technologies pour mieux assurer sa mission de tiers de confiance 82
Section I : Le Notaire et l'utilisation de l'outil informatique 82
Paragraphe I : Une obligation d'adaptation du notaire 83
Paragraphe II : Un outil informatique au service de la profession notariale 84
A- Nécessaire mise en place d'un plan d'intégration technologique de la profession notariale par la chambre des notaires dans chaque État africain 84
1. Mise en place du plan d'intégration 84
2. Mise en place de l'infrastructure 84
3. Intégration aux opérations courantes 84
4. Ouverture au commerce électronique 85
B- Implantation de l'infrastructure à clés publiques 85
Paragraphe III : Le notaire détenteur d'une signature numérique et tiers certificateur 86
Section II : Le cadre juridique de l'échange de documents notariés informatisés : étapes juridiques 88
Section III : L'adaptation de la loi sur le notariat aux réalités nouvelles 88
Section IV : L'adaptation du droit de la preuve 89
Chapitre II : Sécurité juridique et régulation du marché de l'immobilier 90
Section I : L'acte notarié assure la sécurité juridique des contrats immobiliers 92
A) La transparence 92
B) La sécurité 93
C) L'efficacité 93

Section II : L'acte notarié garant de la valeur économique au service de la sécurité des investissements 94
Paragraphe I : l'acte authentique notarié constitue une valeur économique sûre......... 94
Paragraphe II : L'acte authentique notarié assure la sécurité des investissements immobiliers........ 95
Section III : Le notaire, détenteur d'informations et investigateur sur le marché immobilier 98
Section IV : Le rôle et la responsabilité du notaire dans le nouveau code foncier togolais .. 100
Paragraphe I : Le rôle du notaire dans le nouveau code foncier 101
Paragraphe II : La responsabilité avancée du notaire 102
Chapitre III : Le notariat et les nouvelles relations sociales en droit de la famille et des successions 105
Section I : La législation en vigueur au Togo 106
Paragraphe I : Le mariage 106
Paragraphe II : La Filiation et l'Adoption 108
A) La Filiation 108
B) L'Adoption 109
Paragraphe III : La vocation successorale : les droits du conjoint survivant et les droits des enfants 110
Paragraphe IV : Du lien de conjugalité et la transmission du patrimoine 111
A- Le sort de la femme en cas de transmission du patrimoine 111
B- Les obstacles à la transmission du patrimoine à la femme 113
Section II : Les attentes et les perspectives politiques pour le Togo 114
Paragraphe I : Les attentes et les perspectives 114
A. Les évolutions 115
1- Les liens de conjugalité 115
2- L'omniprésence de l'union libre ou le concubinage 118
B. La transmission de patrimoine 120
1- La transmission de patrimoine entre le défunt et les enfants 121
2- La transmission du patrimoine entre le défunt et la conjointe survivante : le poids de la coutume 122
C. La nécessité d'instruments de régulation 123
1) Le recours au juge comme régulateur 123
2) Le recours au notaire 123
Paragraphe II : Les incidences de la concrétisation des attentes au Togo 124
Chapitre IV : L'acte notarié, instrument de garantie dans les actes d'investissement 126
Section I : L'acte notarié, instrument de garantie entre les parties 127
Paragraphe I : Le notaire assure la sécurité juridique par la prévention des conflits 127
Paragraphe II : Le notaire assure la sécurité juridique par le contrôle de légalité 130
Paragraphe III : Le notaire assure la sécurité juridique par la conservation des actes 131
Section II : L'acte notarié, instrument de fiabilité des registres publics 131

Paragraphe I : L'acte authentique notarié instrument de garantie entre les parties et preuve privilégiée au cours du procès 132
Paragraphe II : La fiabilité des registres publics et la publicité 133
Paragraphe III : L'inscription hypothécaire en tant que moyen assure le retour des investissements 134
Section III : La force exécutoire et la force probante de l'acte notarié 134
Paragraphe I : La force probante gage d'assurance économique 134
Paragraphe II : La force exécutoire renforce le gage de fiabilité économique 135
Section IV : La valeur économique de l'acte notarié 136
Paragraphe I : L'acte authentique notarié garant de la valeur économique 136
Paragraphe II : L'acte notarié au service de la sécurité des investissements 136
Section V : Le notaire participe par son acte à l'amélioration du climat des affaires 138
Chapitre V : Pratique notariale en Afrique et perspectives 144
Section I : Le cadre de la pratique notariale en Afrique 145
Paragraphe 1 : Les normes régissant l'organisation de la profession 145
A. La Loi 148
B. La discipline à l'épreuve de la pratique notariale 154
C. Le paradigme de la pratique notariale 156
Paragraphe 2 : Les compétences 159
A- La formation 159
B- Savoir-faire 161
Paragraphe 3 : L'environnement du notaire 162
Section II : Les données d'une meilleure pratique notariale 163
Paragraphe 1 : La recherche d'un service de qualité 164
1° La réforme de la formation et du stage 165
2° Mise en place des modules de spécialisations 167
Paragraphe 2 : Une meilleure organisation 167
1. La Libre circulation et l'exécution des actes notariés dans les pays d'Afrique 168
2. Les moyens collectifs d'accès à la notoriété 169
3. La mise en place d'un nouveau tarif : une nécessité impérieuse pour la profession 170
Section III : L'éloignement du cadre normatif de la pratique notariale en Afrique 172
Paragraphe I : Encadrement normatif de la profession notariale en Afrique 173
A) Pratique et vertus de l'authenticité 173
1° Garantie de la crédibilité du commerce juridique 173
2° Vertus de l'authenticité 174
B) Entraves à la pratique efficiente de l'authenticité 174
1) Facteurs endogènes défavorables à la pratique efficiente de l'authenticité 174
2) Facteurs exogènes défavorables à la pratique efficiente de l'authenticité 175
Paragraphe II : Encadrement organique de la profession notariale en Afrique 178
A- Rôle des chambres nationales dans l'organisation structurelle de la profession notariale 178
B- Faiblesse structurelle des ordres professionnels notariaux en Afrique 178
Paragraphe III : Perspectives de la profession notariale en Afrique 179
A- Contribution à l'amélioration d'un environnement approprié pour la profession 179

1) Contribution à la mise en place d'un environnement adéquat 179
2) Amélioration des rapports notariat-administration pour une meilleure sécurité juridique préventive 181
B- Promotion de l'utilité sociale du notaire et renforcement de son rôle dans le développement de l'Afrique 183
Paragraphe IV : Enjeux de l'existence d'un environnement approprie pour la prestation de la fonction de sécurité juridique préventive 184
A) La confirmation du notariat en tant qu'expert au service de l'Afrique 185
1- Contribution à la solution des problèmes fonciers du continent 185
2- La participation à la construction de l'ordre juridique africain 186
B) Consolidation de la force de l'acte authentique 187
Conclusion Générale 189
Proposition 193
1. Modules de spécialisation 193
2. Les moyens collectifs d'accès à la notoriété : la publicité 193
3. La Libre circulation et l'exécution des actes notariés dans les pays d'Afrique 193
4. La mise en place d'un nouveau tarif : une nécessité impérieuse pour la profession 194
5. La mise en commun des moyens d'exercice de l'activité notariale : la société de notaires 194
Index Alphabétique 196

Structures éditoriales du groupe L'Harmattan

L'Harmattan Italie
Via degli Artisti, 15
10124 Torino
harmattan.italia@gmail.com

L'Harmattan Hongrie
Kossuth l. u. 14-16.
1053 Budapest
harmattan@harmattan.hu

L'Harmattan Sénégal
10 VDN en face Mermoz
BP 45034 Dakar-Fann
senharmattan@gmail.com

L'Harmattan Cameroun
TSINGA/FECAFOOT
BP 11486 Yaoundé
inkoukam@gmail.com

L'Harmattan Burkina Faso
Achille Somé – tengnule@hotmail.fr

L'Harmattan Guinée
Almamya, rue KA 028 OKB Agency
BP 3470 Conakry
harmattanguinee@yahoo.fr

L'Harmattan RDC
185, avenue Nyangwe
Commune de Lingwala – Kinshasa
matangilamusadila@yahoo.fr

L'Harmattan Congo
219, avenue Nelson Mandela
BP 2874 Brazzaville
harmattan.congo@yahoo.fr

L'Harmattan Mali
ACI 2000 - Immeuble Mgr Jean Marie Cisse
Bureau 10
BP 145 Bamako-Mali
mali@harmattan.fr

L'Harmattan Togo
Djidjole – Lomé
Maison Amela
face EPP BATOME
ddamela@aol.com

L'Harmattan Côte d'Ivoire
Résidence Karl – Cité des Arts
Abidjan-Cocody
03 BP 1588 Abidjan
espace_harmattan.ci@hotmail.fr

Nos librairies en France

Librairie internationale
16, rue des Écoles
75005 Paris
librairie.internationale@harmattan.fr
01 40 46 79 11
www.librairieharmattan.com

Librairie des savoirs
21, rue des Écoles
75005 Paris
librairie.sh@harmattan.fr
01 46 34 13 71
www.librairieharmattansh.com

Librairie Le Lucernaire
53, rue Notre-Dame-des-Champs
75006 Paris
librairie@lucernaire.fr
01 42 22 67 13

www.ingramcontent.com/pod-product-compliance
Lightning Source LLC
LaVergne TN
LVHW010932061026
849535LV00007B/2365
* 9 7 8 2 3 3 6 4 8 3 2 8 3 *